JN167069

池上彰の「経済学」講義1　歴史編

戦後70年 世界経済の歩み

池上 彰

角川文庫
20246

はじめに

愛知はモノづくりが盛んな地域として知られています。トヨタ自動車に代表される自動車産業は裾野《すその》が広く、多数の中小企業も元気に仕事をしています。そんな地元の大学で学ぶ学生たちに、経済学の面白さ、経済学の役立て方について知ってほしい。これが、私が愛知学院大学での講義を引き受けた理由でした。

愛知学院大学は、新たに名古屋《なごや》市の名古屋城近くに名城《めいじょう》公園キャンパスをつくり、経済学部、商学部、経営学部の2年生以上を集め、講義を始めました。私の講義は、その名城公園キャンパスに設定された経済学部生向けの「経済学特講」ですが、商学部や経営学部の学生たちも履修できます。前期（春学期）計15回の講義と期末試験を実施し、試験に通れば2単位が取得できます。実際には、そこそこの数の学生を落としましたが。

さらに、愛知学院大学では、地域に開かれた大学として、一般社会人も講義を受けられる制度があります。今回の私の講義では、社会人の男女も参加。前列のほうで熱心に聴講してくださいました。講義の中身によっては、社会人は大きく頷《うなず》き、学生はポカンとしている、というシーンも展開されました。

経済学部の学生たちは、1年生のときにマクロ経済学とミクロ経済学を履修しています。経済学の基礎、基本は学んでいますので、あまり基本的なことから述べなくていいはずなのですが、商学部や経営学部の学生は、また少し事情が異なります。そこで、基礎を理解している学生にも、まったく初めて経済学に触れる学生にも興味を持ってもらえるようにするにはどうしたらいいか、試行錯誤しながらの15回でした。

この講義で私が強調したかったことは、経済学は、経済の現場を離れて存在する学問ではないこと、まして金儲《かねもう》けをするための道具でもないこと、日々の生活に経済学を応用するとまったく新しい視野が開けること、でした。そこで、途中では受講生を被験者に見立てた心理テストも実施。経済学の面白さを感じてもらおうとしました。

また、日本のモノづくりの歴史では、過去の公害問題が避けて通れません。名古屋に近い三重県四日市《よっかいち》で起きた「四日市ぜんそく」などの負の歴史も取り上げました。負の歴史を乗り越えたことで、いまの日本の経済の強さもあるのだということも。

これからの日本経済を支える担い手となる学生たち。彼らへのエールを込めて、現代に生きる私たちの生き方を考える講義にしようと努力しました。果たして、それは成功しているかどうか、読者のあなたも、学生たちと一緒に教室に座っているつもりになって、講義を聞いてみてください。居眠りはしないでくださいね。

ジャーナリスト・愛知学院大学経済学部特任教授　池上　彰

目次

本書は、愛知学院大学（名城公園キャンパス）で、
２０１４年前期（春学期）に行われた「経済学特講」をもとに、
２０１７年２月初旬時点のニュースをベースに加筆、修正、再構成したものです。
なお、講義では、ニュース映像や写真を使いながら
解説しているところがあります。

本文デザイン・・國分 陽
写真協力・・・・・アフロ
テレビ東京　http://www.tv-tokyo.co.jp/ikegami_k/
イラスト・・・・・植松淳
協力・・・・・・・・愛知学院大学　http://www.agu.ac.jp/

プロローグ 経済学を学ぶということ

prologue

経済学とは、
私たちの生活につながる
実践的な学問なのです。

みなさん、こんにちは。池上です。みなさんからの活発なご質問、ご意見を期待しています。途中で、〝さあ、これについてどうですか〞と意見を求めます。

この講義は、経済学部以外の学部生も受けています。そこで、マクロ経済学やミクロ経済学（41ページ参照）の講義を受けていることを前提にはしないで、基礎の基礎から話を進めていければと思っています。では始めましょう。

物事を批判的に見る力を身につける

あらためて私からみなさんにお話ししたいことがあります。

みなさんは大学生ですね。「学生」です。よく大学生が「僕たち生徒は……」と、自分のことを「生徒」と言う人がいますが、それはやめましょうね。**「生徒」は高校までです。大学は学生です。**高校までは、文部科学省検定済みの教科書を使って、正しいことを先生から教わる。それを一生懸命理解し、覚えて、試験を受けます。試験問題には必ず正解があって、正解であれば○をもらえる。高校まではそうでした。

大学になるとそれぞれの先生が指定する教科書はありますが、文科省検定済みの教科書はありません。それはなぜか？　高校までのカリキュ

マクロ経済学
日本や世界など大きな観点から経済を分析するもの。

ミクロ経済学
個別の個人の家計や企業の経済活動を分析するもの。

ラムというのは、それぞれの学界で「これはみんな間違いないよね」という最大公約数を正しいものとして教わってきたのです。だから教科書というものがあります。大学になりますと、みなさんが教わる大学の先生たちは、それぞれ第一線でいろいろな研究をしています。ということは、学界の中で、みんなが正しいよと考えていることではないことをあえて研究している人もいます。いまはまだ少数派かもしれないけれども、しかし、ずっと研究を進めて分析していくと、あの先生の学説は正しかったよね、と、あとになって、それが、みんなが常識と考える学説となっていくものがあります。経済学でもそうです。

大学の先生とは、**第一線の研究をしながら、その研究の成果の一部をみなさんに伝えるという仕事**をしています。ですから、高校までは教科書に出ていることはみんな正しいよ、と受けていたかもしれませんが、大学になると、実はそれは、みんながみんな正しいとは思っていないようなことを教わることもあるわけです。なかにはひょっとすると間違いだとあとで判定されるような学説もあるかもしれません。大学とはそういうところです。つまり、みなさんは**ただ教わるのではなく、自ら学ぶ立場になります**。

となれば、この先生が言っていることを全て無批判に受け止めるということをしないでいただきたいということですね。それぞれのいろいろな先生がお話しになっていらっしゃることを、〝ちょっと待てよ、それは本当なのだろうか〟と批判的に見る力を大学4年間でぜひ身につけていただきたい。1年、2年ではすぐにはできませんが、**大学4年間で物事を批判的に見るという力を少しでも身につけて**もらえればなと思います。**言われたことをそのまま素直に受け入れる。大学では、それは間違った態度**です。学問の世界にしても、あるいはこれからみなさんが世の中に出ていくときに、みんなが常識と思っていること、あるいはマニュアルをそのまま信用するということは決していいことではありません。

マニュアルどおりにやってもビジネスは成功しない

たとえば戦後、日本の経済は、いろいろな分野で発展してきましたね。この発展したなかでは従来の考え方にとらわれない発想、マニュアルにとらわれないビジネスを展開してきたことによって大きく発展してきた企業というものが多くあります。みなさんがこれから将来、世の中に出ていって仕事をするとき、**マニュアルにとらわれない発想が求められてくる**ということなのです。

コンビニエンスストアを例にとりましょう。そこらじゅうにコンビニエンスストアがあります。ですが、もともとコンビニエンスストアは、いまから40年前（1974年）、セブン‐イレブンが最初にコンビニエンスストアを導入しました。イトーヨーカ堂というスーパーマーケットのチェーンの中で、アメリカにあるコンビニエンスストアの業態をぜひ日本に取り入れたいと強く主張する経営陣が1人いました。その彼の主張が通って、それでは日本に取り入れようじゃないか、と。アメリカのコンビニエンスストアというと、セブン‐イレブンです。朝の7時から夜の11時まで店を開いているからセブン‐イレブン。非常に長い時間お店を開いているということで、アメリカ国内で繁盛している。それを日本に入れようということになりました。セブン‐イレブンという名前で日本で展開する。となれば当たり前ですが、アメリカのセブン‐イレブンとしては、「うちのビジネスとはこういうことですから、それを必ず守ってください」と日本側に言うわけです。いわゆるライセンス契約です。**ライセンス契約にお金を払うわけですから、アメリカから与えられたマニュアルどおりにつくろうとする**わけですね。

　ところが、これが、なかなかうまくいきません。最初にアメリカと日本がぶつかったところは、駐車場でした。アメリカは自動車社会ですからコンビニエンスストアの前には何十台も止まる広い駐車場があります。

40年前（1974年）、セブン‐イレブン
1974年5月15日に東京江東区に第1号店（豊洲《とよす》店）が開店。

ライセンス契約
著作権や商標権などの知的財産権を利用することを許諾し、その条件などを定めた契約のこと。

だから日本もそうしてくださいね！　となるわけです。でも、日本のコンビニエンスストアでそういうところはほとんどありませんよね。

それで、東京都江東区《こうとう》の下町の酒屋さんを日本初のコンビニエンスストアのセブン・イレブンに変えようというところから始まりました。駐車場などありません。「日本はアメリカと違ってコンビニエンスストアというのは近くの人が歩いてくるところ、駐車場はいらないですよ！」と日本が言い、アメリカ側は「そんなことはない。駐車場がないと不便だろう！」と激しいバトルの中で、特別に日本は駐車場がなくてもコンビニエンスストアをつくっていいということになりました。その結果、全国に広がっていきました。

さらに日本独自のものがありました。アメリカのコンビニが売っているファストフード、ホットドッグやハンバーガーを日本のコンビニでも売ろう、となった。これに対して日本側は、ホットドッグやハンバーガーはアメリカ独自のファストフードだと。日本のファストフードは何かと考えたとき、それは、おにぎりだ、ということになりました。しかし、これには、「え？　おにぎりを売るの？　そんなものは売れないよ、そんな非常識な、そんなバカな！」と、周りから批判を受けながらも日本のコンビニではおにぎりを売ることになりました。みなさんが、コンビニでおにぎりを買って食べるってごく当たり前のことですね。でも、40年前は、実に画期的なことだったのですよ。誰も考えないことをやった。いま、それが当たり前のことになっています。

おでんがいちばん売れるのは冬ではない？

セブン‐イレブンはほかにも、みんなが非常識だよということを随分いろいろとやりました。たとえば、おでん。コンビニのレジの横にありますよね。おでんはいつ店内に出ると思いますか。真夏にはさすがにおでんはありません。ではいったいいつから店内で売るようになるか？冬じゃないのですね。夏の終わり、秋の初めごろからおでんを店内で売るようになります。なぜか？　私たちは、おでんは冬の食べ物だと思っています。ところがコンビニでいちばんおでんが売れるのはいつか？夏の終わりなのですね。蒸し暑かったときから急に涼しくなったとき、人々はおでんが欲しくなる。ですから**夏の終わりから店頭におでんが出ます**。

アイスクリームは冬でも売っていますね。当たり前だと思いますよね。あれもかつて、北海道の冬が始まりでした。北海道の冬は厳しい。みんな、家の中では暖房をガンガンたいて、Tシャツ1枚で過ごしている人もいる。その暖房が効いた中でアイスクリームが食べたいと思うに違いない。といって冬の北海道でアイスクリームが売り始められた。なんていう非常識だ、何を考えているんだ、とみんなが相手にしなかった。それがいまではアイスクリームは当たり前になりました。**常識破り、あるいはマニュアルにとらわれない発想。そこからビジネスというのは大きく広がっていく。**セブン‐イレブンはそこらじゅうにあるでしょ。なかには道路を挟んで両方にセブン‐イレブンがあったりします。なぜこんな近いところにいっぱいつくるのだろう？ それも当然のことながら経営戦略というのがあるんですね。これはみなさんに考えてもらいましょうね。

あるいは、セブン‐イレブンは全国どこにでもあると思っているかもしれません。全国どこにでもあるわけではありません。セブン‐イレブンがまったくない地域が実はまだあります。セブン‐イレブンが四国に初めてできたのは2013年3月のことです。そんなに後になってできているのですね。それはなぜでしょうか。

一方、コンビニで売り上げ第2位はローソンです。ローソンは全国47都道府県全てにお店があります。でも第2位。実は売り上げでいいますと、2位のローソンと3位のファミリーマートとの売り上げを合計して

セブン‐イレブンが四国に初めてできたのは2013年3月

2013年3月、香川県と徳島県に進出。2017年2月現在、店舗がないのは、沖縄県のみ（2018年に進出予定）。

売り上げでは圧倒的な差

2015年の売上高は、1位＝セブン‐イレブン（4・29兆円）、2位＝ローソン（2・05兆円）、3位＝ファミリーマート（2・01兆円）。

も1位のセブン-イレブンに届かないくらい売り上げでは圧倒的な差がある。ローソンは47都道府県全てにお店がある。セブン-イレブンはまだないところがある。でもセブン-イレブンのほうが、売り上げがはるかに多い。さあ、それはなぜだろう？　これは私が安易に答えを言わないようにしましょう（64ページ参照）。

修学旅行生のみなさん、ディズニーランドへようこそ！

マニュアルにとらわれない経営といいますと、「東京ディズニーランド」がありますね。ディズニーランドは、アメリカのディズニーランドを東京、正確には千葉県浦安《うらやす》市につくるということでした。当然ミッキーマウスとか、シンデレラ城はこういう形にするなどのマニュアルがあります。ミッキーマウスが同時に園内の2カ所に出現してはいけない。ミッキーマウスは1人しかいないんだから、どこかでミッキーマウスが出てきたら、園内のほかのところではミッキーマウスはいてはいけないのですね。だから園内を歩いていてあちこちでミッキーマウスを見ることはありえないとか、あるいは従業員が朝出勤するところとか、それを一切見えないようにするためにさまざまな仕掛けがあります。アメリカのいろいろな仕掛けを日本では全部受け入れましたが、**ひとつだけアメ**

東京ディズニーランド
千葉県浦安市にあるテーマパーク。1983年4月開園。オリエンタルランドが経営。2001年9月に開園した東京ディズニーシーとあわせて東京ディズニーリゾートと称する。

リカのマニュアルに日本が激しく抵抗して受け入れなかったことがあります。それは何か？　それは制服を着ている人を入場させてはいけないというアメリカのマニュアルでした。アメリカの場合、軍隊の兵士が制服で町を歩いていることはごく普通にあります。そういった人たちがディズニーランドに入っていく、あるいは学生が制服を着てディズニーランドに入っていく。ディズニーランドは夢の国です。そこに現実社会に引き戻されるような制服を着た人が入ったら、すっかり気分が壊れてしまう。制服を着た人はそもそもお客さんとして園内に入れませんというのが、アメリカのディズニーランドのマニュアルでした。しかし、これには日本側が激しく抵抗しました。そんなことをしたら日本は、**中学生や高校生の修学旅行生が入ってこられなくなる。**日本は中学、高校の修学旅行も制服で行くという学校が結構あります。修学旅行生が入ってこそ、お客さんが増える。結局、日本の東京ディズニーランドは、学生服やセーラー服を着たお客さんの姿を見るようになりました。**その結果、大勢のお客さんを受け入れられるようになりました。**

マニュアルどおりにやることのリスクにも気づく

マニュアルでこうするんだ、といってもそれをそのとおりに受け入れ

東日本大震災
2011年3月11日に起きた日本の三陸沖を震源とするマグニチュード9・0の巨大地震。

ないということは実はとっても大事なことなんだなと思います。

東日本大震災の際の原発事故で、考えてみましょう。東日本大震災で東京電力の福島第一原子力発電所で事故が起きました。あれはアメリカのGE（ゼネラル・エレクトリック社）製なのです。いまでこそ日本は、自前の技術で原子力発電所をつくれますが、当時の日本はまだそれだけの技術がなかった。アメリカのGEの原子力発電所、GEのマニュアルどおりにつくったんですね。全て設計図どおりにつくりました。アメリカは地震がほとんど起きません。西海岸では起きますけれど、それ以外でそもそも地震は起きない、津波などはない、そういう国でつくられた原子力発電所です。非常用電源が地下に設置されていました。日本の場合、地震が起き、津波によって地下に置いてあった非常用電源が水をかぶってしまったために、これだけの悲惨な事故が起きたわけです。非常用電源を地下に置いておいても、アメリカでは問題になりませんでした。日本ではアメリカの設計図どおりにつくったことによって、これだけの悲惨な事故になりました。**設計図どおり、マニュアルどおりにつくっていると、日本独自のさまざまな問題が起きる**んだ、ということですね。これから、さまざまな経済の話、戦後の日本の歴史を学んでいきますが、ぜひ、基礎、基本を身につけつつ、しかし社会に出たときに、**自**

福島第一原子力発電所で事故
東日本大震災と津波により、福島県東部・太平洋沿岸にある東京電力の福島第一原子力発電所が炉心溶融や圧力容器の破損を起こした。

GE
家電製品、原子炉、映画、放送、金融など幅広い事業を手がけるアメリカの老舗《しにせ》企業。世界最大の複合企業。

由な発想、固定観念にとらわれない発想、マニュアルにとらわれない発想、そういうものをぜひ身につけていただければなと思います。以上が、長い前置きになります。

lecture 1

経済、そして経済学とはそもそも何か

経済学には、社会を動かし、よりよくするための大事な役割があるのです。

さあ、それでは本題です。ここはまずみなさんに聞きましょう。**経済というとどんなイメージを持つでしょうか？** 経済っていうと私はこういうイメージを持つ。はい、誰でもいいですよ、どなたか。私はこう思います、さあ手を挙げてもらおう。指されるのを待っていないで、自分から手を挙げようね。どうですか。はい、どうぞ。

学生A：お金です。お金、お金が回る……？

池上：経済というとお金。お金が回るってわかるんだけれども、どういうふうに回る？　お金が回るってどういうことかな？

学生A：お金を使って、そのお金があって、僕たちのお父さんが勤めて、社会が成り立つ。

池上：そういうことだよな。もうちょっと自分の言葉で説明できるといいよな。たとえば君がお金を使う、それは何かどこかで商品を買うわけだよな。で商品を買うとその会社にお金が入る。そうするとそのお金はどうなるのかな？

学生A：儲《もう》けが出ると勤めている人たちのところに給料が行く。

池上：そう、儲けが出ると社員の給料として出るよね。そうすると？　社員の人たちはもらった給料をどうする？

学生A：またそのお金で何かを買って、そうしてお金が回っていく。

池上：そうだよね、そのとおり。それこそ世の中にお金が回るということ。それが経済だということだね。はい、ありがとう。さあ、ほかにどうかな。

学生B：自分たちの毎日の生活に関わる消費行動というのが経済に強く関わっているのかなと思います。

池上：毎日の消費行動が経済に関わっている。経済はそれだけなのかな？

学生B：そうですね。基本的に朝起きて何をやるにしても、たとえば歯を磨くにしても自分の行動があるじゃないですか。

池上：そうだね。

学生B：歯ブラシを買うっていうのもひとつの経済の行動ですし、その後にトイレに行って、トイレを使うのも全て経済に関わっている。そういうことが全て生活との関わり合いという意味で経済に関わっていると思います。

池上：まさにそのとおりなんだけど、経済って消費だけだろうか。たぶん君にとっての経済活動というのは、確かに消費活動だね。でも、世の中全体だと、消費するだけだと経済はやっていけない。消費行動がある一方で生産行動もある。生産活動があってこそ経済というのは成り立つ。だから、君のいまの答えももちろんいいんだけれども、それだといわゆる経済全体の一部しか指していないということになるな。はい、わかりました。

あと、もう1人くらい行こうか？

この講義は、社会人も学生として人数限定で受けられることになっています。社会人の方は学生よりも長く生きてきた分、違った見方があるでしょうね。いかがですか。

学生（社会人）：われわれ社会人が生活するにあたっての、最低限必要な、生活するための消費と生産ですか、それにより経済が発展することによって国、または民族が発展する源になると思うんですね。

池上：はい、ありがとうございます。わかっていても説明してくださいと言われると意外に出てこないんですよね。短い言葉でぱっと言えるようにするためには、いろいろなことを知っていなければいけないし、自分の頭の中で整理されていなければいけませんよね。この授業を通じてそういう作業をしてもらえればいいなと思います。

経済は、消費行動や生産活動だけではない

最初の学生君が言ったように**経済はまさにお金**ですね。お金の流れによって経済が成り立っている。そしてその中にはもちろんみなさんの**消費行動**があります。朝起きてから寝るまで、さまざまなものを使っている、使っているということはその前に買っている、買っているから当然のことながら消費行動がある。そして買っているものをどこかでつくっているわけですね。つくっているということは当然のことながら、そこで**生産活動**というのがあります。でも私たちがこうやって安心して暮らしていける上では、たとえば犯罪が起きれば警察が来るし、火事が起きれば消防車がやってくるし、というところで公共サービスを支えている。これも経済活動ですよね。そういう**公共サービス**を支えているその主体は何だろうか。国家であったり、地方自治体であったりする。そして、国家や地方自治体を維持するためには、私たちは当然のことながら税金を払うという行動をしているわけです。**私たちがなぜ税金を払っているのか**。私たちがみんなでお金を出し合って、警察官を雇い、消防士を雇い、あるいは、愛知県なら愛知県庁の職員を雇い、名古屋《なごや》市役所の職員を私たちが雇っている。そういう**国なり地方自治体の活動、これも相ま**

って経済というものは動いています。

経済学はお金を儲けるための学問ではない！

その経済を研究するのが経済学ということになります。では、経済学とは何なのだろうか？　経済学部の学生さんは1年生のときにそれはちゃんと習ったはずですからもういまさら聞きませんけれども、経済学とはそもそも何か？

よく、「経済学はお金を儲けるための学問だ」と考えている人がいるかもしれません。確かに経済学をうまく使ってお金持ちになる人も中にはいます。ですが、経済学を勉強していればみんな、お金持ちになるのか？　経済学部の先生はみんな、お金持ちか？　きっとお金持ちの人もいるでしょうが、みんながみんな、お金持ちとは限らないですね。それはなぜか？　**経済学とはお金を儲けるための学問や、お金持ちになるための学問ではありません。**いろいろな定義がありますが、私の定義はこちらです。

「経済学とは、『資源の最適配分』を考える学問」

私の定義はこういうことになります。**資源は限られています。**

たとえば鉄鉱石があります。鉄鉱石を取り出して運んで溶かして鉄を

鉄鉱石
製鉄の原料となる鉱石のこと。鉄を含む鉱石。

つくります。その鉄で何をつくるのか？　鉄橋の鉄にするのか、あるいはビルディングの鉄筋にするのか、あるいはそれを薄くのばして自動車の屋根にするのか、限られた鉄鉱石を何に使うのか？　鉄鉱石が無限にあれば、いくらでも自由にできますね。でも残念ながら無限にあるというものはありません。結局限られたものをどこに使うのかということを考えなければいけません。それは何も鉄鉱石ばかりではありません。さまざまなものがあります。人材という言い方をしますが、私たち人間も資源という考え方ができます。あるいは、私たちみんなに与えられている時間は1日24時間。24時間しかありません。試験前に切羽詰まってくるとね、1日が30時間あるといいなあと思いますけど、誰しも24時間しかない。となると**24時間という限られた時間を資源としてどのように最適に配分すればいいだろうかということを、みなさんは実はいつも無意識のうちに考えている**わけですね。

限られた資源をどううまく分けるか？

経済学とは、その限られた資源をどうすればみんなにうまく使ってもらえるかということを考えてきた学問でした。そしてその中にはそういうことを勝手にやらせていると経済が大混乱してしまう、だから**一部の**

エリートがそもそも資源の配分計画をつくってみんなでやれば無駄がないだろう。こういう発想でできた経済体制が**「社会主義体制」**というものです。しかし、社会主義体制は結局うまくいかなかったのです（lecture7 参照）。

では、**「資本主義体制」**とは何か？　**さまざまな資源の配分をお金にやってもらいましょう**ということなのですね。限られた資源は高い値段を出さなければ買えません。結果的に限られた資源は無駄遣いされることなく有効に使われる。一方でいくらでも出る資源というのは非常に安い値段で買うことができる、あるいは売るということになります。結局お金を世の中に回すことによって、**資源が結果的に最適配分される。資本主義の初期のころはこういう考え方だった**んですね。

「見えざる手」が経済をうまく回してくれる？

アダム・スミスという経済学者がいました。彼はそれぞれの人がそれぞれの金儲けのために、一生懸命やると結果的に回り回って「見えざる手」が働いて、経済がうまくいくよという言い方をしました。あれはマーケット、市場の役割を非常に重視した見方だったということです。結

社会主義体制
資本主義の矛盾、問題を批判し、これを正して、より平等で公正な新たな社会を目指した経済体制のこと。322ページも参照。

資本主義体制
お金（資本）を持っている人が労働者を雇い、さらに多くのお金を自由に儲けることができる経済体制のこと。321ページも参照。

局、**お金を使えば経済がうまく回るようになる**——これが基本的な資本主義の考え方でした。となるとそこでお金というのが大きな役割を果たすことになります。

みんなが〝お金〟と思っているから〝お金〟なのだ

さあ、お金としてどんなものがあるのか。まずは、ここに一万円札があります。さあここで問題です。これはなぜお金なのでしょうか？　これは1万円として使いますね。日本国内どこに行っても、お店に行っても1万円として受け取ってくれます。これはなぜお金なんでしょうか？誰か？　はい、お願いします。

学生D：その一万円札を、全ての人が1万円の価値があると認識しているからです。

池上：なぜ1万円という価値であると認識しているんだろうか？

学生D：価値のあるものとしてみんなが認めているから流通できている。

池上：ありがとう。そのとおりですね。

いまのは論理学でいうところのトートロジー、同義語反復ですね。空

アダム・スミス　イギリスの経済学者（1723～1790年）。代表作は『国富論』。近代経済学の祖。

見えざる手　アダム・スミスの言葉から、個々人や企業が勝手に経済活動を行っても、最終的には、市場経済の自動調節機能が働き社会全体の利益が得られること。「神の見えざる手」ともいわれるが、アダム・スミスは「神の」とは言っていない。

はなぜ青いのか？　空は青いものだ。何の説明にもなっていませんよね。論理的に言うとちゃんとした答えにはなっていないのです。でもお金はそうなのです。なぜお金なのか？　**みんながお金だと思っているからです。だからお金として通用する**ということがあります。

ただ、日本の場合は、日本銀行が出した日本銀行券をお金として流通することを認める法律がありますが、いちいちそんなことを意識していませんよね。これはみんながお金だと思っているから、お金として通用する。たとえばアメリカのドル、これは世界のお金とよくいいます。なぜ、世界のお金なのか？　世界中の人がアメリカのドルのことを知っているからです。これはアメリカのドルだよね、これはみんながお金として認識しているよね、これはどこでも使えるよね。だからアメリカのドルは世界中で使うことができます。でも、先ほどの一万円札は、日本あるいは日本人の観光客が大勢行く国ではそれなりに使えますが、残念ながらアフリカのモザンビークだったり、スワジランドだったりナミビアに行ったりすると「これ、何？」と言って受け取ってもらえません。でもアメリカの一ドル札を見せればこれはアメリカのドルだよねと、みんなが受け取ってくれるということがあります。いくら日本のお金だよと言っても、相手がお金として認識してくれなければ通用しません。それ

日本銀行
日本の中央銀行。「発券銀行」、「銀行の銀行」、「政府のための銀行」の3つの役割を持つ。

で言いますと最近、非常にニュースになっているものがあります。この人、左側の人、見たことありますね。さて、誰でしょうか？

学生E：ビットコインをつくった人。

池上：うーん、惜しいな。

学生F：ビットコインを管理している人。

池上：ちょっと違うな。ビットコインを円やドルに両替をする会社の経営者。マウントゴックスという会社の経営者です。

　マウントゴックスというとカードゲームの売買をやっていた会社です。そこがビットコインの両替ショップをやるようになりました。ビットというのはコンピュータの用語ですよね。コンピュータの情報量です。**ビットコインというのはインターネット上で通用する仮想通貨**。バーチャルですね。目に見えるようなお金が、コインがあるわけではないのですが、**インターネットでさまざまな商売の決済をするもの、それがビットコイン**。このビットコインが随分いろいろなところで使われるようになりました。そのビットコインはみなさんがたとえば、スマホ（スマートフォン）で、そのデータを持ち歩くことができますから、日本国内でも

ビットコイン
インターネット上で流通する仮想通貨のひとつ。２００９年から流通。

マウントゴックス
ビットコインの大手取引会社。２０１４年２月２６日に全ての取引を停止し騒ぎに。当時の社長はマルク・カルプレス氏。

仮想通貨
インターネットなどの電子取引で経済活動を行うことができる貨幣の価値を持つもの。

ビットコインでお金払うからねーと、スマホでビットコインのデータを送ってそこで飲食ができるというお店が少しずつでき始めていました。でも、この両替するところが破綻《はたん》したので、いま少しその動きが鈍くなっていますけれども、たとえば、みなさんがビットコインで買い物をしたいと思った場合、円あるいはドルを振り込めばビットコインがもらえる、そのビットコインで買い物ができるのです。この会社は、日本を大きなマーケットとしていました。で、ここが潰《つぶ》れてしまった。いまその代わりドイツの両替する会社が日本に進出してこようとしています。ビットコインの交換所をやっていたこの会社は破綻しましたが、だからといってビットコインがなくなったわけではない。いま、世界中でビットコインがかなり使われるようになっている。インターネット上でお金が使える。現在、1ビットが約5万〜6万円です（2014年4月講義の時点）。

信用できるものかどうか？

これこそまさに**お金とは何かという根本的な問題を私たちに投げかけています**。ビットコインをいつもやっている人は、ビットコインをお金だと考えているから受け取ってくれます。でも、なかには「えー、ビッ

ビットコイン状況
ビットコインの取引価格は、この1年ほどで価格が高騰し、2017年1月5日に、日本円で15万円超の過去最高値をつけた。ビットコインでの支払いを導入する機関も増えており、仮想通貨への関心はさらに高まってきている。

トコインって何？　よくわからない、怖いよね」と思っていれば、ビットコインを受け取ってくれませんね。ビットコインをお金だと思っている人の間で流通していますが、**ビットコインをお金として信用できないなと思っていれば受け取ってもらえない**。これがビットコインというものです。

日本のお金、「円」であれば、日銀が出していますし、そのバックには日本という国があります。その**信用があるから日本のお金はお金として使える**わけです。しかし、ビットコインは管理している人がいません。厳密に言うとビットコインの取引をしている世界中の何十万人もの全員が管理者という形になっています。ビットコインのデータのやりとりをすると、そのやりとりのデータ自体が世界中でビットコインをやっている全ての人たちにインターネットでデータが転送される。全部それがデータとして蓄積される。だからたとえばビットコインをごまかそうとしても、全ての参加者にデータが残っていますから、そのデータを偽造することが非常に難しい。これが信用になって、ビットコインが信用できるなと思っている人たちはビットコインを使っているのです。これはお金だと思っている人の間で使われている、それがビットコインです。

お金があるから不幸になると、お金を廃止した国も

その一方で、過去、「お金を儲けたい！」と、金の亡者になって人生を破綻させてしまうということがいくらでもありました。世の中はお金で回るのだけど、お金自体がいちばん大事なものだと思ってしまうと人生が間違ってしまうのではないか、お金が本当にいちばんいいものではないのだという理想に燃えた人たちがいました。

カンボジアで、かつてポル・ポト政権というのができました。この政権は急激にカンボジアで共産主義の経済政策をとりました。何をやったのか？　**一挙にお金を廃止した**のです。お金なんてものがあるから不幸になる人がいるのだ、お金をやめてしまおうということになりました。

そして、どんなことになったのか。これが、廃止されてしまった紙幣でつくった紙袋です。この絵はアンコール・ワット（ヒンズー教の石造寺院遺跡）ですね。かつてシアヌーク殿下が国王だった時代に実際に使われていた50リエルの紙幣をポル・ポト政権が革命で政権をとったあとお金を廃止したのです。全てお金はなし。みんな自分で農業を行い、食べ物をつくる。食べるものを全部自分たちでつくりなさいという経済ですね。原始共産制に戻しました。結果的にこれは単なる紙切れになって

カンボジア
カンボジア王国。インドシナ半島の南西に位置する。国王を元首とする立憲君主制国家。

ポル・ポト政権
1975年にカンボジアで政権を握る。極端な共産主義で独裁的な統治を行う。国民に大飢《き》饉《きん》と大虐殺の恐怖を与えた。

しまいました。でも紙切れになったものを残していた人がいるわけですね。それをこうやって、貼り合わせて紙袋として使われていた、ということです。ちょっと衝撃的でしょう？　お金がお金でなくなってしまう。みんなお金があるから不幸になるのだ。お金をやめた。その結果、カンボジアというのは、貧乏のどん底に陥りました。さらに恐怖政治により、カンボジアの国民100万〜200万人、一説には300万人が殺害される、虐殺されるという、**戦後、世界の中で最大の悲劇が起きた。**それが、カンボジアという国です。ポル・ポト政権は崩壊して、カンボジアはまた国づくりをいま、進めている状態ですが、お金によって不幸な人がいっぱい出るからと、**お金をやめてしまったら、国全体が不幸になってしまった**——というひとつの例です。

お札の顔を塗り潰してでも……

　お金として受け取ってくれるからお金だという例で言いますと、まずはこちら。この顔はわかりますか。リビアの、かつての独裁者カダフィですね。2010年末、チュニジアから始まった北アフリカ、中東で起きた民主化運動「アラブの春」によって、カダフィ政権が倒されました。みんな、この人の顔は見たくもない。でもとりあえずお札として使わざ

紙幣でつくった紙袋
紙幣を貼り合わせて袋に。

シアヌーク殿下
ノロドム・シアヌーク（1922〜2012年）。カンボジア元国王。ポル・ポト政権下では、幽閉されるなど激動の人生を送った。

るをえない。人々はどうしたのか？　こうやってお札を使うようになりました。顔を塗り潰していたのですね。顔なんて見たくもない、というわけです。

日本でお札の肖像画を真っ黒に塗り潰して、それで支払おうとしたらみんな、受け取ってくれません。そもそも、通貨に変なことをやってしまったら通貨変造罪で法律に違反します。ですが、リビアではカダフィの顔なんか見たくもない！　と、顔を塗り潰しました。お金として通用しないか？　**カダフィの顔が入っていないお札なら喜んで受け取りましょうと言って受け取ってくれる人がいる。**この結果、これは**お金として流通している。**まさに**お金の本質がそこで見えてきます。**

ひとつの選択をすれば、別のチャンスを捨てることに

さらに言いますと、そのお金、経済ということで、ぜひ考えてほしいことがあります。

みなさんは常に経済活動をしています。そのときみなさんは**無意識のうちにさまざまな決断、あるいは選択をしている**のです。

今日、朝起きたとき、みなさんは頭の中でこういうことを考えたのではないでしょうか。今日は池上の講義に行かなきゃいけないかな。いや

ポル・ポト政権の虐殺
知識人は敵であるとして、徹底的に弾圧、虐殺された。知識人であるかどうかを見分けるのに、めがねをかけているかどうかで判断したともいわれる。

リビア
リビア国。北アフリカで、エジプトの西に位置する。「アラブの春」で41年間続いたカダフィ政権が倒れた。

あ、デートしてればお花見もいいし楽しいのにな。いや、コンビニでアルバイトすれば1時間850円のお金が得られる。2時間だったら1700円入る。どうしようかな？

まあ多分、私の講義を履修してしまったのですから、最初から「講義を受ける」という選択肢しかなかったのかもしれません。実際に、みなさんは、今日大学の教室に来て私の講義を聴いているということはそういうことですね。でも明日はどうするか？　明後日《あさって》はどうするか？　大学の講義に行こうか？　デートに行こうか？　寝ていようか？　いやアルバイトしようか？　みなさんは実は常にさまざまな選択をしています。しかし残念ながら人間の体はひとつですから一定の時間どれかひとつしか選択できません。たとえばここで今日私の授業に出るという選択をしたということはアルバイトに行くチャンスを失ったわけです。その分考えてみるとお金を払ったという記憶はないかもしれませんが、稼げるはずのお金を損したという考え方ができる。それをこう言います。

「機会費用」

つまり、大学の講義を聴きに行くという機会を選んだことによって、**ほかの部分で機会費用を払ったようなものだ。**コンビニでアルバイトすればー定のお金が稼げたのにみなさんはそのお金を稼がない。言ってみ

カダフィ　ムアンマル・アル＝カッザーフィー（1942〜2011年）。リビアの軍人、政治家。41年間独裁を行う。「アラブの春」で、暗殺された。

顔を塗り潰したお札　カダフィの顔が入ったお札（上）。カダフィ政権が倒れたあとは、顔を塗り潰したお札（下）が流通。

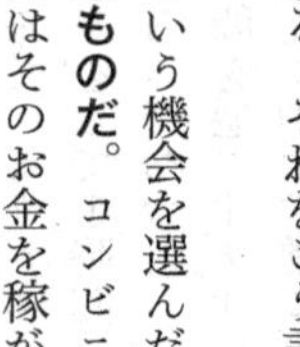

ればそのお金を払って今日はこっちに来ているとも言えます。デートに値段はなかなかつかないですね。デートをして1時間楽しい時間を過ごしたからといってデート代1時間いくらってお金として計算できるものではありませんが、とっても楽しい時間を過ごすチャンスをみすみす捨てて今日ここに来ているということになります。**常にみなさんはこういう機会費用を払っている**のだということですね。

ということはたとえばみなさんはこの愛知学院大学に入学し、ここで勉強するということを選択しました。そこでみなさんは一体どれだけの機会費用を払っているのか。みなさんがたぶんすぐに考えるのはこの大学に入るための入学金だったり学費だったり、あるいはさまざまな施設代だったり、4年間でいくら払うということをまず考えます。でも機会費用というのはそれだけではありません。みなさんは大学に入らなくても高校を卒業してそのまま就職するという選択肢もあったはずです。でもみなさんはその選択肢をとりませんでした。高校を出て就職していれば、たとえば1年間で250万円くらいの所得があったかもしれない。年収250万円。4年間で1000万円。みなさんは大学に入学することを選択したことによって、学費を払っただけじゃない。働いていれば得られたであろう4年間の1000万円をふいにしてここに来ているのだということです。それが機会費用ということです。

と考えれば、せっかくの4年間、勉強しなければ損だろうということになりますよね。高い学費を払っているのだからその分、勉強しなくては。本当はそれだけじゃない。働いて稼げるのにそれをしなかったわけですね。アルバイトをしていたとしても、それはフルタイムで働くほどにはもらえません。**みなさんはそういう機会費用を払って、ここにいるのだということをぜひ考えてほしい。**そう考えるとこの時間、無駄にはできないよねということになります。

「マル経」にするか「近経」にするか

経済学という学問ですが、過去にさまざまに変わってきました。たとえば私が大学で経済学部に行っていた時代、日本の経済学はマルクス経済学と近代経済学に分かれていました。マルクス経済学というのは、カール・マルクスという人物が、資本主義がいかに非人間的であるものなのか、ということを分析したものです。マルクスの代表作に『資本論』という著書があります。この『資本論』で資本主義経済がどのようなメカニズムで動いているのかということを分析しました。資本家は、実は個人個人ではいい人であって一生懸命みんなのことを考えて、労働者の

ことを考えていると、ライバルの会社との激しい競争に敗れて会社が潰れかねない、潰れてしまうかもしれない。結果的にどんなにいい人であっても**資本家である以上、労働者をこき使って、金を儲けていかないとそもそも企業は成り立っていかない**のだというメカニズムを分析した。これがマルクス経済学です。こうしたマルクスの考えに基づき、資本主義に代わるものとして社会主義を目指す人たちが世界各地に誕生しました。その結果、たとえばソ連（ソビエト連邦）、あるいは、いわゆる中国（中華人民共和国）という**社会主義国家というものが生まれました。**

当時、日本の経済学界の中でもマルクス経済学というのが非常に強い力を持っていました。それに対して、**資本主義経済こそが合理的なもので、これが資源の最適配分にふさわしいものだと考えるさまざまな学説が、ひとくくりにして近代経済学**という呼ばれ方をしていました。私が学生時代、「マル経（まるけい）」をとるのか、「近経（きんけい）」をとるのかなんて言い方をしました。マルクス経済学が「マル経」、近代経済学が「近経」といい、同じ経済学部の中でマルクス経済学の先生、近代経済学を教えている先生がいる。さあどっちをとるのか？という時代が長く続いていました。

カール・マルクス
カール・ハインリヒ・マルクス（1818〜1883年）。いまのドイツ出身の経済学者、思想家。共産主義を掲げ、後世に多大な影響を与えた。

資本論
マルクスの代表的な著書。資本主義を分析し、その矛盾をつき、社会主義革命の必然性を説いた。

東西冷戦の終結が経済学までも変えた

しかし、東西冷戦が終わり、社会主義諸国が次々に崩壊していく中で、現在、マルクス経済学をベースにした科目を残している大学はほとんどありません。ごく少数派になりました。代わって**近代経済学がとりあえず経済学を学ぶ上では常識の学問に**なり、その中身を2つに分け、いまはマクロ経済学、ミクロ経済学という形でこの2つを基礎、基本として学びましょうということになっています。

経済学部の1年生はマクロ経済学、ミクロ経済学をそれぞれ習ってきましたよね。マクロというのは大きいという意味で、ざっくり言えば**日本全体あるいは世界経済がどのように動くのかというのがマクロ経済学。ミクロ経済学は個別のそれぞれの企業や人がどのように経済活動をするのだろうかというところを分析**している。とりあえずこの2つに分かれている。経済学というのもそれぞれの時代によって変化してきています。現在は、このマクロ経済学、ミクロ経済学が基礎、基本です。それに基づいた上で経済学はまた日々いろいろな進化をしています。

東西冷戦
アメリカを中心とする資本主義陣営と、ソ連を中心とする社会主義陣営の対立のこと。

社会主義諸国が次々に崩壊
1991年12月25日にソ連が崩壊したことを受けて、東欧の社会主義国家も次々と脱共産化を進めていった。

需要と供給でモノの値段が決まる

経済学を学問として組み立てる上では、必ずいわゆるモデルというものがあります。そこで、ホモエコノミクス＝経済的人間というのを考えます。**経済的に常に合理的に行動する人間というモデル**です。

たとえば需要と供給でモノの値段が決まっていくということをやりますよね。物事を合理的に考える人間がいてそれによって経済が動いていく、こういうモデルがあります。これはいわゆる**需要曲線**、**供給曲線**というものです。縦の線が価格、横の線が数です。値段が高くなると欲しいという数量は減ってしまう。一方で値段が高くなればたくさんモノを供給しようという人たちが出てくる。**需要曲線と供給曲線が交わったところで値段が決まる**、これはみなさん必ず学ぶ話ですよね。でも、このモデルが成立する前提が実はあります。それは、**人間は必ず合理的に行動するものというモデルが想定されている**のです。値段が高くなれば買う人は減る、値段が安くなれば買う人が増える、だから値段が決まる。とりあえずこのモデルは世の中の経済活動を説明する上で非常に説得力があります。しかし、人間は本当に必ず合理的な行動をとるものでしょうか。

需要と供給によって
モノの値段が決まる

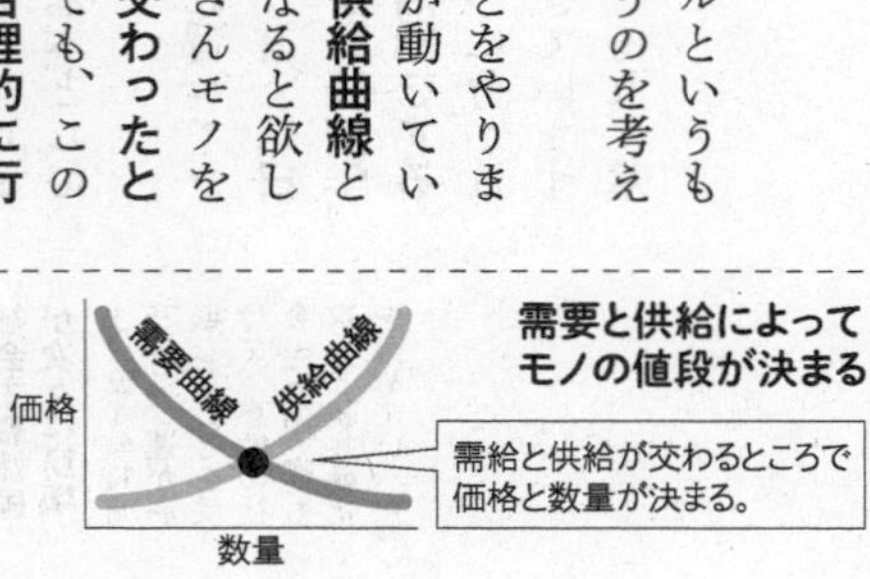

人間は実は合理的には行動しない

たとえばみなさんが、ショッピングでブランドショップに入りました。腕時計を買おうと見たところ、ゼロがたくさん。一瞬わからなくなって、7万円の腕時計をぱっと見た瞬間、「高い!」と思いますよね。でも今度は先にショーウインドーで見ましょう。よくブランドショップで腕時計がありますよね。さあゼロがいくつあるんだろう? 150万円、200万円。150万円の時計や250万円の時計がショーウインドーに並んでいます。びっくりしますよね。誰がこんなもの買うのだろうって思いながら店内に入りました。そうしたら、7万円の時計があった。「あれ、7万円だ、安い!」となるわけです。先ほど、いきなり7万円の時計を見たら「高い! 誰が買うんだろうこんなもの」でした。でも、

店頭の高額商品は、実は買う人がいなくてもいい!?

ホモエコノミクス=経済的人間
自分の経済的な利益を追求することを唯一の行動基準とする人間のこと。

まずショーウインドーに行って150万円、200万円の時計を見てしまったら店内に入って7万円を見れば「結構安い。買っちゃおうか」という気になる。**人間は、合理的に行動できないというのがわかります。**ブランドショップでショーウインドーにものすごく高い商品が並んでいる。誰がこんなもの買うのだろう、と思う。でも、別に買う人がいなくてもいいのです。つまりいまのようなショーウインドーを見て店内に入れば、7万円でも15万円の腕時計でも安いと思って買ってくれる人がいるから、ああいう展示方法をしているのです。

これも有名な話ですが、銀座《ぎんざ》で宝石を売っていたけれどなかなか売れない。で、どうすれば売れるようになるのだろうと、誰かがゼロを多くすればいいんだと言って、**ゼロをもうひとつつけたら飛ぶように売れたという話があります。**人間というのは必ずしも合理的な行動ができないのです。**高いから売れる、という商品がある**のですね。

2000円のうな重を安い！　と思わせる方法

では、ここで昼食にうなぎを食べに行くと考えましょう。お店に入りました。1000円と2000円のうな重がありました。さあ、ここでちょっとアンケートをとりましょう。手を挙げてくださいね。2000

円のうな重を買う人は手を挙げて。では1000円のうな重を買う人。ああ、1000円が、圧倒的ですね。ではこうなっていたらどうですか？

3000円と2000円と1000円のうな重がありました。さあ、これでも1000円のうな重を買う人？　では2000円？　劇的に増えましたね。念のために3000円を買う人！　ちょっといましたね。

1000円と2000円だと1000円を買う人が圧倒的だった。**3000円を横に置いただけで、別に何の変化もないのに、1000円を買う人が激減。2000円を買う人が激増した。**みなさん、いまの自分の心理状態を分析してみてください。なんでそんなふうに思ったのか？**これは合理的ではないですね。**中身が変わっていないのだから、横にいくらのものがあろうが1000円のものを買えばよいのにそうしない。

人間の心理によって経済は大きく変わる

人間の心理は非常に不思議ですよね。過去の経済学というのは、人間は**必ず合理的な判断をして行動するのだということを前提に理論が組み立てられてきました。**というよりもそういう前提にしないと学問として成立しないということがあったわけです。でも**人間は必ずしも合理的な**

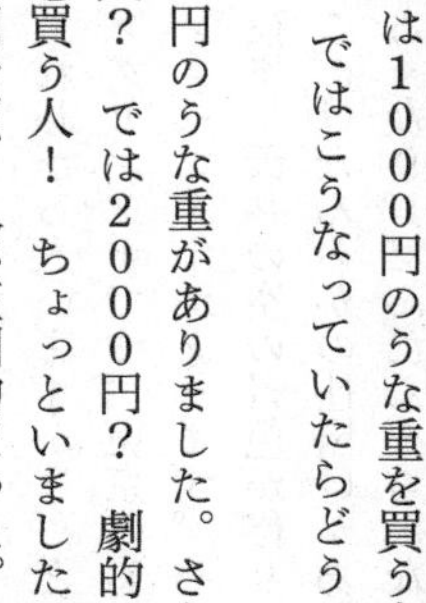

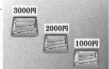

2000円のうな重を安い！と思わせたければ、3000円のうな重を追加すればよい。

判断をしないのだということがわかってきました。いま、こういうことを研究している学問を**「行動経済学」**といいます。人間の心理によって経済は随分変わってくるということです。この行動経済学は心理学者とも協力してさまざまな実験を行います。実験をしてみると、人は合理的に動くだろうと思っていたことがそうじゃないのだ、ということがわかってきました。では、経済学はこれからどうあるべきか？　というときに単に合理的なことを考える、経済的人間を考えるだけでは経済学としては十分ではないのではないか？　こういう**不合理なこともやるという人間の心理をきちんと踏まえてこそ、経済学は世の中を分析するツールとして役に立つ**のではないか、こういうふうに考えられてきています。

買い物のおねだりは夕方に？

たとえば、これはどうでしょうか。これわかる人いますか？　どなたか？　いないかな？　東京のショッピングセンターです。東京のお台場《だいば》にヴィーナスフォートというショッピングセンターがあります。その店内です。ここでは1時間で朝から昼、夜まで天井の空の景色が移り変わります。なぜでしょうか？　当然、ここにはなんらかの仕掛けがあるのです。それは何か？　日の出で空が明るくなり、だんだん夕方になって

行動経済学　人間の心理を重視し、心理学の理論を経済学に取り入れた経済学の考え方。

ヴィーナスフォート　VenusFort。東京都江《こう》東《とう》区青海《あおみ》のパレットタウンの中にあるショッピングモール。女性を意識したお店が多い。

くると人間は買い物の意欲をかき立てられるという心理があるのです。夕方になってもうじきお店が閉まってしまう！　お店が閉まったら買えなくなってしまう。いつ買うの？　いまでしょ！　となる。観光地のショッピングセンターですから、わざわざ出かけてきたという特別な思いがある。さあどうしようか？　と思っていたら急に日が沈みそうになるとなんとなく焦ってきて、いま、買わなくてはいけないとなって、消費行動が伸びる。これによって売り上げが増える。こういう仕掛けになっている。これは、もともとアメリカのラスベガスにフォーラムショップスというのがあって、そこで使っていた仕掛けで、それをこちらでも参考にしたのです。人間の心理に、こっそり働きかけることによって消費行動を起こさせる。となるとこれをプライベートで生かすことはいくらでもできます。たとえば女性にしてみれば彼にちょっとしたアクセサリーやブランドものを買ってほしいなあと思ってデートするときは、明るい昼間ではなく、夕方お店に立ち寄るというのがひとつの手ですね。昼間明るいときにお店に行っても「いまはいいんじゃないか？　またね」で終わってしまう。夕方、日が陰ってきたころにお店に行って、これいいなあと言ってみると焦って買ってくれるかもしれない。**経済学は思いもよらないところで役に立つ**。人間の心理によっていろいろな分析が行われるようになったのです。そしていま、日本経済、いちばんのテーマはアベノミクスです。では、アベノミクスとは何か？

アベノミクスの三本の矢

俗にいいますと「三本の矢」。三本の矢とはもともと戦国時代の中国地方の武将、毛利《もうり》元就《もとなり》が3人の息子に、一本一本の矢は簡単に折れてしまうけれど、三本一緒に束ねれば簡単には折れない。お前たち3人協力し合ってやっていけと言ったという故事に基づいています。毛利元就はいまでいう山口県の人物。山口県選出の安《あ》倍《べ》晋三《しんぞう》総理大臣としては地元の毛利元就の故事である三本の矢を持ち出したのでしょうか。

三本の矢とは、**大胆な金融政策・機動的な財政政策・成長戦略**。この3つの政策が相まって日本経済を**デフレから脱出させようと**しているわけです。

第一の矢＝大胆な金融政策

一本目の大胆な金融政策とは何か？　黒田《くろだ》東彦《はるひこ》日銀総裁がいわゆる**量的緩和政策を導入**しました。

アベノミクスの三本の矢

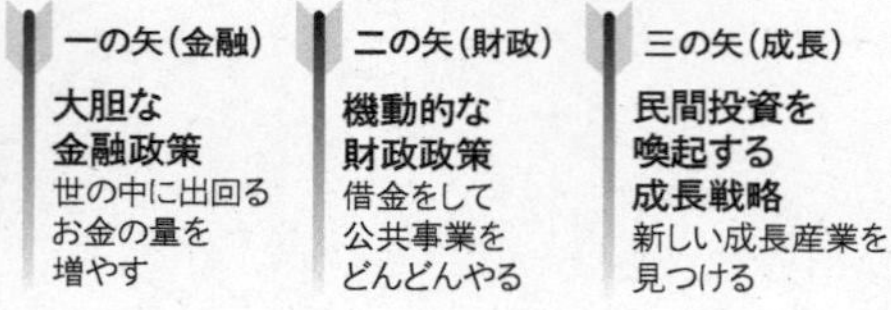

一の矢（金融）	二の矢（財政）	三の矢（成長）
大胆な金融政策 世の中に出回るお金の量を増やす	**機動的な財政政策** 借金をして公共事業をどんどんやる	**民間投資を喚起する成長戦略** 新しい成長産業を見つける

安倍晋三
山口県選出の日本の政治家（1954年～）。第90代、96（現97代）代内閣総理大臣。

日銀として金利は下げるところまで下げた。これ以上、金利を下げることはできない。では、どうするか。世の中にジャブジャブとお金を出すことによって景気をよくしようとした。これが金融政策というものですね。基本的に景気をよくするにはどうしたらよいかというと、その政策手段は2つしかないのです。ひとつは金融緩和。金利を下げ、みんながお金を借りやすくすることによって新しい事業が起きて経済がよくなるようにしよう。これが金融政策です。

第二の矢＝機動的な財政政策

一方、財政政策。みんながお金を使わないなら**国がどんどんお金を使いましょう**。たとえば公共事業をしたりして新しい仕事を世の中に生み出すことによって景気をよくしましょう。基本的にこの2つが景気対策です。

日銀が国債を買い上げる

安倍政権もこの2つを入れました。大胆な金融政策。いま、金利はほとんど最低限のギリギリのところまで低くなってしまっている。これ以上は下げられない。ではどうしようか？　黒田日銀総裁はそれでももっ

デフレ　モノの値段が持続的に下落していく経済現象。

黒田東彦　**日本銀行総裁**　元財務官僚（1944年〜）。2013年3月から日銀総裁を務める。大胆な金融緩和政策を打ち出す。

量的緩和政策　金融市場に大量に資金供給を行う（お金の量を増やす）政策のこと。お金の流れを活性化させる狙いがある。

と世の中にお金をジャブジャブにするんだという言い方をしました。具体的には何をするのかというと、日銀がそれぞれ民間の銀行が持っている国債を大量に買い上げる。国債、つまり国の借金です。いま、日本はお金が足りないものですから国債を大量に発行しています。発行した国債、誰が買っているのか？　もちろん個人向けの国債もありますから、みなさん個人で買うこともできますが、多くの場合、金融機関が買っています。銀行にみなさんが預金したお金がたまっているのですが、なかなか景気がよくならないので貸し出す先がないのです。貸し出す先がないから、たくさんの現金が銀行に眠っている。銀行はそのお金で大量に国債を買っています。結果的に国が発行した国債の大半を各銀行が持っています。でもそれだけだとお金が動きません。日銀は銀行が持っている国債を買い上げるのですね。国債を買うということは日銀がその国債の分だけお金を銀行に渡すのです。日銀がお札を刷って国債を買い上げるのです。これによってその銀行に新たにたくさんの現金が入ってくる。もちろんそれで再び国債を買ってもいいのですが、手元に現金がたくさんある、ならば、それをどこかに貸し出そうということになるだろう、ということで、日銀がどんどん国債を大量に買い続けているのです。厳密にいうと日銀がお金を刷っているわけではありません。独立行政法人

国債
国が発行する債券のこと。債券とは、借金証書のようなもの。

個人向けの国債
一般の人（個人）が購入しやすいように商品内容などを工夫した国債のこと。現在、変動10年、固定5年、固定3年の3タイプがある。1万円から購入できる。

国立印刷局というところに発注をしてお札を刷ってもらっているのですが、それを**日銀がせっせせっせと各銀行にそのお札を支払って、国債を買い上げている**のです。それをどんどんやっていくことによって世の中にお金がうんとあふれるようになった。

急激に円安に動いた

２０１２年12月、第2次安倍政権が成立したその直前くらいから、**急激に円高から円安に動きました**。どうして円安になったのか？　安倍政権が誕生する。そうすると安倍政権は大胆な金融緩和、金融政策をとると言っている、ということは日銀がどんどんどんどんお札を刷るから世の中にお札がうーんとあふれる。そうするとそれだけ、**円の価値が下がる**、こう考えるんですね。需要と供給の関係と同じです。商品は、数が増えればそれだけその商品の値段が下がる。これと同じように日銀が大量にお札を刷ればそれだけお金の価値が下がる。**お金の価値が下がるとみんなが考えれば円安になるな**と、プロの投資家はみんな考えるであろう。大胆な金融緩和をすれば円安になるとみんなが考えて行動をとることは、円を売ってドルを買うという動きをするに違いない。ではその前に、円を売ってドルを買おうとプロの投資家が一斉にそれに走ったので

独立行政法人国立印刷局
日本銀行券（いわゆる紙幣）、収入印紙、郵便切手などを製造している。硬貨を製造しているのは造幣局。

第2次安倍政権
2012年12月の総選挙で自民党・公明党が大勝して成立した自公連立政権。アベノミクスでデフレからの脱却を試みた。

すね。その結果、円の価値がどーんと下がり、円安になりました。黒田日銀総裁はなぜそんなことをやったのか？　つまりこれです。

「期待に働きかける」

これをしました。**経済学の「期待」というのは、私たちが普通に使っている期待と意味が微妙に違う**のですね。英語でこの期待というのは「expectation」なものですから、それをそのまま「期待」と訳したのですが、私たちが普通「期待」というと「やあ、君の活躍には期待しているよ」などと言いますよね。あるいは、「これから給料が上がるのじゃないかなと期待しています」など。これらは非常にプラスな、ポジティブな発想ですね。私たちの日常生活では「期待」というのはポジティブなものとして使います。ところが経済学における「期待」というのは、必ずしもポジティブなものではないのですね。これは、**私たちの普通の言葉で直せば「予想」です。**これを経済学では「期待」という言い方をしています。**「期待に働きかける」というのは、みんなに予想をさせるようにする**のだなということですね。

円安になるとみんなが期待すると……

黒田日銀総裁は、「大量に国債を買いますよ」「お札をどんどん刷りますよ」とやれば、みんなが、円の価値が下がる、円安になるなと、予想するだろう、期待するだろうと。みんなが期待すればそのように円を売ってドルを買うという動きをするだろう。そう考えたのですね。そのとおり今回、急激に円安が進みました。となれば輸出産業にとっては、これまでと同じだけの量を輸出していても手元に入ってくるお金ははるかに増えるわけですね。１ドル＝80円のときに売っていたものが１ドル＝１００円になれば、１ドル売るたびに円にすると20円分儲かるということになります。**これによって輸出産業は非常に利益が上がるようになった。**輸出産業の利益が上がるようになれば、何が起きるのか？　当然輸出産業は儲かるわけですね。儲かるということは株価が上がるだろう、これもまた多くの人が期待をする。これは本当の意味での期待かもしれませんね。株の取引をやっている人にしてみれば、単なる予想ではなくて本当に期待するということになりますよね。さあ、輸出産業は利益が上がったら株価が上がる。じゃあ「日本の株を買ったほうがいいよね」ということになります。海外の投資家にしてみれば、どれが日本の輸出産業であり、あるいは一見輸出産業に見えないかもしれないけれども円安によって利益が上がる企業はどこなのか、なかなかすぐにはわからないです。その場合はどうするのか？　そこで注目するのが、日経平均株

日経平均株価
日本の株式市場の代表的な株価指標。東京証券取引所第１部に上場している銘柄の中から代表的な２２５銘柄を対象に、平均株価を算出している。これまでの最高値（終値）は、１９８９年12月29日の３万８９１５．８７円。

価です。これは東京証券取引所第1部に上場している企業の中から日本を代表する225社を選んでその株価の平均を出しています。その日経平均株価を投資対象にする投資信託というのがあります。その投資信託を買えば、225社の株を買いますよということになりますね。海外の投資家にしてみれば日本の企業のことは必ずしもよくわからないけれども、これが円安になれば輸出産業が儲かる。日経平均株価が上がるよねと考えれば、**個別の企業の株を買わずに日経平均株価に投資をする投資信託を買えば、その価格が上がるだろうと考えます。**結果的に日経平均株価がどんどん上がっていきます。そうすると、日経平均株価に採用されている225社の中には輸出産業でないところも入っているんですね。むしろ円安がマイナスに働くような企業もある。でも日経平均株価の225社の中に入っていて、その株を買う人がいるものですから全体の株が上がるようなことになりました。**利益が上がっていないような企業の株価まで上がるということが、2012年の暮れから2013年の暮れにかけて起きた**のですね。これはまさに黒田日銀総裁が、**みんなの円安になるだろうという期待に働きかけたから**です。さらに株価が上がるだろうと期待に働きかけた、その結果株価が大きく上がった。

株が上がればお金が回り始める？

では、**株価が上がると何がいいのか？**　株をやっている人はいいに決まっていますが、株をやっていない人たちにはどんな効果があるのだろう？　株価が上がり出した途端、高級品がどんどん売れ出します。デパートの宝飾品は、高級腕時計が本当に売れ始めた。外国の高級自動車が飛ぶように売れるようになったということもあります。**お金持ち、株で儲かった人たちがいろいろ買い物をするようになった**。とりあえず高いものが売れ始めたということによって、日本経済、これまでデフレに沈んでいたのが明るい兆しが出てきたのかな？　という気分になる。さらには、企業自体が、実はある程度余裕のお金でいろいろな会社の株を買っていたりするんですね。そうするとその企業にとって、株が上がることは、その企業の含み利益が上がり始めることを意味します。銀行も実はいろいろな会社の株を持っている。それがどんどん価値が上がってくる。すると銀行自体、利益が増えてくる。利益が増えてくれれば、じゃあいろいろな企業にお金を貸しましょうという余裕が出てくる。結果的に回り回って日本経済が少しずつよくなり始めるような気配になった。そのきっかけになったのが株価の上昇ということです。

さらに言いますと、みなさんは年金の保険料を支払っていますね。若い人が支払っている年金の保険料は、そのまま高齢者の年金として支払われている（賦課方式）のですが、その途中経過で大量のお金がプールされているんですね。そのプールされているお金を増やそうとして実は（GPIFは）株に投資しています。その株価が上がったことによって年金のプールしているお金が増えたということがあります。年金が破綻するかもしれないという心配の中で、支払うためにプールしているお金が増えているってことは少し安心材料になりますね。こうしてなんとなくみんな、少しずつですが景気がよくなろうとしているのかな、と明るくなり始めている。

もちろん、その一方で、「そんな恩恵は受けていないぞ」と怒っている人が大勢いるのも事実ですが。

公共事業をどんどんやっていこう！

そして、三本の矢の二つ目。機動的な財政政策。要するにこれは、国債をどんどん発行して、公共事業をもっともっとやりましょうというやり方です。これによって、いまいろいろなところで公共事業がどんどん増え、建設労働者の数が足りないという事態が起きています。日本中で、

年金の賦課方式
現役世代が納めた年金保険料が、そのときの年金受給者への支払いに充てられる方式。現在の日本の公的年金はこのスタイル。逆に、将来、自分が受け取る年金を、自分で現役時代のうちに積み立てていく方式も（積立方式）。

GPIF
世界最大の年金基金。GPIF＝年金積立金管理運用独立行政法人。GPIFの運用先が見直され、日本株へ

建設業を中心に景気がよくなり始めているということです。ただこれには副作用もあります。東日本大震災の復興のために全国から集まってきた作業員がそれぞれ、地元で仕事があるよ、と言われて地元に帰ってしまった。被災地での復興作業をする作業員が人手不足ということが起きました。また、全国で公共事業をやるようになったものですから、建設資材の値段がものすごく上がりました。復興のための事業をしようにもお金が足りないということが起きています。さらに一般生活でいいますと、たとえばみなさんの親世代が、家を新築したい、あるいはリフォームしたいとすると資材の値段がものすごく上がってしまっているのです。

とりあえずこれによって日本の経済はようやく動き出しました。でも二番目の矢は、新たに国債を発行して行っているわけですよね。国の借金が増え続けているということです。国に借金が増え続けているということは持続可能ではないですよね。いつまでもこんなことができない。日本経済が非常に深刻な状態になったから、とりあえず大胆な金融政策をやり、あるいは機動的な財政政策を行った。言ってみればカンフル剤のようなものです。**本当に体力をつけて元気になるためには、三番目の成長戦略というのが欠かせない**わけです。ところがこの成長戦略というのがなかなか見つからないということがあります。

の投資割合が高まった。

特区が起爆剤となるか？

安倍内閣は、2014年3月、国家戦略特別区域というものを全国に6ヵ所指定しました。特区ですね。さまざまな規制があるのだけれども、そこの地域に限っていろいろな規制を取り払いましょう。どうぞ自由にやってくださいというものです。たとえば農地ですね。農地を転用する。農地として決まっていたものを住宅地や工場用地にするためには、それぞれの地元の農家の代表による農業委員会というのがあって、そこがOKを出さなければ、そもそも農地をほかの目的に使うことができません。みなさんが、地方に行って農業を始めようとします。親が農業をやっていて、親の農業を継ぐならいいのですが、会社員が突然田舎に行って農業をやろうとすると、そこの地元の農業委員会が「あなたを農家として認めますよ」と言わない限り、農地を手に入れることができない。そういう規制があります。それを国家戦略特区に指定されたところでは、その規制を取っ払って自由にやれるようにしましょうということです。そういう形でさまざまな規制を取り払おうと、いまようやく始まりましたが、でも全国わずか6ヵ所です。そこでいろいろなことをやったからといって、日本全体の経済がどんどん成長するというわけにはいかないと

国家戦略特別区域　略して「特区」。地域を限定して規制緩和を行うことで経済を活性化させること。安倍政権が成長戦略の柱のひとつとして掲げている。

成長戦略　2016年、安倍政権は、「日本再興戦略2016」、「ニッポン一億総活躍プラン」などを打ち出した。この成長戦略の柱として注目されているのが、「第4次産業革命」。AI（人工知能）や、IoT（モノのインタ

いうことです。とりあえず三本の矢で、先に放った二本によって日本経済は少し明るくなったかな、という状態です。とくに大企業はボーナスが増えたり、２０１４年４月から給料が増えたりということが起き始めていますが、この動きは、中小企業までは行っていない。ごくひと握りの企業がアベノミクスのおかげで景気がよくなったと思っていますが、これがまだまだ全体には行き渡らないという状態の中で、２０１４年４月から消費税率が５％から８％に上がった。これでみんなが買い控えをするようになったら、さあ日本経済がどうなるのだろうか？　というのがいまの日本経済の現状ということになります（２０１４年４月講義の時点。その後、同年11月になって、安倍首相は、景気の回復が思わしくないとして、２０１５年10月から予定されていた消費税率10％への引き上げを１年半、延期。そして、２０１６年６月には、**２０１７年４月に先送りしていた消費税率10％への引き上げを２０１９年10月まで再延期すると表明**）。

アベノミクスにも経済学の知見が生かされている

でも、ここでもアベノミクスという経済政策の中に、これまでの経済学で得られてきたさまざまな知見が生かされているということです。た

ーネット）を活用して、日本の産業構造を大きく変えようとするものである。

消費税
消費する行為に対してかかる税金のこと。日本では、１９８９年４月１日（竹下内閣）から税率３％で導入された。97年４月１日（橋本内閣）に５％となり、２０１４年４月１日（安倍内閣）からは８％となった。

とえば、日銀が金融緩和をする。昔は金融緩和というと金利を下げることだけでした。でも金利がそれ以上下がらなくなったら、世の中にお金をジャブジャブにすればよくなるのではないか？　つまり期待に働きかけるというやり方によって、経済を動かそう。**期待に働きかける――新しい経済学の学説を使ってこれをやってみたということ**です。結果的にうまくいったと言えるかどうか、まだわかりません。いま、とりあえず少し効果があったとみられています。最終的にどうかというのはまだわからない。これは、そういう経済学の学説を現実に使ってみましたという、これが金融政策というものです。

そして、景気が悪ければ国債を発行して公共事業をやる、これは昔からやってきたものですね。ケインズの学説を使ってこれをやっている。現実のさまざまな政治、政策にはこういう経済学が実は使われているのだということをとりあえず知ってください。

今日はここまで。次回からは、経済学そのものではなくて戦後の日本経済が廃墟《はいきょ》からどう立ち直り、どうやってここまで成長したのか？　その歴史をこれから少しずつ見ていこうと思います。

※その後のアベノミクスをみておきましょう。アベノミクスによって円安が進み、輸出企業の収益が改善し、日経平均株価も上昇しました。失

ケインズ
ジョン・メイナード・ケインズ（1883〜1946年）。イギリスの経済学者。マクロ経済学の創始者。

業率も下がり、大学生の就職率も以前よりは改善しました。

しかし、雇用が増えたとは言っても、非正規労働者が増えただけだとの指摘もあります。事実、平均給与は下がっているのです。今後もさまざまな面からアベノミクスを検証していく必要があるでしょう。

lecture 2

廃墟から立ち上がった日本

日本は敗戦の廃墟から
再び歩みを始めました。
その歴史に
目を向けてみましょう。

前回の講義の中で、セブン‐イレブンが、店舗の全国展開を無理に急がなかった、という話をしました。それはなぜか？　この答えは、前回の講義では、あえて取り上げませんでした。自分で考えてみたでしょうか？

これは、ロジスティックス、つまり商品をどう店舗に届けるか、という点からの配慮だったのです。全国に店舗を展開すれば、「全国制覇」と誇れますが、既存の店舗から遠く離れた場所の店に商品を届けるのは、効率が悪くなります。**店舗網を少しずつ拡張していけば、既存の流通ルートを少し延長するだけで対応できます。**全国制覇という名より、**効率という実を取った**のですね。

経済学の観点から歴史を分析する

前回は、そもそも経済学とはどういうものなのか、とくに最近の行動経済学はどんなものなのかという話をしました。１０００円と２０００円のうな重だとどちらを買うかといったら、多くの人が１０００円のうな重に手を挙げました。ところが、１０００円、２０００円、３０００円だったらどうかといったら、２０００円のうな重を買う人が圧倒的に増えたでしょう。そこで初めて自分の心理に気がついたと思います。**人**

ロジスティックス
物流において、生産地から消費地までの流れをスムーズに行うことを目指すもの。

間のさまざまな心理によって、経済行動というものは成り立っています。

今日からは、そもそもいまの日本の経済は、いろいろ問題もありますが、どうしてここまで発展したのか、過去の歴史を振り返りながら考えていきます。ただし、**単なる普通の歴史ではありません。それを経済学の観点から分析していきます。**

歴史というのは暗記科目だと思っている人がいるかもしれませんが、決して暗記科目ではありません。**人間の営みです。そこには必ず因果関係があります。**ある出来事が起きたからこそ、次にこういう出来事が起きる。そのときに、こういう政策がとられたことによって、こういう事態になった。もし、違う政策がとられていたら、まったく違う日本があったのかもしれない。経済学の観点で歴史を分析していくと、歴史というのは暗記科目ではない、**極めて論理的な学問**であるのだ、ということがおわかりいただけるのではないか。

敗戦後、焼け野原から再スタートした日本

私が取り上げるのはみなさんが中学・高校でおそらくほとんど学ばなかったのではないか、という第2次世界大戦後の日本について考えていきます。高校は世界史必修でしたよね？　高校のとき、世界史をちゃん

高校は世界史必修

2006年、世界史が高校の必修科目であるにもかかわらず、受験対策の授業時間配分から履修させていなかった高校があったことが問題になった。「世界史未履修問題」といわれる。

と履修した人、ちょっと手を挙げてもらえますか？　はい、ありがとうございます。では日本史をとった人はどれくらいいますか？　ありがとうございます。そこそこいますね。では、日本史をとった人の中で、第2次世界大戦後を、きちんと学校で学んだという人はどれくらいいますか？　ああ、ほとんどいませんね。縄文時代とか弥生《やよい》時代とかね、室町《むろまち》、江戸《えど》とか、そういうのはもちろんやるんですけど、第2次世界大戦前後は駆け足で、ほとんどやりませんよね。でも、いまのこの日本が成り立っているのは、**とりわけ第2次世界大戦後があってこそ**なのですね。一体、何が起きたのかということをこれから見ていきましょう。

そこでまずはみなさんに見ていただきたい写真があります。まずはこれです。さあ、ここからはクイズ。これはどこでしょう？　１９４５年8月、戦争が終わりました。その直後に撮られた写真です。焼け野原ですよね。ちょっと一部コンクリートの建物が若干左のほうに残っていますが、それ以外のものは全部なくなっています。ではここで、大変わかりやすいヒントを出します。ある建物が写っていればみんなここがどこだとわかる場所をあえて除外した、ということです。１９４５年、あの建物が真ん中に写っていれば、ああこの場所だって、みんながわかる。はい、どうぞ。

学生G：広島。

池上：どうして広島だと思ったんですか？

学生G：ある建物を除外したと聞いて、原爆ドームかなと思って。

池上：はい。そうですね、そのとおりです。広島の原爆ドームです。

　原爆ドームがあると、広島だとわかりますね。だけど、広島は、もちろん原爆ドームのところだけではありません。原爆ドームとは、もともと、広島県産業奨励館といって、広島のさまざまな産物の見本を見せる建物としてできたばかりだったのです。その上空で、原子爆弾が炸裂《さくれつ》をした。その結果、あのような状態になってしまったものを、あえて、残しているわけですね。あれを見ればすぐ広島だとわかります。

　そこで、次の写真です。さあ、これはどこでしょう？　広島ではありません。長崎でもありません。私のいまの設問、問題の立て方から類推をしてみましょう。

学生H：名古屋《なごや》？

池上：ね、本当は名古屋を用意すればよかったんだよね。今日ここに来

原爆ドーム
1945年8月6日、アメリカの爆撃機「エノラ・ゲイ」によって投下された原子爆弾によって被爆した建物。正式名称は、広島平和記念碑。ユネスコの世界遺産に登録されている。

その上空で、原子爆弾が炸裂
原爆は、地上に落ちて爆発したと勘違いしている人もいるが、実際は、上空約600mで炸裂している。

る新幹線の中で、しまった、名古屋にすればよかった、と思ったんですが、すみません。名古屋ではありません。名古屋ではないのですが、名古屋もこんな状態でした。

学生H：東京？

池上：そうですね。はい、ありがとう。

　東京なのですね。まったくの焼け野原でした。名古屋もまったく焼け野原だった。なんにもないところだから、名古屋の場合は、いわゆる100m道路というのができたでしょう。みんな焼け野原で何もないから、非常に幅の広い道路をつくることができたわけです。あのとき、こんな広い道路をつくって何になるんだって言われたんですけれど、いまになってみれば、その100m道路が役に立っている、それでもまだ狭いくらいになってしまった。日本全国、どこもかしこもこういう焼け野原になっていた、ということですね。

焼け野原からどうやって立ち上がるのか？

　では、当時、人々はどのような服を着ていたのか。国民服といって戦時中の服をそのまま着ていた。着るものもなかったということです。た

100m道路
戦後、戦災からの復興のための道路計画に基づき建設された道路。名古屋市には2本の100m道路がある（若宮《わかみや》大通と久《ひさ》屋《や》大通）。

とえば、上野《うえの》あたりですと、親をなくした子どもたちがみんなそこに集まっていた。いわゆる浮浪児と呼ばれる人たちが大勢いたわけですね。戦争で大勢の孤児たちが生まれました。こんな悲惨な状態ですね。日本中何もかもない、ない。ないない尽くし。もしみなさんがそのとき、**この日本のリーダーであったら、さあ、日本をどうしましょうか。どこから手をつけますか。**つまり、**歴史を学ぶということは、それを現在の問題として考えるということです。**はい、どうぞ。

学生ー：まず生きていくために最低限必要な衣食住を安定させたいので、生産ラインを整えて、そこから取り組みたいと思います。

池上：そうだね、人々の生活を安定させるためには、衣食住をなんとかしなければならない。衣食住の生産ラインか。はい、なるほどね。そのためにどうしたらいい？　とにかく人々の暮らしをなんとかしなければならない。衣食住を確保しなければならない。まったくそのとおりだと思う。では、そのためにはどうするか？

学生ー：何をするためにも人が必要なので、戦争から帰ってきた人たちに何か仕事を与えて、仕事があれば全体的に復興して活気もついていきますし、衣食住も安定していくのでは？

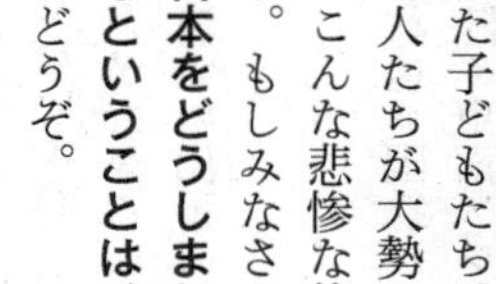

1945（昭和20）年8月、焼け野原になった名古屋広小路《ひろこうじ》通周辺。日本全国が大きな被害に。（写真：毎日新聞社／アフロ）

池上：そのとおりです。すごく正しいと思う。でもね、ではその職をどうやって与える？
学生Ｉ：……。
池上：いやいや、ありがとう。

基本的な考え方はそのとおりだよね。とにかく衣食住をなんとかしなければいけない、そのためには戦争から帰ってきた人たちに職を与えなければいけない。政策目標としてはそのとおり。つまり、いまのあなたの話は、政治家としてのやり方としては正しいんだよね。では、具体的に職を与えるってどうするのか。政治家として、みんなを公務員として雇うのか、というなかなか難しい問題があるでしょ？　みんな公務員にしていいのか。それでは、国は成り立たないよね。どのようにすれば人々が、自ら職を探し、見つけ、働くことができるような仕組みをつくっていけるのか、つまり、ここからは経済学の出番になるわけです。

国鉄が大量採用をした

職をつくるというと、当時、日本国有鉄道＝国鉄がありました。国がやっている鉄道があった。戦争で中国大陸や東南アジアに行った人たち

日本国有鉄道＝国鉄
現在のＪＲ（Ｊａｐａｎ　Ｒａｉｌｗａｙｓ）。当時は、政府が１００％出資する国有企業で、日本国有鉄道法に基づき運営されていた。

が大勢戻ってきたけれど、職がない。そこで、国鉄の職員に大量採用したということがあるんですね。その結果、国鉄の人員がすごく増えてしまって、その後国鉄の経営状態にいろいろ問題が起きて、**やがて経営に行き詰まり、民営化が実施されて、いまのＪＲになる**、という歴史がありました。ですが、とりあえず手っとり早く職を確保するために国鉄が大量に人を採用したのです。基本的にあなたの考えは正しいですし、素晴らしい。そこから先ですよね。

270万人もの人が亡くなった

では、当時どんなことが起こっていたのか。その前に、第2次世界大戦でいったいどれくらいの人が亡くなったのか。日本はどれくらいの被害を受けたのか。確認しておきましょう。第2次世界大戦で亡くなった日本人の数は、270万人です。そのうち、兵士で亡くなったのが174万人。残りの約100万人は一般市民。その多くが、アメリカ軍の空襲によって亡くなった人たち、ということですね。**270万人もの人が亡くなった**ということです。これはあくまで日本国籍の人に限ってのことです。中国大陸やあるいはアジア各地の戦闘に巻き込まれて亡くなった多くの人たちが、これとは別に、いるわけですね。ですが日本だけでもこれだけの被害がありました。

そして、ぜひみなさんに知っておいてほしいことは、この174万人の兵士の人たち。戦争で死んだ、というと、みなさんは戦闘行為で死んだ、と思うかもしれません。実はその多くは、戦闘行為ではなくて、マラリアなどの病気にかかって死んだ人、あるいは、無謀な作戦計画によって、食料が尽きて、餓死をした人なのです。**病気で死んだり、餓死したりした人が多数いたという事実があるのです**。でも、日本に残された遺族に、あなたのご主人は飢え死にしましたなんて、そんなこと伝えられないよね。名誉の戦死、と伝えられたということです。戦争の悲惨さは、殺し合いの悲惨さだけではないのです。これが戦争の恐ろしさです。

敗戦後まもなく、強烈なインフレが起こった

戦争が終わりました。当然のことながら多くの人たちが日本の本土に戻ってきます。まずは、中国大陸に大勢の日本人や日本の家族がいましたよね。旧満州にも、大勢の人たちがいた。朝鮮半島をそれまで日本が支配していたわけですが、日本が朝鮮半島を放棄して、朝鮮半島から大勢の家族が日本に戻ってくることになりました。東南アジア各地にも、大勢の日本人が暮らしていました。たとえば、イギリス領だったシンガ

旧満州
日本が1931年9月の満州事変で占領した中国東北部のこと。清《しん》朝最後の皇帝・溥儀《ふぎ》（愛新《あいしん》覚羅《かくら》溥儀）を満州国皇帝に迎え、日本の傀儡《かいらい》国家を樹立。

朝鮮半島を放棄
1910年、朝鮮半島は日本に併合されたが、敗戦とともに日本による統治権は連合国に移った。

ポール。あそこを日本が占領した後、名前を変えるのですね。昭南島《しょうなんとう》、昭和の時代に新しく日本が獲得した南の島。つまりまさに、日本の領土としていたということですよね。そういうところに暮らしていた人たちも、みんな日本に帰ってきました。一体どのくらいの人が帰ってきたのか。**600万人です。これだけの多くの人たちが一気に帰ってきたわけです。**

その一方で、戦争が終わったことで、日本軍がなくなりましたね。兵隊さんが身分を失うわけですから、ちゃんと退職金が支払われました。700万人の軍属、つまり軍属とは、兵隊さんだけではありません。その兵隊さんたちを支えているさまざまな産業の関係者、そういう人たちも含めて、700万人に退職金が支払われました。いいですか。日本以外から600万人が帰ってきた。700万人に退職金が支払われた。でも、国内は全て焼け野原。なんにもない。退職金が支払われたことで、何かを買おうとする需要が生まれます。600万人が日本国内で生活しようとすれば、当然のことながら、それだけの需要が生まれますね。では、供給は何ができるのか。全部焼け野原ですよ。工場らしい工場も残っていません。供給がない。**爆発的な需要が生まれたのに、供給がない。そのときに起きる経済現象を何というでしょうか？**

学生J：インフレです。
池上：はい、そうですね。大変なインフレが起きるのですね。

需要と供給は、前回（42ページ参照）もやりましたよね。需要が爆発的に多いのだけど、供給がまったくない、というわけです。需要はものすごくあるのに、供給がまったくないということは、価格が上がるわけです。物価がどんどん上がっていくという事態になりました。戦争中は、それでも配給制度というものがあって、それぞれの人々、それぞれの家に、とりあえず生活できるもの、米や食用油とか、そういうものが定期的に配給されていました。それでかろうじて人々は命をつないでいました。しかし戦争が終わりました。配給制度がズタズタになり、めったに配給が届かないということになりました。さあ、人々は何をしたのか。配給に頼っていられません。当時、こういう言葉がありました。「タケノコ生活」です。どういうことか。当時、みんなとにかく食べ物がないわけですよ。どうするか。衣服を持って農村地帯に行くわけですね。農家なら、まだお米が少しある。あるいは、さつまいもが、かぼちゃがちょっとあるだろう。それと換えてください、というわけですね。着てい

インフレ
モノの値段が持続的に上昇し、お金の価値が下がっていく経済現象のこと。

配給制度
戦時中に導入されていた米や食用油、味噌、砂糖などの生活必需品を必要に応じて平等に割り当てて配る制度。

るもの、あるいは女性たちであれば、嫁入り道具とかですね。昔の着物とか、あるいは反物。そういうものを持っていって、食料と換えてもらう。**着ているものを1枚1枚脱いで、なんとか命をつないでいくという様子を、タケノコ生活といいました。**

きちんとした配給のシステムがない中で、闇市というものが広がるようになりました。その結果当時、ある悲劇が起きました。東京地方裁判所の判事が、「とにかく配給制度がある。闇市でこっそりいろいろなものを買うということは法律に違反することである。裁判所の裁判官が法律に違反することをしてはいけない」と考えた。山口良忠《やまぐちよしただ》判事という人ですが、**法律に基づいて配給だけで生きていこうとしたのですね。その結果、餓死しました。**つまり、法律を守っていた裁判官が餓死をした。ということは、当時、**生き延びたほかの日本人の多くは、法律を破って生き抜いた**ということになります。いかに大変なことだったのかがわかると思います。

大変なインフレになりました。戦争中、あるいは戦争の前ですけど、日本は、戦争をするための資金が足りませんでした。そのために国債を発行して、国民から借金をしました。戦時国債、戦争のための国債というのを発行して、みんなに国債を買いましょうと働きかけました。国債

闇市
配給制度の正式ルートを通さず非合法のルートで手に入れた品物を扱う市場のこと。

山口良忠判事
佐賀県出身の日本の裁判官（1913〜1947年）。

戦時国債
戦争中、軍事費に充てるために発行された国債。軍事国債とも呼ぶ。

を買わないとお前は戦争に協力していない、非国民だ、と言われてしまうわけです。国債を買って、国にお金を渡すことによって、戦争に勝つんだ。日本国民でありながら国債を買わないのは非国民だ、と言われるものですから、みんななけなしのお金を使って、大量の国債を買いました。でも、戦後になったら、ものすごいインフレです。あっという間にその国債が紙くずになってしまった。ですから、みなさんのおじいさんおばあさん世代の人は、まだそのトラウマがあって、**国債を買うという紙くずになるかもしれないという恐怖心が残っていました**。さすがにいまの国債は信用があります。でも、いまの国債だって紙くずになるかもしれないと言っている人はいますが、とりあえず、いまの日本の国債は高い信用を保っている。でも、国債に対する信頼が失われてしまった、そんな時代があったのです。

インフレ退治にとんでもない荒療治が!

さて、そのインフレを退治するために、当時の日本は、**とんでもない荒療治をやりました**。インフレというのは、とにかく需要が多い、供給が足りないという状態で起きますね。このときにインフレを無理やり一挙に抑えるためには、どんなやり方をとったらいいでしょうか。これはまさに経済学の理論を使ってということになります。さあ、インフレを一挙に押さえ込むためには何をすればいいんでしょうか。

学生K：新円切り替えを行いました。

池上：はい、そうですね。新円切り替えをしたことは歴史で習ったはずです。では、新円切り替えは何のためにやったと思う？

学生K：円の価値が、そのときのお金の価値があまりにも低くなってしまったので、それを元に戻すために。

池上：お金の価値が低くなってしまったのでそれを元に戻すために新円切り替えをした。では、具体的に、どういうやり方をすればお金の価値を元に戻すことができるだろうか。

学生K：昔でしたら一円札や百円札だったんですけど、それを、千円札や一万円札にかえていった？

池上：ああ、それはね、また別の話なんですね。そうではなくて、貨幣単位はそのままで、新円切り替えといって、使えるお金の量を極端に減らしたのです。

とりあえず、新円切り替えをした。お金の価値をなんとか高くしよう

新円切り替え
1946年2月に幣原喜重郎《しではらきじゅうろう》内閣が発表したインフレ退治の政策。強制預金をさせ、引き出しを制限。引き出すお金は新しい紙幣（新円）とし、旧紙幣の流通を停止させた。

とした。どういうことか。**インフレとは何か。極めて貨幣的な現象です。貨幣的な現象とはどういうことなのか。需要のほうが供給より上回っているわけでしょう。**ということは、インフレになって、モノの値段が上がります。モノの値段が上がるということは、お金の価値がどんどん下がっているということです。お金の価値がなぜどんどん下がるのか。需要と供給の関係で言えば、モノよりもお金の量のほうが多いから、お金の価値が下がるわけです。つまり、世の中にお金が出回りすぎているからインフレが起きる。**世の中に出回っているお金を一挙に減らしてしまえば、インフレを抑えることができる。**そう考えたわけです。

だから新円切り替えというのは、世の中に出回っているお金の量を減らすというやり方をとりました。その新円切り替えをするために直前に行われたことがあります。それは何か。あっと驚くやり方をしました。

「預金封鎖」

１９４６年2月です。国民は、持っているお札を全て銀行に預金をしなさい、と言われました。みんな**銀行に強制的に預金をさせられたのです。そして、預金したお金は引き出せなくなりました。封鎖されたのですね。**3月になってから、ようやく1世帯あたり、世帯主は、ひと月に３００円まで引き出せることにしました。それ以外の家族は１人につき

100円、でも、世帯全体として、500円まで。それ以上お金を引き出すことができなくなりました。このとき、銀行から引き出す際のお札が新しいお札になったのです。これが新円切り替えです。ですからそれ以降、古いお金は使えなくなりました。預金をしないでこっそり持っていてそれを使おうとしても、これは、ダメになるわけです。**新しいお札に切り替えなければ、使うことができない**。その新しいお札に切り替えるためには、持っているお金を全部、銀行に預金しなければいけない。こういうやり方をとりました。世の中に出回っているお金の量が、これによって急速に減ってしまった。こうして一気にインフレを押さえ込んだ、ということです。

だから昔の人の中にはね、何かあると銀行の預金が封鎖されるかもしれないんだ、という恐れを持っている人たちがいるのです。当時だからそんなことができたのですね。

銀行を守るという狙いもあった

現代でそんなことができるのか、できるわけがないですね。お金の決済って、当時はみんな、全て現金で支払いました。いまは、クレジットカードで決済がいくらでもできますし、電子マネーもあります。ビットコインでの支払いというのもあるでしょう。さすがに現代でこの預金封鎖というやり方は、よっぽどの開発途上国でない限りできませんが、**当時の日本ではまだ、こういうことができた**ということです。

ちなみに、前回（31ページ参照）取り上げたビットコイン。あれがヨーロッパで広がったひとつのきっかけというのは2013年3月のキプロス危機でした。地中海に浮かぶ島、キプロス。ここがユーロ危機の中で、財政が危機に瀕《ひん》しました。EUの国々が、キプロスを助けてあげようということになりました。ただそのときは、助けてあげるから、お前たちも自分たちで努力をしろ。少しでも財政を健全化するために、国民からちゃんと税金を取れと、指示されたのですね。その結果キプロスが何をやったかというと、**銀行にある預金に税金をかけるというやり方をとりました**。だから、ある日突然、銀行から、ATMから1日あたり引き出せる金額が限られました。で、突然引き出せなくなって、とりあえず生活するだけのお金はATMで引き出せるけど、それ以上一切引き出せない、というやり方にして、その預金から税金を取ったんですね。キプロスの人たちは怒りますよね。ユーロは信用できない、といって、多くの人がビットコインでの支払いをするようになった。ヨーロッパ、とくにキプロスのあたりでは、ビットコインがこうやって広まったのです

2013年3月のキプロス危機
ユーロ圏によるキプロスへの金融支援の条件として、全預金に税金をかけることを約したところ、キプロス国内が大混乱に陥ったことに端を発する金融危機。

ユーロ危機
2009年秋、ギリシャの財政問題に端を発する金融危機がヨーロッパ全土に広がった一連の経済危機のこと。

ね。いま使っているお金が信用できなくなるというのは、大変悲しいことではある、というわけですね。

　こうしてとりあえずインフレを抑えることに成功しました。インフレを抑えた、そのとおりなのですが、**実はもうひとつの狙いがありました。それは、銀行を守ろうとした、**ということですね。当時はみんなお金がないでしょう。少しでもお金が入ってくればインフレですから、モノの値段が上がる前にモノを買ってしまう。みんなそれにお金を使いますよね。銀行に預金をするゆとりなんてなかったわけです。ということは、銀行に預金額が非常に少ない。その一方でこれから新しい産業を興していこう、ということになれば、製鉄業なり、炭鉱業なりをこれから発展させようとするためには、お金がかかります。銀行からお金を借りたい。**お金を借りたいという需要はあるのに、銀行に現金があまりない。となると、銀行の経営がやっていけなくなる。場合によっては預金が足りないことで、潰《つぶ》れてしまうかもしれない。**全国民が銀行に預金をすることが義務付けられたわけですから、銀行にお金が大量に入ったわけですよね。これによって銀行がとりあえずひと息ついた、ということです。インフレを退治する、という大きな目的があったわけですが、その裏では、**庶民の負担のもとに銀行を守った。これが新円切り替えの真相です。**

EU
欧州連合。欧州連合条約によって設立されたヨーロッパの地域統合体のこと。

ATM
現金自動預け払い機。Automated Teller Machine

GHQが行った五大改革

第2次世界大戦後、連合国軍総司令部、GHQですね。General Headquarters、マッカーサー元帥を指揮官にしたGHQが日本を占領して、支配することになりました。**GHQは日本を民主化するために、「五大改革」を行いました。**では、何のためにこれをしたのか。これを経済学的に考えてみましょう。

1. 二度と戦争をしない国へ

当時アメリカは、日本を民主的な国にしようとして、五大改革をやった、と歴史で習ったはずですね。アメリカとしては、日本を民主化しようとしていました。でも、それはなぜか。**日本を二度と戦争ができない国にしよう**、という大きな目標があったのです。1941年の真珠《しんじゅ》湾攻撃で始まった日米の戦争。アメリカにとっては、日本は大変手強《てごわ》い敵でした。また日本が戦争をするような国になってしまっては困る。なんとか、日本が戦争をできない国にしなければいけない。**そのための改革、それは民主化である。**こう考えたんですね。

まず、**秘密警察の廃止**。戦前、秘密警察というのがありました。特別

GHQ
連合国軍最高司令官総司令部。日本の占領政策を行った連合国軍の機関。東京・日比谷《ひびや》に旧GHQ本部がおかれた。

GHQの五大改革
- 秘密警察などの廃止
- 労働組合結成の奨励
- 婦人の解放（婦人参政権の付与）
- 学校教育の自由主義的改革
- 経済制度・機構の民主化

高等警察、略して特高といいました。これは思想を取り締まりました。犯罪を取り締まったのではなくて、政府に反対する考え方、たとえば共産党など、共産主義的な考えを持つ者を、問答無用でこれを警察に連行し、拷問をするわけです。拷問をして仲間は誰がいるか、ということを自供させて、次々に捕まえていく。拷問をしているうちにそのまま死んでしまったなんてこともありました。特高に連れていかれてしばらくしたら、傷だらけの死体になって戻ってきた、ということが起きたわけですね。これを廃止することになりました。民主主義のルールとして、当たり前のことです。民主主義というのは何か。みんなが自由に意見を表明することができる。独裁者が、さあいまから戦争をするんだ、と言ったって、民主主義の世の中では、みんなが反対をします。そもそも戦争をするなんていう独裁者が生まれない仕組み、これが民主主義。逆に言うと民主主義っていうのはね、みんなの意見を集約しないといけないから、大変手間暇がかかるのですね。なかなか物事を決めることができません。独裁者がいる分には、なんでも一挙にいろいろなことができる。でも、その結果とんでもない危険なことになる。独裁者がいないとなかなか決められない政治というのが起きますが、それだからこそ人々に負担をかけるような戦争を防止する働きがある。そのためにも、言論の自

マッカーサー
ダグラス・マッカーサー（1880〜1964年）。アメリカの軍人。戦後、日本占領政策の連合国軍最高司令官を務める。

真珠湾攻撃
1941年12月8日、日本海軍がハワイ・オアフ島の真珠湾にあったアメリカ海軍の太平洋艦隊と基地を攻撃したこと。これにより、太平洋戦争が開戦した。

特別高等警察
危険思想の取り締まりを専門に行った警察。1911年に設置。

由、表現の自由を保障しよう。秘密警察の廃止、それでした。

2. 労働組合を奨励した

2つ目、**労働組合結成の奨励**です。各企業に労働組合をつくりなさい、と働きかけました。これはもちろん民主化の一環ではあるのですが、**アメリカはなぜ労働組合の結成を働きかけたのでしょうか。これを経済学的に分析してみましょう。**

労働組合は会社に対していろいろな注文をつけるわけです。会社経営者にしてみると、煙たい存在なのです。それをなぜ、労働組合をつくりなさいって言ったんだろうか。

こういうことは考えたことがなかったでしょう。経済学的な思考とはこういうことなのです。民主化をするために労働組合の結成を求めた。それは当然だよね、って思うかもしれない。それを経済学的にその意味を分析する、これが大事なのです。さあ、どうですか?

学生L:そうですね、企業が強くなるのじゃないかなと。

池上:企業が強くなる?

学生L:経営者にとっては煙たいかもしれないですけど、労働組合をつ

民主主義
人民主権で政治が行われること。

独裁者
独裁政治を行う権力者、支配者のこと。

くることで労働者同士が結束して、給料を上げたり。

池上：給料を上げろ、と。

学生L：はい。そういうことを繰り返す中で、企業が強くなる。

池上：給料を上げろって言ったら会社の儲《もう》けが減っちゃいますよ。

学生L：減っちゃうのですけど、モチベーションにつながるのかなと。

池上：モチベーションが上がるね。

はい、個別の企業に関してはそういう働きがありますよね。アメリカは何を考えていたのかというと、そもそも日本が中国大陸に進出していった、あるいは東南アジアにどんどんどんどん攻めていった。どうしてか。**日本国内の経済の成長が未熟で、内需＝国内の需要が不足していたからだ。**マーケットが成熟していなかったから、国の外にマーケットを求めて、どんどん進出していったのだ。こう考えたのですね。**戦争しない国にするには、内需を高める必要がある。**日本経済が国内で発展をし、国内でモノが売れれば、わざわざ海外に出ていくことはないだろう。というなかで、労働組合をつくらせると、みんなが労働条件をよくしよう、給料上げろ、と言うようになる。みんなが給料を上げろ上げろとなると、各企業が給料を少しずつ上げる。給料が増えれば、労働者はそのお金を使っていろいろなモノを買おうとしますね。これによって、需要が生まれる。新たに需要が生まれれば、国内で十分商売が成り立つようになる。わざわざよその国を侵略しようという意図がなくなるだろう、とアメリカは考えた。基本的に**国内の需要が高まるように、というのが労働組合の結成奨励**ということです。

ただし、実際にそうやって労働組合ができると、労働組合は給料上げろってこと以外に、政治的な主張を次々に掲げるようになります。なかには反米闘争＝反アメリカの闘争をするようになると、一転してアメリカは、労働組合を弾圧する側に回るんですね。このように考えれば、日本を民主化しようとして労働組合をつくったのではなくて、**内需が伸びて、戦争をできないような国にしようとして、労働組合を奨励した**んだ、ということが見えてくるわけです。

3．女性にもようやく参政権が認められた

そして3番目は**婦人の解放**。第2次世界大戦前、**そもそも女性に選挙権はありませんでした**。立候補することもできなかったわけですよね。女性が選挙に立候補し、あるいは投票することができるようになったのは、第2次世界大戦後ということになります。女性たちは、自分の子ど

女性に選挙権
日本で初めて普通選挙が実施されたのは1928年（1925年に法律制定）。ただし、25歳以上の男子に限られた。1946年の総選挙で20歳以上の男女を対象にした普通選挙がようやく実施された。

もが戦争に行くなんてことはやっぱり反対しますよね。女性たちが政治に力を持つようになると、戦争をしたがる男たちを抑えるという、そういう働きにもなる。**女性が政治的に強い力を持つと、戦争の抑止力になりうる**、ということですね。もちろんアメリカにしてみればね、男女同権なのだから当たり前だ、ということになるわけですが、一般論で言えば、女性は戦争が起きないようにと考える、ということがあります。

4. 自由な教育を促した

それから4番目、**教育の自由化**。戦前は国定教科書でした。全て国がこうしろということだけを徹底的に教え込まれた。国に全ての意思を統一させられた。これが**自由な教育をすることによって、多様な意見が生まれてくれれば**、みんなで「一億火の玉」になって戦争だ、ということにはならないであろう、ということですね。

5. 財閥を解体した

そして5番目、**経済の民主化**。**財閥解体**というものですね。経済の民主化とは何か？ これも同じことです。内需を拡大することによって、日本が海外にどんどん進出しないですむようにしようということです。

「一億火の玉」
正しくは、「進め一億火の玉だ」。太平洋戦争中に大政翼賛会が掲げたスローガン。

財閥
同族支配をベースにしたコンツエルン（複数の企業が資本を通じて結びつき、実質的にひとつの企業となっている企業の統合体）型の巨大独占企業集団のこと。

第2次世界大戦まで日本には財閥という巨大な企業グループがありました。閥っていうのは閨閥《けいばつ》の閥。いろいろな人のつながりということですよね。日本には四大財閥というのがありました。三井、住友、安田、三《みつ》菱《びし》です。三井・三菱・住友はいまでも名前が残っています。安田はいま何になっているか？

銀行で言ったらみずほ。みずほ信託銀行は、昔、安田信託銀行といいました。普通銀行でいえば富士《ふじ》銀行になります。芙蓉《ふよう》グループといって、安田信託銀行とか安田火災とか。いまみんな企業合併を繰り返して、安田という名前がなくなりました。富士銀行は第一勧業銀行と日本興業銀行と一緒になってみずほ銀行になりましたから、安田財閥を受け継ぐものは、現在のみずほ銀行ということになります。

この4つの大財閥があったわけです。それぞれ本家がありました。三井本家、あるいは住友本家。本家は膨大な企業の株を全部持っているわけですね。当然のことながら**この財閥が大変強い力を持って、政治にも大きな影響力を与えていた**。そういうことがないように、まずは民主化しようということがあったのですが、いちばんのものはですね、**財閥を解体することによって、日本経済を活性化し、日本経済が発展できるような、国内の内需が拡大するようにしよう、と考えられていた**のです。

四大財閥
三井、三菱、住友、安田の4つ。GHQはこれに11の財閥を加えた十五大財閥に対して解体指令を出した。

どういうことかと言いますと、日本のどの産業においても、三井グループ、三菱グループというのはそれぞれあるわけだよね。で、それ以外の新しい企業が入ろうとしても、財閥の結束のもとで、弾《はじ》き飛ばされてしまう。**新しい企業が進出できない。ということは新しい産業も生まれない**、そういう状態になっていたのですね。それを解体しようということになりました。ただし、**その結束というのはいまも強い**のですね。たとえば、三菱グループ。三菱銀行や、三菱重工や、三菱商事や。さまざまな三菱グループっていうのは、みんなバラバラに解体されました。いまは全部個別の会社になりました。しかし、三菱グループはですね、いまもこの三菱の名前がついている企業が毎月1回、丸《まる》の内《うち》に集まって、みんなで食事会をしながら、三菱グループ全体としての結束を固めるということを、やっています。たとえば、同じ三菱グループの中で新しい会社をつくろうとしたときに、三菱という名前を使ってもいいかどうか、ということをその会議の場で決めます。かつてその会議で三菱という名をつけることが認められなかった有名な会社があります。明治生命ですね。いまは明治安田生命となりました。明治生命を最初につくるとき、生命保険というのは、みんなで保険料を納めて、人が死んだら保険金が出る。人の生き死にを商売にするような会社は、三菱グループの社風に

三菱グループではない三菱会社もある

三菱グループに入っていないのに、三菱の名前を使っている会社がひとつだけある。それは、三菱鉛筆。三菱の文字もスリーダイヤのロゴも同じだが、まったくの別会社。戦後の財閥解体では、GHQも勘違いしたという話が残っている。

合わない、と言って、三菱の名前をつけることが禁じられた。その結果、明治生命という名前にしたのです。

財閥を解体して、みんな別々の会社になりましたが、そのグループの結束というのはいまでもあるんですね。たとえば、三菱グループの人たちが、さあ打ち上げだって飲みに行く。さて、どこのビールが出てきますか？ 三菱グループの宴会ではビールの銘柄が決まっているのですね。これね、ご年配の社会人学生の方はご存じですね。キリンビールですね。キリンビールは三菱グループだからなのです。飲食店もね、そういうことを知ってなきゃいけないんですね。間違って他社のものを用意しようものなら大変です。**日本企業には、自分たちが属する企業グループを応援する、というのがいまもある**のですね。日本人というのは本当に愛社精神があるのだなあと思いますね。

財閥解体と同時にそれ以外の大企業を次々に解体することになりました。**その例がビール業界です。**

かつて、戦前日本には大日本麦酒《だいにっぽんびーる》という会社がありました。大日本麦酒が圧倒的なシェアを持っていて、麒麟麦酒《きりんびーる》は小さなビール会社でした。戦後、経済を民主化し、少しでも競争を増やそうとして、大日本麦酒は日本麦酒と朝日麦酒（いまのアサヒビール）の2つの会社に分割されました。日本麦酒はやがて社名をサッポロビールに変えます。その結果、対等な競争ができるようになるんですね。やがて、キリンビールが圧倒的なシェアを獲得するようになります。私の学生時代、ビールといえば圧倒的にキリンビールという時代がしばらく続きました。しかし、圧倒的なシェアを獲得してしまいますと、どこかに気の緩みというのが出てきます。そこを突いたのがアサヒビールなんですね。なんとかキリンビールに勝ちたい。どうすればいいのか。ビールはやっぱり味だ、ということになって、アサヒビールは当時、売れなかったもんですから、問屋さんから酒屋さんに行くでしょう。酒屋さんに行っても売れないまま、そこにずーっと置いていたのですね。結果的につくられてからお客さんが飲むまでの間に時間がかかっていた。そのため味が落ちていた、ということに気がついて

ビール業界の変遷

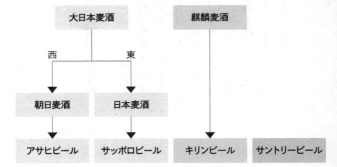

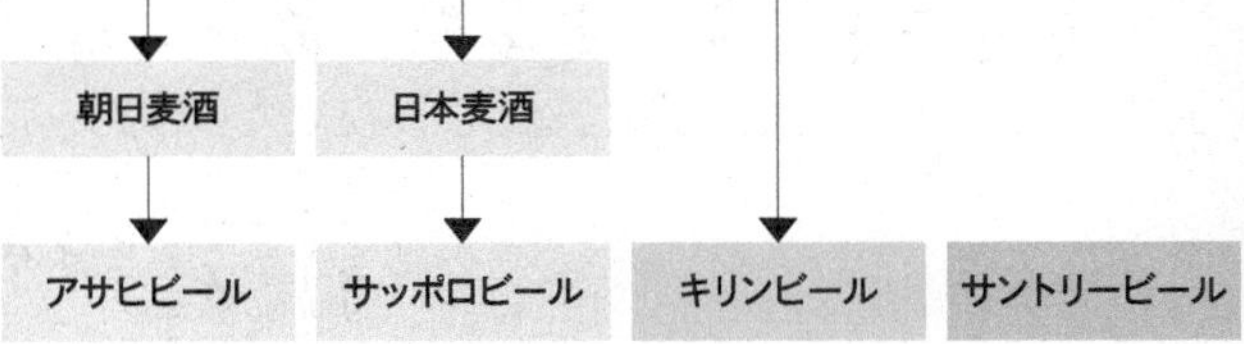

出荷して時間がたったビールは全て回収して、捨ててしまう。常に新しいつくりたてのビールが届くようにし、その中でさらに味を研究した結果、スーパードライというビールを開発するわけですね。ここからアサヒビールの快進撃が始まり、やがてキリンビールを追い抜くわけです。**そのときの経営者、あるいは経営方針によってですね、大逆転というのができるんだ、というひとつの例ですね。**

それから、ビールといえばもうひとつあるだろう、という会社がありますね。サントリービールですね。サントリービールは、もともとウイスキーの会社です。ウイスキーの会社で、ビールはやっていなかったのですが、やがて、ビールにも進出しようということになりました。しかし、3つのビール会社の牙城《がじょう》でしたからね。大苦戦です。大赤字が延々と続きます。サントリーは、ウイスキーであげた利益をビール事業につぎ込むということで、延々と赤字を出し続けながら、数年前、ようやく黒字に転じたのです。こうしていま、日本国内ではこの4社、さらに、沖縄にはオリオンビールという地元のビールがあります。もともと、大日本麦酒とキリンビールしかなかったところを分割したことによって大きく成長していったひとつの例です。

スーパードライ
アサヒビールが1987年から製造・販売しているビール。ドライビールの先駆けとなり、大ヒット。

時代によって大きく移り変わった製鉄業界

かつて製鉄業で言いますと、日本製鐵（日鐵）といういちばん大きな製鉄会社がありました。それが八幡《やわた》製鉄と富士製鉄に分割をされました。それぞれが競争をしなさいよ、ということになるわけですね。それまで日本製鉄が圧倒的な力を持っていた。ほかの製鉄業というのが生まれなかった。ところが、そうやって日本製鉄が分割されたことによって、川崎製鉄や住友金属、こういうところが製鉄業に進出し、激しい競争が起きるようになったということなんですね。これは後でもやりますけれども、たとえば、**いろいろな経済改革、あるいは経済方針というのはその時代その時代によって意味が違ってきます**。終戦直後、製鉄業を、日本製鉄を八幡製鉄と富士製鉄に分けたことによって、それぞれの独自の競争が始まり、日本の製鉄業というのは活発化していくのですが、やがてグローバル時代を迎え、世界を相手にすると、世界にはとてつもない巨大な製鉄企業があるわけです。八幡製鉄と富士製鉄に分かれていたのでは世界に太刀打ちできない、ということになり、そこで八幡製鉄と富士製鉄が合併をする。かつて、日本製鉄だった2つが戻るわけですから、新日本製鐵（新日鐵）と名前をつけた、ということがあります。さらに、

製鉄会社
鉄鋼製品をつくる会社のこと。

住友金属工業や川崎製鉄というのができたわけですが、新日本製鉄でもまだまだ小さいよといって、いまは新日鉄とさらに住友金属工業が一緒になりましたね。新日鐵住金です。

時代が変わり、環境が変われば、新しい処方箋が必要に

終戦直後、日本の経済を活性化するためには、大きな企業だけではダメだ、分割して活発な競争をすることが必要だ、といって分割をしました。しかし時代が変わると、それではやっていけないといってまた合併をするということが起きた。**そのときの経済政策としての処方箋《せん》が正しいからといって、それがいつまでも正しいとは限らないわけです。**そのとき正しくても、**時代が変わり、環境が変われば、また新しい処方箋をつくらなければ、企業は衰退していく、**ということなのですね。常に新陳代謝をしていかないと、企業というのは成長することができない、ということがわかります。

たとえば、アメリカにGE（19ページ参照）という会社があります。GE（General Electric）。名前のとおり、もともと電機メーカーでした。でも、いまGEのいちばんのビジネスは何かというと、金融業ですね。GEはいまや金融業で発展している。

※企業の成長については、第2巻（ニュース編）で詳しく取り上げています。

日本でも、もともとは繊維産業として始まったのですが、どんどん仕事を増やしていくうちに、それでは会社の名前が追い付かないよね、といって名前を変えたものも随分ありますよね。東レなんてひとつの例ですね。東洋レーヨンというね、昔は繊維産業でしたけど、いま東レは何をやっているのか。ボーイング787の翼の部分の炭素繊維、あれをつくっているのは東レです。繊維産業どころか、いまは炭素です。すっかり業態が変わったでしょ。もう東洋レーヨンって名前じゃないよね、といって、東レと名前を変えました。カネボウは、昔は鐘淵《かねがふち》紡績という紡績企業でしたが、やがて、それが化粧品に特化していくことによって、カネボウと名前を変えます。

企業も新陳代謝が必要だ

これから企業のことをいろいろ考えていきますが、**企業はやっぱり人間と同じなんですね**。常に新陳代謝を繰り返していなければ生き抜くことができない。人間だって60兆個の細胞が常に新しく生まれ変わることによって、私たちはこうやって生き続けているわけです。生きている間にも、実は私たちの体にある60兆個の細胞が次々に死んで、新しい細胞が生まれ変わっている。結果的にいまの私たちが存在している。企業も同じことが言えるわけです。みなさんが将来、どういう会社に就職しようか、と考えていると思います。

たとえば終戦直後、当時の大学生というのは本当にエリート中のエリートですよね。大学進学率はまだまだ非常に低かった時代です。当時の世の中のエリートである大学生の一番人気の会社は、石炭会社でした。当時、日本にとっての最大のエネルギーは、石炭でしたから、石炭業界がいちばんの人気だった。その次は、繊維産業でした。シャツとか、そういう繊維をつくる会社ですよね。あるいは、日本にとっては、ようやく豊かになってくると甘いものが欲しい。製糖業、砂糖の産業ですね。そういったものが当時日本の国内で大学生に一番人気の企業でした。いまそういった産業はどうなっているか、そのころと比べて、すっかりすたれてしまいました。

これは本当に難しいことなんですが、みなさんがこれから就職しようとするときに、そのときものすごい**人気のある企業、一世を風靡《ふうび》している企業でも実はそれが最盛期、盛りを過ぎているのかもしれない**。入った途端にその企業はどんどん下り坂を進むことになるものもありうるのだ、ということです。自分の人生を決める、就職先を決めるって大変難しいことですが、いま人気だから、いま儲かっているから、そこを選ぶというのは、実は後悔することがあるかもしれないというわけですね。

ちなみに私も経済学部の学生でした。私が就職したのは１９７３年ですが、当時、私よりはるかに成績のよかった友人たちはみんな銀行に行ったんですね。銀行がとにかく給料がよくて、優秀な学生は銀行に行きました。それが１９９０年代を過ぎて、日本に金融危機が訪れました。同窓会を開いても、最初に入った銀行にいる者はいませんでした。その銀行自体が潰れてしまったり、あるいは肩たたきにあって、銀行を辞めなければいけなかったりした人たちが大勢いた。ふと気がついたら、あの成績がよくて、引っ張りだこで銀行に入った人たちが、みんなもうその銀行には働いていなかった、ということが起きました。時代によって、**常にその時代に合った業態、仕事を見つけていかないと、生き延びていくことはできない**、というわけですね。それぞれのときの処方箋は後になってみるとまた変えなければいけないのです。

大地主と小作農の格差をなくした

さあそこで、とりあえず財閥解体がありました。これによって、自由な経済活動をやろうということがありました。もうひとつＧＨＱがやったことがあります。それが、**農地解放**です。戦前の日本は大土地《だいとち》所有《しょゆう》制

１９９０年代を過ぎて、日本に金融危機
バブル崩壊で、１９９０年代後半、日本は不景気に陥る。そして、１９９７年11月、都銀の北海道拓殖銀行、山一証券、三洋証券など主要金融機関が次々と破綻《はたん》した。

度というものでした。広大な土地を持っている一部の大地主と、その土地を借りてそこで働く小作農という形で、はっきりと分かれていたのです。絶対多数の小作農たちが、大地主の土地を借りて、耕していました。生産物の大半は、大地主に取られてしまう。自分のもとに残るのはほんのわずか。となると、働く意欲が失《う》せるわけですね。いくら一生懸命働いてたくさんの農作物をつくっても、その大半は働いてもいない大地主にみんな持っていかれるんだ、と考えると、一生懸命働こうという気が起きないのですね。とりあえず自分たちが生きていけるだけでいいや、ということになり、**農業生産性は低い**のです。

ところが、農地解放が実行されました。大地主の土地をみんな小作農に分配したわけです。小作農の人たちは突然、それぞれが土地持ちの地主になったわけです。ということは自分の農地です。**そこで働いてできたものは全部自分のものになるわけですね。これは労働意欲が湧きます。**経済学的な用語でいえば**インセンティブが高まる**ということです。その土地でつくったものは全部自分たちで食べてもいいし、残ったものは市場で売って、現金にしてもいいということになります。人間というのはね、やっぱりゲンキンなもので、**自分の利益になると思うとみんな一生懸命働くのです。これによって、食料不足が一挙に解消**していきました。

大土地所有制度
広大な土地を持つ富裕者（地主）が小作人に土地を貸して農作物をつくらせ、成果物である農作物を小作料として徴収する制度。

インセンティブ
やる気を起こさせる刺激、動機づけのこと。

終戦直後は、本当に飢えがあったわけです。食料がまったくない中で、アメリカの援助物資によって、とりあえず日本の人々も餓死をまぬがれるような状態でした。私から上の世代は、聞くと懐かしいと思いますが、学校給食で脱脂粉乳というのを飲んだ、というか飲まされたというべきでしょうね。本当にまずかったですね。異様な臭いがしてね。とにかく鼻をつまんで、でも飲まなければいけない。脱脂粉乳は、言ってみれば家畜の餌なんですけど、アメリカからのその援助を日本の子どもたちが、それをお湯に溶かして、脱脂粉乳ということで飲んだ。もともと牛乳から、脂肪分をバターとして取っちゃった残りです。脂肪分が抜けてしまった残りの牛乳を粉にしたもの。それが脱脂粉乳です。それをお湯で溶いて、飲んで、結果的に牛乳が嫌いになってしまった人もいっぱいいたのですが、とりあえずあれで飢えをしのいだ、ということがあります。最初とりあえずアメリカの援助によって命をつないでいた。しかしこの農地解放によって、労働意欲が高まることによって日本の食料不足が解消されるというふうになります。

これとまったく反対のことをした国があります。かつてのソ連、あるいはかつての中国、なんですね。いまのロシア、あそこが**ソビエト社会主義共和国連邦（ソ連）という社会主義の国になった**ときに、人々は全

学校給食で脱脂粉乳
牛乳から乳脂肪分や水分を取り去り、粉末状にしたもの。戦後、救援物資として援助を受けた。

て平等であり、一部の農民が農地を持っているというのは不平等である。みんなで平等で、農地は全てみんなのものというやり方をとりました。**ソ連では集団農場あるいは国営農場というものをつくりました。**みんなそこで、農地は全てみんなのもの、みんなで働こう、ということになりました。

中国でも毛沢東《もうたくとう》の時代、同じやり方をしました。**人民公社**というのをつくって、農場でみんなで一緒に、決まった時間そこで働く、というやり方にした。その結果、何が起きたのか。ソ連においても中国においても、農業を集団化する、農場を集団化しますよといった瞬間に、家畜が姿を消しました。なぜか。それぞれいままで農業をやっていた人たちは、牛や馬、鶏や豚を飼っていたわけです。それがこれからは全てみんなのものになります。**自分のものではなくなってしまう。ならば、その前に食べてしまおう**、と考えたわけです。結果的に集団農場にした途端、家畜がいないということになりました。

そして、農業というのは自然相手のものです。寒くなれば、霜が降りるかもしれない。あるいは嵐が来たら大変だ。農家の人たちは自然が相手ですから、24時間、深夜だろうが早朝だろうが、農地のことが心配なら出ていって、様子を見ます。でも、みんなのものになっちゃったんで

集団農場あるいは国営農場
集団農場＝コルホーズ（半官半民のイメージ）、国営農場＝ソフホーズ（全て国営）。

人民公社
中国における農業集団化のための組織のこと。1958年、毛沢東の「大躍進政策」のなかでつくられた。

すね。みんなのものってことは自分のものじゃないわけですね。夜中に台風が来ようが、霜が降りようが、なんで俺が出ていかなければいけないんだ、みんなそう考えたんですね。かくして、**農業生産性が激減をするということが起きました**。

いま大変大きな問題になっている、旧ソ連の**ウクライナ**。あそこは大変土地が豊かなところで、かつてソ連時代は**ソ連の「パンかご」と呼ばれました**。パンかご、つまり小麦がたくさん取れた。ソ連の食糧をウクライナが支えていた。そういうときにも、この農業の集団化が行われたことによって、ウクライナで多数の餓死者が出たのですね。餓死者の数ははっきりしていません。400万人とも1400万人ともいわれています。諸説ありますが、何百万人単位でウクライナでは餓死者が出たんですね。ソ連時代に、あんなひどい目にあったと思っている人たちがいまもウクライナにいる。ロシアから離れたいと考えている人たちの記憶には、それがあるということです。

あるいは中国も、人民公社の時代、**毛沢東が「大躍進政策」というのをやりました**。人民公社でそういう形をとったんですね。結果的に農業生産性が激減し、3000万人の餓死者を出しています。しかし中国共産党にとってそれは恥ですから、いま中国ではそういう歴史はおおっぴ

ウクライナ
ヨーロッパ東部の国。旧ソ連。西はハンガリー、ポーランドと接する。2014年のウクライナ問題で、新たな東西冷戦の中心地ともいわれた。

大躍進政策
↓381ページ参照。

らに語られていません。中国の若者たちもそういうことがあったということを学校で習っていないということですね。自分の国の国民3000万人が餓死してしまったという恥ずかしい歴史に蓋《ふた》をしている、ということです。

中国が発展するきっかけになったのは、毛沢東が死んだあと、鄧小平《とうしょうへい》という人物が現れてからです。鄧小平という人は人間の心理をよく知っていました。集団農場でやれば農業生産性が落ちる、土地は国のものですから、**農民たちにそれぞれの土地を耕す権利、というのを渡します。「生産請負制」（生産責任制）といいました。**それまではどうせ働いてもみんなのものだと思っていたのに、それが突然ここでできたものは、君たち自分たちの家族で自由に使ってください。余ったものは売ってもいいよ、現金収入になるよ、と変えた途端、中国の農業生産性が激増します。それまでたびたび餓死者が出るようなことが起きていたのが、一瞬にして解決してしまった。日本もつまり、それを終戦直後にやったのだということですね。

鄧小平
中国の政治家（1904〜1997年）。毛沢東の死後、中国の事実上の最高権力者として君臨。市場経済の導入で、疲弊した中国経済を立ち直らせた。

「生産請負制」（生産責任制）
政府から一定量の農作物の生産を農家が請け負い、約束した以上に生産できたものについては自由にしてもよいと定めた制度。

フィリピンに見る貧富の差の現実

この前、フィリピンに行きました。フィリピンのマニラのスラム街。本当に貧富の格差が激しいところです。筆舌に尽くしがたいスラムの悲惨な生活がいまもフィリピンではあります。フィリピンは民主主義の国です。資本主義の経済活動をやっているにもかかわらず、なぜあんなに貧富の格差があるのか。**フィリピンは大土地所有制度がずっと残されているの**ですね。**大土地所有制度によって、ひと握りの大金持ちと、圧倒的多数の貧しい人に分かれてしまいます。**これではよくないということは、みんなわかっているんですね。でも、いまのフィリピンの政治家たち、あるいは経済界の中心を担っている人たちは、みんな大地主の子どもたちなのですね。自分の財産を削るようなことは、なかなか自分たちからはできない。結果、フィリピンというのは、ひと握りの大金持ちと、圧倒的多数の貧しい人という中で、経済がなかなか発展しない。現在のフィリピンは、ロドリゴ・ドゥテルテ大統領の下、麻薬犯罪の取り締まりを強硬に実施し、治安は回復しつつありますが、格差はあいかわらずです。**日本は大土地所有制度をGHQによって解体されたことによって、民主的な、所得格差の少ない国が生まれた**のですね。こういう大きな改

フィリピン
フィリピン共和国。東南アジアに位置する。日本と同じ島国国家。

マニラのスラム街
池上さんは2014年4月、テレビの取材で訪れた。学校に行けないスラム街の子どもたちに、自ら出かけていって教えている若者を取材し、教育という財産の大切さをあらためて実感したという。

革というのは、自分たちでやるのは大変難しかったであろうということですね。**国が発展するのにいちばん大事なことは、豊かな中流層がどれだけいるか、**ということなのですね。たとえばフィリピンがなぜ発展しないのか、大金持ちはひと握りです。**大金持ちがいくら贅沢《ぜいたく》な暮らしをしたって、消費がそれほど伸びるわけではない。**あとの圧倒的な多数の人たちは貧しいわけですから、消費活動は活発になるわけではないですね。結果的に国の経済というのはなかなか発展しません。

豊かな中流階級をどれだけ生み出すことができるか

日本はこの後、高度経済成長を迎えるのですが、アンケートをとると、**国民の大多数が、自分たちは中流だと思う、そういう意識が生まれてきます。**非常に平等な社会になった。みんながそれなりの所得を得る、中流階級というのが生まれる。彼らが活発な消費活動をしたことによって、日本経済は発展を迎えることになります。豊かな中流階級をどれだけ生み出すことができるのか。それが全体として、経済を発展させるということになります。**格差が大きな国は、国全体としては発展しないということですね。**日本においてはＧＨＱの政策によって、日本経済が発展する基礎ができたということです。

これはGHQがやったことですが、日本にだって経済学者はいたわけですね。いろいろな政策をつくる人たちがいました。その日本の経済学者たちが、打ち出した生産方針がこれです。

「傾斜生産方式」です。この絵、炭鉱ですね（上図参照）。つまり、日本が農地解放によってとりあえず食料の問題は解決した。でも**これから経済を発展させるためには、やっぱりいちばんの基礎、基本は鉄鋼業なんですね。**鉄があってこそ、橋も架けられます。あるいはビルも建てることができる。工場もつくることができる。まずは、鉄鋼業を復活させなければいけない。そのためには、鉄鉱石を溶かすための燃料が必要である。エネルギーが必要である。そのエネルギーとは何か。石炭なのですね。ここで当時、日本は、ありと

あらゆる、日本が持っている全ての力を、石炭の採掘と、鉄鋼業に回そう。これが、傾斜生産方式です。**全てのエネルギーを炭鉱業と製鉄業に傾斜させよう、というやり方をとった**のですね。これによって、全国の炭鉱の人たちに食料が優先的に回る。重労働で危険を伴うんですが、その分給料が高い。そして鉄鋼業、石炭産業が発展していく。当時NHKのラジオで、毎週1回、「炭鉱で働くみなさんへ」という「夕《ゆう》べのひととき」というラジオ番組がありました。炭鉱で働くみなさんを励ますラジオの番組があったんですね。テレビがない時代です。**日本は、国を挙げて石炭を掘り出し、それをエネルギーにして、鉄をつくろうということをやっていた**わけですね。だから当時の大学生にとっての人気産業は石炭業だった、ということです。

石炭から石油へ――エネルギー革命の到来

しかし、やがて中東で大量の石油が見つかるようになります。戦前石油があったのは、アメリカであり、あるいはシンガポール、インドネシア、マレーシアあたりの東南アジア。中東で大量の石油が見つかることによって、エネルギー革命が起きますね。**石炭から石油にエネルギー源が変わります**。そうなった途端、それまでの石炭産業が一挙に斜陽産業になっていく。その時代で人気の産業がちょっとでも時代環境が変わると、あっという間に消えてなくなるということが起きたのですね。しかしこの傾斜生産方式によって、日本は発展する基礎を固めることになります。GHQばかりではない、日本国内の政治家あるいは経済学者たちが、こういう計画を立てていったということです。そして、日本の当時の政治家たちが、そういう**経済学者のいろいろな提言に耳を傾け、経済学を大切にしながら、経済が発展をしていった**ということになります。

やがて、日本が今度はモノを輸出していくことになります。輸出するということになると、当然のことながら、今度は外国との貿易において1ドルをいくらにするか、という問題が発生します。当然、日本でモノをつくったときにアメリカに輸出しなければいけない。でも、日本とアメリカは戦争をしていた。貿易が途絶えていた。それが、貿易を再開することになって、日本がいろいろなモノをアメリカに売ろうとしたときに、さあいくらで売るのか、ということになりますよね。1949年、1ドルは……。

「1ドル=360円」でした。

1ドルはなぜ360円になったのか。これをインターネットで検索をすると、珍回答がありますよ。1ドルはなぜ360円か。円の内角の和

1ドル=360円
ブレトンウッズ体制（詳細は第2巻に）のもとで、1949～1971年8月、1ドル=360円の固定相場制度がとられた。

が360度だからだという説が流れています。アメリカが円をいくらにするかを決める際に、円というのはどういう意味かと聞いてきた。円は○のことだと答えたところ、○の内角の和は360度。では1ドルは360円にしよう、となったと、インターネットにはまことしやかに流れています。**インターネットの情報をうっかり信じてはいけないという例ですね。**

1ドル360円なのは円の内角の和が360度だからという話を広めたのは、田中角栄《たなかかくえい》が大蔵大臣の時代です。まだ総理大臣になる前、大蔵大臣だったとき、彼がよく、「おい、1ドルがなぜ360円なのか知ってるか」と、いろいろな人を捕まえて言うんですね。で、みんな、「知りません」という。これは円の内角の和なんだ。というとみんなが、「ほう、なるほど!」といって、これが広まった。ジョークの類いだということです。

では、なぜ1ドルは360円になったのか。江戸時代の幕末、黒船がやってきて、日本が開国をし、貿易をすることになった。そのとき当然ながらアメリカとも貿易を始めようということになります。1ドルいくらにするか、ということになりますね。**当時は金本位制、あるいは銀本位制。金や銀をもとにして、お金の価値が決まっていました。**明治の初

田中角栄
新潟県出身の日本の政治家(1918〜1993年)。1972年に首相に就任。日本列島改造論を掲げた。不明朗な資金集めの指摘を受け、退陣。

金本位制、銀本位制
通貨価値の基準を金、または銀に求めた制度。中央銀行は求めがあれば、紙幣と同価値の金または銀と交換することを保証する。

め、本当に偶然なんですが、1ドルで交換することのできる金の量と、1円で買える金の量がほとんど同じだったんですよ。偶然ですからね。まったく同じではなかったんですが、ほとんど同じだった。じゃあ、1ドルを1円にすればいいだろう。というわけで、明治の初め、アメリカと日本の貿易は、1ドル＝1円で、取引が始まりました。やがて、アメリカのほうが経済が発展し、日本はいろいろ経済政策が失敗するということがあり、1ドルが2円になり3円になり4円になり、少しずつ円安になり、太平洋戦争に突入し、貿易が解体してしまうわけです。戦後、日本が国際社会に復帰し、国際経済に復帰する上で、1ドルをいくらにすればいいのか、ということになるわけですね。このときにアメリカから調査団が来て日本経済を分析します。その結果、**1ドルは300円を基準に、上下1割くらいの幅の中のどこかに収めれば、概《おおむ》ね経済力に見合ったものになるのではないか、という報告書を出します。**マッカーサーは、1ドル＝330円を想定していました。

東西冷戦が円安を後押し

ところが、次回以降話をしますが、**世界は東西冷戦の時代を迎えます。**世界は、ソ連を中心とした東側諸国と、アメリカを中心とした西側諸国で東西対立していくことになりますね。そうすると、それまでアメリカは日本が二度と戦争をしないようにしようとさまざまな方策をとっていましたが、その方針を転換するのですね。日本をたたき潰すのではなくて、これからは、とくに東アジアにおいては、日本の周り、中国、あるいは北朝鮮、あるいはソ連。社会主義の国がいっぱいある中で、**日本という国を資本主義のショーウインドーにしよう**、と考えたのですね。アジアの国々が、さあ、社会主義か資本主義か、アメリカかソ連かと、みんないろいろな国が揺れ動いているときに、アメリカの仲間に入り、資本主義になるとこんなに発展するんだぞ。というのを、日本をショーウインドーにして、日本を発展させようと考えたんですね。ではそのためにはどうしたらいいのか。円安にすればいいんだ。そうすれば輸出が伸びるであろう、と考え、**アメリカは、日本の経済にとって非常に有利な円安水準の1ドル＝360円にした**、ということなんですね。その結果、そのあと日本経済は輸出が増える、輸出をすることによって、さまざまな収入を得る。日本経済が発展していく、そのきっかけになった、ということです。

私が学生時代、1ドルは360円でした。とてつもなくドルが強い、円が弱いわけですね。海外旅行は夢のまた夢。海外留学なんかとんでもない時代。日本経済が弱かったですから、外貨の持ち出し制限というのがありました。たとえばアメリカに留学しようとしたとき、普通の留学なんかできません。フルブライト奨学金とか、アメリカの一部の奨学金制度に受かれば、留学することができますが、日本から持ち出すのは500ドル（18万円）まで。それ以上のドルは持ち出せないのです。向こうで生活もできないという、悲惨な状態でした。私が君たちの年ごろ、私の将来の夢はですね、一生に一度は海外に行ってみたいものだ、海外旅行というものを一度はしてみたいものだ。これが夢でした。いまは年にだいたい15回くらい海外に取材に行っていますけどね。豊かになったのですね。

経済学的な理論や知識を武器に！

日本がここまで円高水準になった。これまでの**私たちのさらに両親世代、さらにその祖父母の世代が一生懸命働いたことによって、日本経済が豊かになった。あなたたち世代、海外留学が気軽に行けるような時代になった**のです。気軽に行けるような時代になったら利用しない手はないよね、と私などは思ってしまうんですが、終戦直後あんな悲惨な状態の中から日本はここまで発展してきたんですね。

外貨の持ち出し制限
海外観光旅行が解禁された1964年には2万円までの制限があった。1978年にようやく制限枠が撤廃された。

フルブライト奨学金
1946年にアメリカの上院議員ジェームズ・ウィリアム・フルブライトによって設立された国際交換プログラム、奨学金制度のこと。

それは、たまたま発展してきたわけではない、**さまざまな経済学的な理論を使って、この経済を発展させることができた**のだ、ということです。ここから学ぶことはいっぱいあるはずです。そしてそこに人間の心理というものが見えてきます。この経済学的な理論、あるいは知識を使って、さまざまな世の中の物事を分析する。あるいはそれによって企業が発展するにはどうしたらいいか、ということをつかむ。それは**君たちが世の中に出てから大変役に立つ、武器になるということです**。

lecture 3

東西冷戦の中の日本

戦後世界を考える上で
外すことができない、
東西冷戦の基本と、
冷戦下での日本の立場を
考えます。

東西冷戦――近くて遠い現代史の出来事

今回は、東西冷戦の中の日本という話をします。東西冷戦とはそもそも何だったのか。ここに来ていらっしゃる社会人の方はおわかりでしょうが、いまの若い人たちにしてみれば、そもそも東西冷戦が終わった後に生まれている。だからもはや、歴史の出来事なのですが、あまりに最近の歴史なものですから、学校の教科書でも詳しい解説がない。その結果、**東西冷戦のあたりは多くの若者にとってすっぽりと知識が欠落している。**

しかし、たとえば最近のウクライナ情勢をめぐって、ロシアとEU、あるいはアメリカとが激しく対立する中で、新しい冷戦のようだ、という言い方がされています。**そもそも冷戦のことがわからないと、新しい冷戦って何だろう、ということになりますよね。**

いまのロシアのプーチン大統領は、かつてソ連が崩壊してしまったことを大変な悲劇だという言い方をしています。プーチン大統領自身、かつてソ連の時代、KGB（ソ連国家保安委員会）のスパイだったわけですね。ドイツが東西に分かれていたとき、東ドイツに派遣されて、西ドイツの国内情勢を探っていたのです。だから彼は、ドイツ語が話せます。

ウクライナ情勢 ウクライナをめぐり、欧米諸国とロシアが綱引きをしている状態のこと。ウクライナ国内でも、東側はロシア寄り、西側はEU寄りと対立。

プーチン ウラジーミル・プーチン（1952年〜）。ロシアの政治家。第2、4代（現在）の大統領。

KGB（ソ連国家保安委員会） ソ連の諜報《ちょうほう》・治安機関のこと。ソ連崩壊とともに解体された。

よくサミットなどで、ドイツのメルケル首相とプーチン大統領が仲良さそうに話している映像があります。あれを見るたびに私は、どちらの言葉で話しているんだろうと思うのですが。と言いますのも、メルケル首相は、もともと旧東ドイツの出身です。旧東ドイツではロシア語が必修でしたから、メルケル首相はロシア語が話せます。だから2人が話しているのを見て、どっちの言葉で話しているんだろうか、お互いに今日はこっちで行こうと言っているのかな、などと思ったりしています。

最近はスノーデンという元CIA（アメリカ中央情報局）の職員が、アメリカが世界中の首脳の通話、電話などを全部盗聴していたということを暴露しましたね。その結果アメリカに帰ることができず、しかし、よその国にも亡命できず、結局ロシアが身柄を引き取った。東西冷戦の影響といいますか、それがいまも残っているということですね。

東西冷戦が生み出したインターネット

その一方で、東西冷戦によってもたらされたものがあります。たとえばそれはみなさんが使っているインターネットですね。**インターネットというのはもともと東西冷戦時代、軍事技術として開発されました。**どういうことかと言いますと、東西冷戦時代、アメリカもソ連も大量の核

サミット
主要国首脳会議。首脳の地位を山の頂にたとえたことに由来。ウクライナ問題勃《ぼっ》発《ぱつ》以降、ロシアは参加していない。

メルケル
アンゲラ・メルケル（1954年〜）。ドイツの政治家。現在のドイツ首相。東ドイツ出身。

ミサイルをつくっていたわけです。何かあったら相手の国に大量の核ミサイルを打ち込んで、相手の国を壊滅させる。その準備をしていたわけです。

アメリカは、軍事技術が発達する中で、メインの巨大なコンピュータを中心にネットワークを張り巡らせて、軍事情報のやりとりをしていました。しかし、もしソ連からのミサイルが中央のメインコンピュータに当たったら、全ての軍事情報のやりとりができなくなってしまう。そのようなことにならないためにはどうしたらいいだろうか、という中から、さまざまな情報のやりとりは、**メインの大型コンピュータを介さずに、それぞれのコンピュータで自由に情報のやりとりができるようにしようと考えました。**そういうやり方にすれば、ソ連から核ミサイルが飛んできて、一部のコンピュータがやられても、残りの部分で連絡が取り合える。そういう仕組みをつくろうとして開発されたのがそもそもインターネットの技術だったのですね。

東西冷戦が終わって、もうこれは軍事機密にしておく必要はないよね、ということで、**初めて一般に公開された**のですね。誰でもこのインターネットの技術を使ってもいいよ、ということになって、世界中のコンピュータに詳しい人たちが、じゃあインターネットでたとえばこんなこと

スノーデン
エドワード・スノーデン（1983年～）。アメリカの情報工学者。CIA局員およびNSA（アメリカ国家安全保障局）の契約職員として、情報収集活動に関わる。その後、情報収集の手口などを暴露。2017年1月現在、ロシアに滞在中。

CIA（アメリカ中央情報局）
諜報活動を行うアメリカの情報機関。

ができる。メールのやりとりができる。あるいはホームページをつくる……と、どんどんそこからさまざまに発展していったのです。**東西冷戦があったからインターネットが生まれ、東西冷戦が終わったからみんなが使えるようになった、**ということです。

アメリカ陣営とソ連陣営の対立

では、そもそも東西冷戦とは何だったのか。**日本が廃墟《はいきょ》の中から経済を成長するきっかけになったのが朝鮮戦争**です。隣の国の悲劇によって日本経済が発展したという大変皮肉なことが起きたわけですが、朝鮮戦争以降、東西冷戦が非常に厳しくなっていきます。**世界がアメリカ（西側）グループとソ連（東側）グループにはっきりと分かれた**のですね。東側グループというのはソ連であり、東ヨーロッパの国々ですね。ポーランドとかハンガリーとかチェコスロバキア、ブルガリア、こういうところが東側諸国です。西側諸国はアメリカでありイギリスでありフランスであり、西ドイツでありイタリアです。日本を中心の世界地図で見ると、アメリカは東側にあります。ソ連や中国は西側にありますよね。だから東西冷戦っていってもぴんと来ないでしょうが、**世界地図のスタンダードは、イギリス中心の見方になるのです。**イギリスを中心にした世

インターネット　世界中にあるさまざまなネットワークを相互に接続する巨大なコンピュータネットワーク。

朝鮮戦争　1950年6月に朝鮮半島で起きた韓国と北朝鮮との戦争。1953年に休戦協定を結んだが、いまだ休戦状態にある。

界地図を見ますと、ソ連や中国は東側に存在します。西ヨーロッパあるいはアメリカというのは、西側にあるのですね。だから東西冷戦。東側諸国と西側諸国の対立、という構造になったのですね。

鉄のカーテンが下ろされた

第2次世界大戦中、アメリカ、イギリス、ソ連は、一緒になって**枢軸国**と戦いました。つまり、ドイツ、日本、イタリアですね。この枢軸国に対して、アメリカ、イギリス、ソ連は**連合国**として戦った。この時点では同盟国でした。

　ところが、第2次世界大戦が終わる直前、**ヤルタ会談**というのがありました。ニュースになっているクリミア半島のヤルタですね。ここで**アメリカとイギリスとソ連の首脳が集まって、戦後をどのように処理をするかとい**

戦後、世界は東西陣営に分かれた

うことを話し合いました。これからドイツが占領していた国々を全て解放した後、それぞれの国で自由な選挙をして自分たちの代表を選んで、民主的な国にするということを約束したのですね。しかしソ連の指導者スターリンは、その約束を守りませんでした。

ソ連軍がドイツから解放した東ヨーロッパの国々には、全て、**ソ連の言うことを聞く政権をつくり出していきました。**唯一長い民主主義の伝統があったチェコスロバキア。いまはチェコとスロバキアに分かれましたが、当時はチェコスロバキアというひとつの国でした。チェコスロバキアだけは民主的な選挙によって国民の代表の政権ができたのですが、政権ができた後、政権の一部を担っていた共産党によるクーデターが起きて、一緒に連立政権を組んでいた連中を処刑してしまって、独裁政権をつくりました。それ以外の国々は全てソ連の言うことを聞く独裁政権ができてしまった。それぞれの国が一切鎖国のような状態になってしま

ヤルタ会談の様子。左からチャーチル、ルーズベルト、スターリン。背が低いスターリンが椅子を高くして見栄えがよいようにしたという。（写真：アフロ）

ヤルタ会談
1945年2月、クリミア半島のヤルタで行われた第2次世界大戦後の世界の体制を話し合った首脳会談。アメリカ・ルーズベルト大統領、イギリス・チャーチル首相、ソ連最高指導者・スターリンが参加。

スターリン
ヨシフ・スターリン（1878〜1953年）。ソ連の政治家・軍人。スターリンは本名ではなく、「鋼鉄の人」を意味するもの。

って、国の中で何が起きているのかということが、外からまったくうかがい知れないような状態になってしまいました。これを、イギリスの当時首相を降りたばかりのチャーチルが、アメリカの大学で講演をして、**鉄のカーテンが下ろされた**、こういう言い方をしました。ヨーロッパでの東西冷戦の緊張状態を表した言葉です。

ちなみに、このチャーチルは第2次世界大戦中のイギリスの首相。イギリスを率いて、戦争を勝利に導いた英雄です。しかし、戦争が終わったら、総選挙でチャーチルの党が負けた。つまりイギリス国民は、戦争をする上ではチャーチルは自分の国の首相としてふさわしいけど、戦争が終わって平和になったら、もうあなたに用はないよ、というわけですね。現実というのは厳しいわけです。首相でなくなったチャーチルはアメリカの大学に講演旅行に行って、鉄のカーテンという言い方をしたわけですね。第2次世界大戦中一緒になって戦って、ドイツ軍を打ち破った。そうしたらなんと、ソ連に占領されたところはみんな鉄のカーテンを下ろしてしまって、向こう側をうかがい知ることができなくなってしまった、ということなんですね。かくして、東西冷戦ということになります。

チェコスロバキア　1918年から1992年にかけて存在した東ヨーロッパの国。現在は、チェコ共和国とスロバキア共和国に分かれている。

チャーチル　ウィンストン・チャーチル（1874～1965年）。イギリスの政治家・軍人。第2次世界大戦時に首相としてイギリスを率いた。

ドイツ軍侵略によるソ連のトラウマ

どうしてそんなことをしたのか。ソ連という国は、第2次世界大戦中ドイツ軍と戦った。ドイツ軍の侵略を受けたわけです。いきなりドイツ軍が攻め込んできて、**2700万人の人々が戦争で亡くなったといわれています。**戦争になったことによって2700万人の国民が死んでしまった。これが、トラウマになっているわけです。自分の国と国境を接する外側に自分の国の言うことを聞かない国、あるいは敵対する国が存在することが大変怖い。そういう国になったのですね。ですから、ソ連にしてみれば、アメリカのグループの西側諸国と、ソ連の国境が直接接することはどうしても避けたい。**間に緩衝地帯が欲しい。これが東ヨーロッパの国々です。**もし戦争になっても、とりあえず東ヨーロッパの国々と西

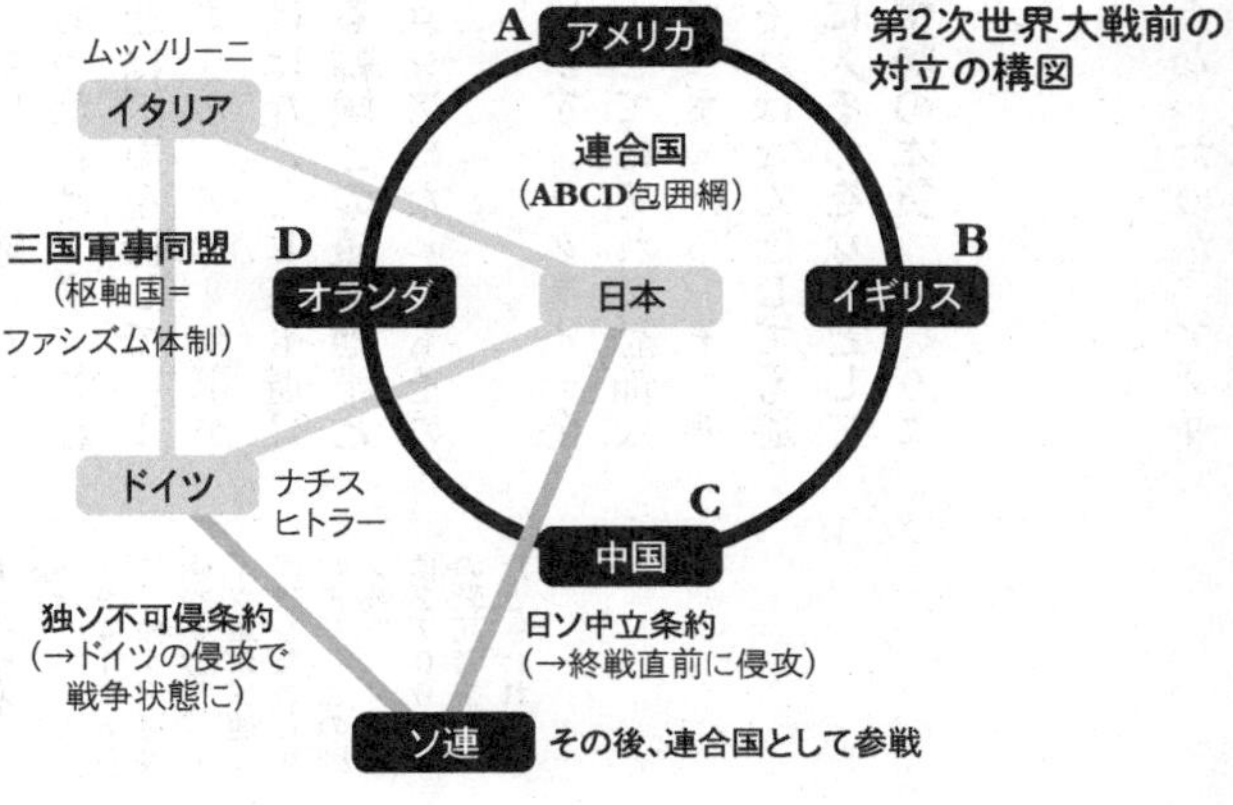

ヨーロッパの国々が戦争する。すぐソ連に被害が出ない。ソ連としてはとりあえず緩衝地帯を置きたい。こういう意図があったわけです。これが朝鮮半島ということになりますと、北朝鮮とソ連は国境を接していますから、もし朝鮮半島が全て韓国で統一されてしまうと、アメリカ軍が駐留している韓国と、国境を直《じか》に接する。これだけはなんとしても避けたい。**北朝鮮という国はアメリカ軍が駐留している韓国との緩衝地帯として存在する必要がある。**それは、ソ連がいまのロシアになってもその考え方はまったく同じなのですね。

そして、いま**ウクライナが大きな問題になっています。**ウクライナ全体がどうも西側諸国に行こうとしている。ロシアとしてはそれが恐怖なわけです。ウクライナがすっかり西側諸国になってしまったら、その西側諸国とロシアが直接国境を接することになる。それはなんとしても避けたい。**ウクライナが、西側のヨーロッパの仲間に入るのをなんとしても引きとどめたい。というのが現在のウクライナ情勢の本質、**ということになります。

ドイツが東西に分裂

では、第2次世界大戦が終わって、ドイツがどうなったのか。アメリ

ドイツ軍の侵略
1941年6月に、独ソ不可侵条約を破り、ドイツ軍がソ連に侵攻したことが始まり。この独ソ戦で、ソ連側は2700万人の戦死者を出したと言われる。

カ、あるいはソ連にしても共通の敵でしたから、ドイツを占領したときに、東側からはソ連軍がドイツに攻め込みました。西側からはアメリカ・イギリス軍が攻め込みました。ちょうどドイツの真ん中に流れているエルベ川のところで、**東西それぞれが占領しました。そしてそのまま別々の国ができました。**そのことを考えますと、日本というのは非常にラッキーだったなということです。

　第2次世界大戦の最後のとき、ソ連は、日ソ不可侵条約を破って、日本に攻め込んできた。北方領土まで攻め込んできました。そのときにソ連は、北海道の北半分を占領したいとアメリカに申し入れたのですね。しかしアメリカは、それを拒否しました。もし拒否していなかったら、北海道の北半分はソ連が占領し、それ以外はアメリカが占領して日本が分断されていたはずです。もしそうなっていたら、きっと北海道の北部には、「日本民主主義人民共和国」という国ができていたはずです。北海道を分断する壁ができていたはずです。日本が完全に分断されていたはずなのですが、アメリカが拒否をした。厳密に言いますとね、中国と四国地方はイギリス・オーストラリア・ニュージーランド連合軍が占領しました。それ以外はアメリカが占領したのですね。言ってみれば**西側諸国による占領の結果、いまの日本がある**ということです。

エルベ川
チェコ北部、ドイツ東部を流れる河川。第2次世界大戦時、東西からドイツに攻め込んだ、ソ連軍とアメリカ軍がエルベ川で出会い、平和を誓い合った「エルベの誓い」の舞台。

日ソ不可侵条約
1941年に日本とソ連の間で結ばれた中立条約。日ソ中立条約とも呼ぶ。

ドイツは東西に分割されました。**日本はラッキーなことに南北に分断されないですんだ。その代わり、かつて日本の領土であった朝鮮半島は南北に分断され、それがいまも続いている、**ということになります。

ドイツの首都ベルリンが東西に分割された

ドイツは**東ドイツと西ドイツにそれぞれ分断**されました。そして**ベルリンの壁が築かれました。**ベルリンの壁というのは、東西ドイツの間にあると勘違いしている人が大勢いるので、あえてここに出しました。**ベルリンの壁というのは、東西ドイツの間にあったわけではありません。**

まず、ドイツ自体を東側はソ連が占領し、西側をアメリカ・イギリス、そしてフランスが占領しました。**ドイツの首都はベルリンでした。**なので、ベルリン自体は東ドイツ側になるのですね。ところが東ドイツ側にある首都ベルリンもそれぞれ分割して占領するということになったのです。ですから、東ドイツの中にあるこのベルリンを拡大しますと、東ベルリンと西ベルリンに分けられました。西ベルリン自体、実はですね、アメリカ・イギリス・フランスがさらに3つに分割したのですね。3つに分割したのですが、基本的に自由主義であり、資本主義を認めるということにおいて変わりはなかった。しかし、東ベルリンはソ連が占領し

ベルリンの壁
1961年8月に東ドイツによって築かれた西ベルリンを包囲する壁。1989年11月10日に破壊された。

たのですね。そして一挙にここでソ連式の社会主義を導入することになりました。突然、みんな平等にするのだということになって、たとえば、工場は全て国営になり、あるいはそれぞれの小さな商店主たちの財産もみんな取り上げられ、自由が失われていくということがどんどん起きました。

　これを嫌った東ベルリンの市民は、西ベルリンに逃げ出すようになるわけです。**大量の東ベルリン市民が西ベルリンに逃げ出すことになりました。これをなんとか避けたいと考えた東ドイツが、西ベルリンをぐるりと取り囲む壁をつくった。これがベルリンの壁なのですね。**つまり、東ドイツの中にあるベルリンの西側にほかの東ドイツの国民が逃げ込まないように、壁をつくった。これは長い歴史の中でも非常に珍しい例ですね。普通壁は、よその国の国民が入ってこないように築く。

東西に分断されたドイツとベルリン

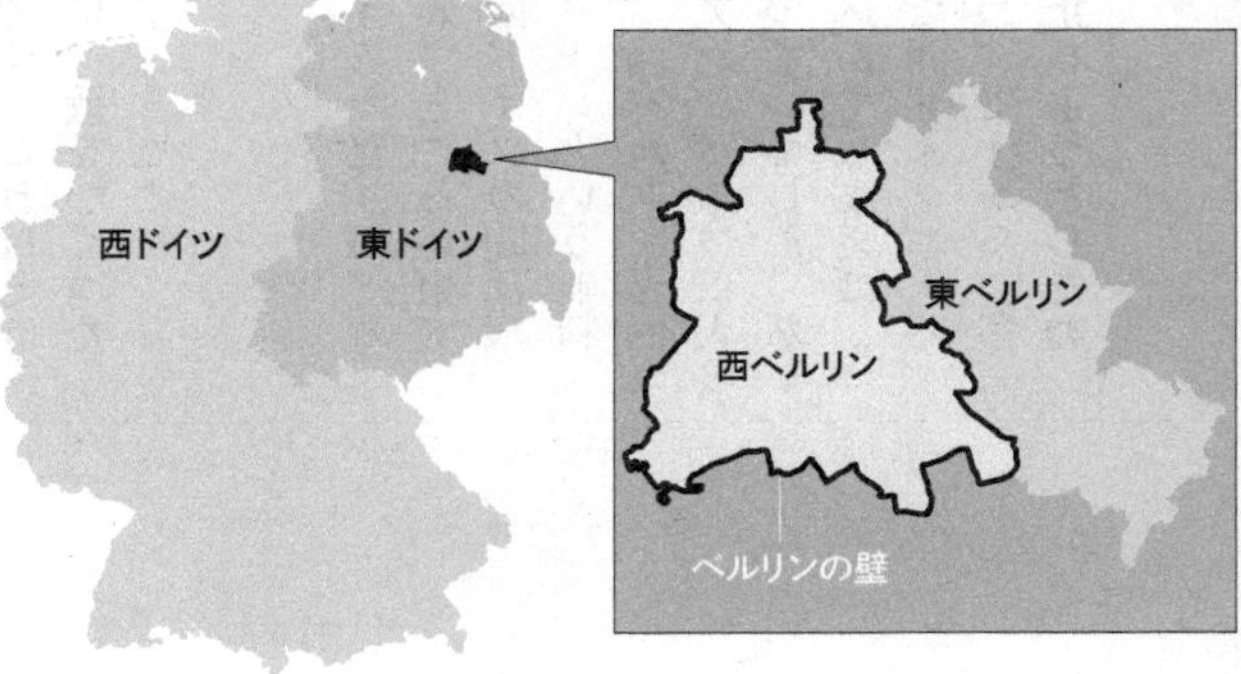

あるいは外部からの侵略を防ぐためにつくられるものです。これはそうではなく、**自分たちの国民が外に逃げていかないように、壁をつくった**という、考えてみれば情けない、屈辱的なものだということですね。

西ベルリンは西ドイツと行き来できた

では、東ベルリンの人が西ベルリンに逃げた後どうするんだ、西ベルリンは東ドイツの国内にあるだろう。そのとおりですね。ところが東ドイツの西ベルリンには飛行場があって、西ベルリンと西ドイツの間は飛行機で行き来ができました。さらにドイツにはアウトバーンという無料の高速道路（高速自動車国道）があった。それも1本、西ベルリンと西ドイツの間を走っていました。東ドイツの国民がそのアウトバーンに入って逃げるとか助けを求めることはできないようになっていました。あと鉄道も1本ありました。ですから西ベルリンに逃げ込んでしまえば、自動車でアウトバーンを使って西ドイツに入る、鉄道で西ドイツに入る、あるいは飛行機で西ドイツに行くことができたんですね。ですから、**多くの国民が西ベルリンに逃げ込もうとする、それを阻止しようとしたわけです。**

ある日曜日の朝、突然、建設が始まった

ベルリンの壁は、ある日曜日の朝、突然、建設が始まった。コンクリートブロックを使ってベルリンを東西に分割する、ベルリンの壁の建設、ということです。ブランデンブルク門の前にベルリンの壁が築かれました。この写真（左上）はチェックポイント・チャーリーといって、東西ベルリンを行き来する検問所のアメリカ側です。特別の許可があると行き来できました。

ベルリンの壁ができても、**西ベルリンの人たちはベルリンの壁まで自由に行くことができました。**ですから、こんな壁なんか早くなくなればいいのに、といって、ベルリンの壁にいろいろな色とりどりの落書きをしていました。

一方、そのベルリンの壁の向こう側、つまり、東ベルリン側にしてみれば、**自分の国の国民がベルリンの壁を越えて逃げていかないようにする**

チェックポイント・チャーリー。東西ベルリンの境界線上にあった国境検問所。

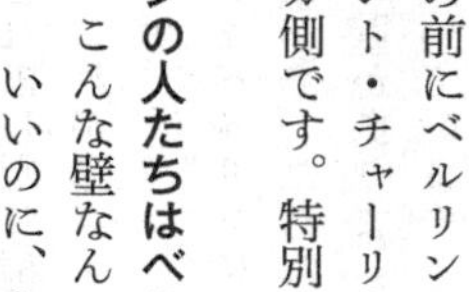
ブランデンブルク門
ドイツ・ベルリンのシンボルと言える門。

ために、厳重な警戒態勢ができていました。１００ｍにわたって全て空き地にして、夜中はずっとサーチライトで煌々《こうこう》と照らし、さらには警備の犬が放たれ、あるいは砂地がずっと続いていました。逃げ出そうとするとその砂の上を歩かないといけないから、足跡がつく。足跡があるということは誰かがベルリンの壁を越えようとしているんだなということがわかり、直ちにサイレンが鳴って、逃げようとしている者を探し出す、ということが行われ、**壁を乗り越えようとした人たちは、後ろから撃ち殺されました。**犠牲者が多数出ていた。これがベルリンの壁の悲しい現実です。

1989年11月10日、東西ベルリン市民によってベルリンの壁が破壊された。その後、1990年10月3日、東西ドイツが統一される。（写真：アフロ）

いまベルリンに行くと、ベルリンの壁があったあたり、ここにベルリンの壁がありました、という細い線が入っています。ベルリンの壁が崩壊した後、ベルリンの壁の材料を使って地面に埋め込んで、壁の跡をつくっているのですが、その細い線があるとね、あ、ベルリンの壁ってこんなに薄いんだ、って勘違いするかもしれません。そうじゃないんですね。ここにベルリンの壁があったよっていうのを知らない人に見せるために、細い線があるだけです。

壁の跡の線にある小さな十字架のマーク

で、そこをよく見るとですね、その壁の西側には古い建物がいっぱい密集しています。東側には、どんどん新しいビル、非常にきれいなビルが次々に建てられています。ベルリンの壁がある間は１００ｍにわたって空き地がずっと続いていたわけですから、ベルリンの壁が崩壊した後、再開発が行われるようになって、いま近代的な建物ができたということですね。そして、その線のあたりを歩いていると、**ところどころ下のほうに小さな十字架のマークがついているところがあります**。ベルリンの壁を越えて逃げようとして射殺された人、ここで殺されたんだよというその人の名前と小さな十字架があちこちにあるのです。**そういう悲劇があった場所。それがベルリンの壁です**。東西冷戦のシンボルのようなものになっていたということです。

朝鮮半島を北緯38度線で分割して占領

そして、朝鮮半島は南北に分割されました。まず**南側に大韓民国**、そして**北側に朝鮮民主主義人民共和国**という国ができ、**南北が分断されました**。この時点では、38度線で分断しました。当時、日本が戦争に負けた。そうしたらソ連がずっと北から攻め込んできました。そのままだと朝鮮半島全体をソ連が占領するような勢いでした。アメリカは焦るわけです。ソ連との関係が悪くなり始めていましたから、朝鮮半島全体がソ連に占領されたら大変だ。よし、南からアメリカ軍を上陸させよう。ということになって、じゃあ朝鮮半島のどこかで南北にそれぞれ分割して占領しようじゃないか。どこで分割したらいいだろうか。地図を見ていたら、ちょうど朝鮮半島の真ん中あたりに北緯38度線が通っていた。よし、北緯38度線でそれぞれ分割して占領しようじゃないか。アメリカ側がソ連にそれを申し入れたら、ソ連はそれでOKした。その結果、南北に分断されました。そして、とりあえずソ連とアメリカが朝鮮半島を分割して占領するけれども、いずれ自由な選挙をして、朝鮮半島の人々がみんなで自由な選挙をして、ひとつの国をつくるんだ、という想定だった。

大韓民国
1948年建国。通称「韓国」。朝鮮半島南部に位置する国家。

朝鮮民主主義人民共和国
1948年建国。通称「北朝鮮」。朝鮮半島北部に位置する社会主義国家。

38度線で分断
第2次世界大戦末期に、日本の統治下から離れた朝鮮半島を、ソ連とアメリカが北緯38度線で、分割して占領したもの。

ところが、ソ連側にしてみれば、そんなことをしたら自分の思いどおりの国ができないわけですから、拒否するわけですね。だから、朝鮮半島の北側は北側だけで、独自の国づくりが進む。南側は南側だけで独自の国づくりをする。それによって2つの国がちょうど北緯38度線で分割されたということになるわけですね。

そのときに北朝鮮側ではソ連の指導の下に国づくりが行われましたから、国をつくるためには国民の代表である国会議員を選ばなければいけません。国会議員を選ぶ選挙がありました。小選挙区制で行われ、ひとつの選挙区から1人だけを選ぶということになったのですが、それぞれの選挙区で立候補したのも1人だけ、ということになりました。国民はその1人を認めるか認めないか、という投票をすることになったわけです。投票所に行くと投票箱があって、投票用紙を受け取ります。で、それを投票箱に入れればいいんですよね。非常に明確でした。この人を選挙で支持するって人は白い投票箱に入れなさい。支持しないという人は黒い投票箱に入れなさい。さあ、**みんなの見ている前でその投票**

をしなさいというわけですよね。もし黒い投票箱に入れて投票所から出たら、その人はどうなるかわかりませんよね。姿が消えてしまうかもしれないとなれば、みんな白い投票箱に入れたわけですね。選挙の結果、圧倒的多数の国民の支持によって朝鮮民主主義人民共和国ができあがった、という形になっています。こうやって、朝鮮民主主義人民共和国ができました。

選挙の中身まで見てみないとその国はわからない

いまは朝鮮民主主義人民共和国では、代議員、日本でいう国会議員を選ぶ選挙は定期的に行われています。投票のやり方がちょっと変わっていましてね、やっぱり小選挙区制です。それぞれの選挙区では1人だけが立候補し、その人を認めるかどうかだけの選挙です。ただし投票箱はひとつだけになりました。投票用紙が与えられます。この人でいいよねっていうことになれば、何も書かないで投票箱に入れます。この人は嫌だよ、という場合は、投票用紙に書き込む記載台というのがあって、そこに行って投票用紙に×をつけてから投票箱に入れるのですね。そこをみんなが見ているわけですね。受け取って、**わざわざ記載台に行って投票用紙に×をつければ、あ、コイツはお上に逆らうやつだ、というのが**

一目瞭然《いちもくりょうぜん》なのですね。そんなことをしたら投票所を出たらどうなるかわかりませんから、誰も×はつけないでそのまま投票箱に入れる、ということですね。**国民の選挙によって選ばれたといってもどのような選挙でやっているのかを見ないと本当に国民を代表しているのかどうかわからない。**これはその典型ですね。

2012年は「強盛大国の大門を開く」年だった

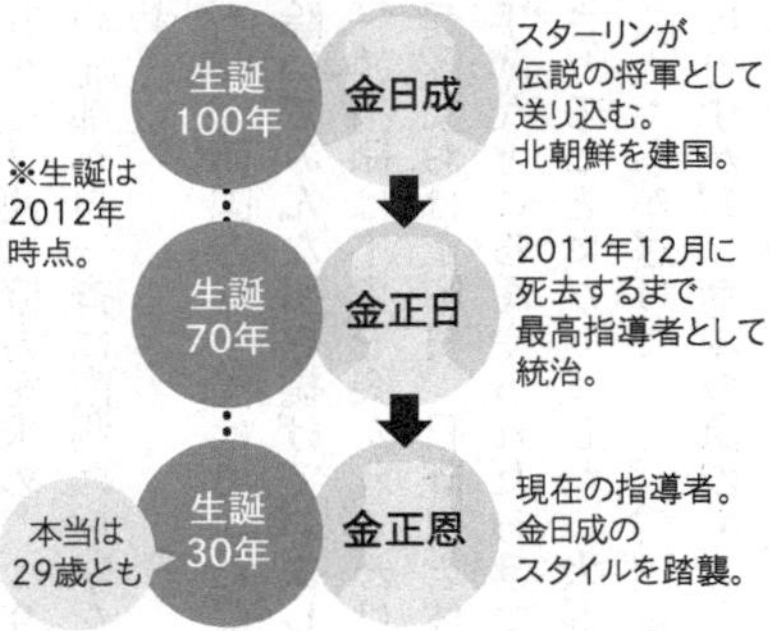
生誕
100年
金日成
スターリンが
伝説の将軍として
送り込む。
北朝鮮を建国。
※生誕は
2012年
時点。
生誕
70年
金正日
2011年12月に
死去するまで
最高指導者として
統治。
生誕
30年
本当は
29歳とも
金正恩
現在の指導者。
金日成の
スタイルを踏襲。

朝鮮戦争の勃発

こうして朝鮮民主主義人民共和国というのができたのですが、当時のリーダーは金日成《キムイルソン》という人です。金日成の息子が金正日《キムジョンイル》で、金正日の息子が金正恩《キムジョンウン》という、**3代続いているわけですが**、いまの金正恩第一書記（2016年5月からは、党委員長）のおじいさんが金日成ということですね。彼はなんとしても朝鮮半島を統一したかった。軍事力を使ってこれを統一したいと考えて、中国、

金日成
キム・イルソン（1912〜1994年）。朝鮮の革命家。朝鮮半島の北半分に、朝鮮民主主義人民共和国を建国した。

金正日
キム・ジョンイル（1941〜2011年）。金日成の息子で、北朝鮮の2代目最高指導者。

金正恩
キム・ジョンウン（1983年〜）。金正日の三男で後継者。3代目の最高指導者。

それからソ連に協力を求め、１９５０年6月25日、日曜日の早朝、38度線の北部から一斉に南側に攻撃を始めました。これが朝鮮戦争の始まりです。

当時、韓国という国はできたばかり。**アメリカ軍は一部の軍事顧問団を除いてみんな引き揚げていました。**そうしたら北朝鮮が攻め込んできた。韓国側は不意を突かれるわけです。日曜日の早朝です。多くの韓国の兵隊たちは土曜日、日曜日と休暇をとって家に帰っていました。非常に手薄なところをやられたわけです。あっという間にソウルまで攻め落とされることになりました。大混乱の中で、ソウルの北側から南側に大勢の人たちが逃げていく。韓国軍がどんどんソウルの南側に逃げていくわけですが、ソウルの街の中心を漢江《ハンガン》という川が流れています。そこに橋が架かっているのですね。その橋がそのままだと、北朝鮮の戦車がそのまま橋を渡ってくる。逃げるためには橋を爆破しなければいけない。**まだ韓国の一般市民が橋を渡って逃げているさなかに、その橋を爆破しました。大勢の市民がそのままそこで死ぬという悲劇も起きました。**

いまも終わっていない朝鮮戦争

大混乱の中で橋を爆破して、大勢の人たちが死んでしまったという教

第一書記 金正恩の職位。金正日の死去に伴い、総書記が空席となったため、第一書記を新設し、金正恩がその職に就いた。２０１６年5月からは、さらに新設された党委員長に就いた。

軍事顧問団 派遣先の国の軍隊の訓練や戦闘指揮などを支援する軍事専門家集団のこと。イラク戦争後もアメリカからイラクに派遣された。

訓から、現在は、あらかじめ、韓国のソウルの橋には爆薬が仕掛けられています。北朝鮮が攻めてきたらいつでも爆破して橋を落とせるように、いまはあらかじめ爆薬が仕掛けてあるということですね。あるいはソウルから北側に行きますと、非常に広い国道があります。国道があるのですが、走っているとあちこちにトンネルがあるのですね。トンネルの入り口にいろいろな広告が出ていますから、一見広告が出ているただのトンネルに見えるのですが、横から見ると、別に山の中を通っているわけではないですよ。ただの道路のところに人工的にコンクリートでトンネルをつくっている。ここに爆薬が仕掛けてあります。北朝鮮の戦車が攻めてきたら、その国道を使ってあっという間にソウルに到達しますから、それを少しでも足止めするために、あちこちに人工のトンネルをつくり、爆薬が仕掛けてあるわけです。いざというときはその爆薬を爆発させて、トンネルを壊して、戦車が通れないようにする。いまもその体制に韓国という国、あるいはソウル周辺はそうなっているということです。いまも朝鮮半島では、戦争は終わっていない。**あくまで軍事停戦、休戦中。いまも戦争は続いているということです。**

日本駐留のアメリカ軍が朝鮮半島へ

さあ、ソウルがあっという間に落とされてしまった。アメリカが韓国を支援することになりました。しかしアメリカの本土から兵隊を送り込む時間がない。とりあえず、日本に駐留している、**日本を占領しているアメリカ兵を急遽《きゅうきょ》朝鮮半島に送ることになりました。**日本を占領していた7万5000人のアメリカ兵が、一挙に朝鮮半島に送り込まれることになりました。

この時点でアメリカは非常に不安になるわけですね。戦争に負けて、**日本軍はもう解体しています。日本軍は存在しない。**アメリカ軍7万5000人によって、日本は東西冷戦の中で守られていた。もし、この、アメリカ兵が全部いなくなったら、ソ連軍が北海道に上陸してきたら、あっという間にソ連によって占領されてしまう。あるいはソ連の扇動を受けて、共産主義の活動家たちが日本国内で暴動を起こし、あるいは革命を起こしたら、日本の警察力ではとてもこれを抑えることができないと不安になったアメリカは、**日本に対して、警察予備隊をつくりなさい、と指示します。**National Police Reserve をつくれ、とアメリカに言われた。National Police Reserve ってなんだろうと思いながら、警察予備隊

警察予備隊
1950年に創設された組織。1952年には保安隊と名称を変更した。

自衛隊
保安隊が1954年に自衛隊となった。現在の総兵力は約24万人。

日本国憲法第9条
戦争放棄、戦力の不保持、交戦権の否認を規定している条文。

と名前をつけ、アメリカから装備は全部あげると言われ、どんな装備だろうと思ってみたら、軍隊そのものじゃないか、ということにそこで初めて日本は気がつく。これがやがて発展して、現在の自衛隊になった、ということですね。

朝鮮戦争は日本の経済発展と自衛隊設立のきっかけになった

そもそも**日本国憲法第9条で、日本は戦力を持たない、軍隊を持たない、ということになっている**わけですから、軍隊をつくるわけにはいかない。だから、警察予備隊、あくまで警察なのですよ、と言ってつくったもの。それが現在の自衛隊に発展した。そして、いまや世界的に見て**どう見ても自衛隊は立派な軍隊になっている**。さあ、軍隊を認めていいかどうか。いや、軍隊はあるのだから、憲法第9条を変えればいいんだという議論もあります。あるいはアメリカ軍が攻撃を受けたときに、自衛隊が知らん顔をしているわけにはいかないだろう、自衛隊もアメリカ軍と一緒に戦って、アメリカ軍を守るべきじゃないか、といま議論になっているのが、**集団的自衛権という考え方ですね。朝鮮半島で、戦争が起きたことによって、日本経済は発展をするきっかけをつかんだ**のですが、**同時に自衛隊が生まれるきっかけにもなった。**これが朝鮮戦争とい

集団的自衛権　自国と緊密な関係にある国が他国から攻撃を受けた場合、これと共同して防衛にあたる権利。個別的自衛権は自国に対する他国からの攻撃に対して、防衛のために武力を行使できる権利。どちらも国連憲章で認められている。2015年9月、安保関連法の成立により、集団的自衛権の行使への道が開いた。

うものですね。

毛沢東率いる中華人民共和国の誕生

１９４９年10月、今度は中華人民共和国が誕生しました。１９４９年10月1日、毛沢東《もうたくとう》は、北京《ペキン》の中心部の天安門《てんあんもん》広場の前の天安門の上で中華人民共和国の建国を宣言します。しかし、このとき、中国国内の内戦はまだ終わっていなかったのですね。

もともとここは中華民国でした。**国民党一党独裁の中華民国だった。**

1949年10月1日に、中華人民共和国建国を毛沢東（マイクの前の人物）が宣言する。（写真：Ullstein bild ／アフロ）

それに対して、**毛沢東率いる中国共産党との内戦状態が続いていた**わけです。内戦の結果、中国共産党が勝って、中華人民共和国の建国を宣言します。内戦は続いていましたが、勝負あったといって、これを宣言したわけです。

毛沢東
中国の政治家（１８９３～１９７６年）。日本との戦争、国民政府との内戦に勝利し、１９４９年に中華人民共和国を建国。大躍進政策や文化大革命を推進。

中華民国
１９１２年に成立。１９７１年までは、国連の安全保障理事会の常任理事国だった。蒋介石は中国共産党との内戦に敗れ、台湾に逃れる。

この後、**最後まで残った国民党・蔣介石《しょうかいせき》の部隊は台湾に逃げ込みます。**台湾はいまも中華民国と名乗っていますよね。中国の大陸で共産党に負けた国民党の軍隊と、その関係者が台湾に逃げ込んで、いまも中華民国と名乗っている。

結果、**中華人民共和国は東側になり、台湾は西側になる**ということですね。東西冷戦は終わっていないわけです。**朝鮮半島、中国大陸と台湾、ここでは東西冷戦はいまだに終わっていないことになりますね。**

資本主義のショーウインドーとしての役割

こういう中で**日本はあくまでも西側**ということになります。第2次世界大戦が終わった後、アメリカは日本との厳しい戦いの中で、とにかく日本が二度と戦争を起こさないようにしようというさまざまな仕掛けをしました。しかし、ここへ来て、東西冷戦が厳しくなってくると、今度は西側、アメリカ側に入っていると、社会主義ではなく、資本主義の経済をやっていると発展するんだよっていうことを、アジアの人たちに見せようということになりました。言ってみれば、**資本主義のショーウインドーの役割を期待するようになるわけですね。**アメリカにしてみれば、日本経済が発展することによって、ほら、アメリカの仲間に入っていれ

蔣介石
中華民国の政治家（1887～1975年）。孫文《そんぶん》死後の国民党の最高指導者。中華人民共和国が成立した後は、台湾に逃れた。

ば、資本主義経済を貫いていれば、こんなに発展するんだよ、と。そういうふうにしようというわけで、日本の経済の発展にさまざまな便宜を図る。1ドルを360円という非常に円安の基準に定めたのもその一環であったということですね。

Cold War——冷たい戦争の背景には核兵器の存在

東西冷戦の中で、さまざまな経済活動に影を落とすことになります。東西冷戦の中でインターネットが開発されたということがありますが、東西冷戦の中で技術が進んでいきます。宇宙開発にしてもそうですね。

東西冷戦時代、次第にアメリカとソ連が対立を深めていく。これをアメリカのジャーナリスト、ウォルター・リップマンという人が、冷戦と名づけます。アメリカとソ連は、熱い戦い、つまり実際武器をとって殺し合いをするという熱い戦争はしていない。Hot War はしていないが、互いに睨《にら》み合っている、冷たい戦争をしている。Cold War と名づけたんですね。かくして東西冷戦ということになります。**冷たい戦争、実際に、アメリカとソ連は実際に戦争をすることはなかった。なぜか。核兵器というものがそこに存在していたというわけです。**

最初、第2次世界大戦の最後、**アメリカは日本の広島と長崎に原爆を**

広島と長崎に原爆
アメリカ軍が太平洋戦争末期に日本へ原子爆弾を投下。1945年8月6日に広島（ウラン型）、8月9日に長崎（プルトニウム型）に投下した。

落としました。1発の爆弾であれだけのたくさんの人を殺すことができる武器をアメリカは持ったわけですね。それに対してソ連は自分たちもこういう兵器を持ちたい、ということになります。**アメリカはマンハッタン計画といって全米から1万人の物理学者を集めて研究開発をした**わけですが、アメリカだけでは足りないものですから、イギリスやカナダの科学者も集めて開発をしていました。その中にソ連のスパイが紛れ込んでいたわけです。

スパイは、核兵器のつくり方というのを全てソ連側に伝えます。ソ連も間もなく、アメリカと同じやり方によって原爆をつくることができるようになります。この爆弾1発で、一瞬にして何十万人もの人を殺害することができる。それぞれの国が持つようになりました。**もし戦争になって、お互いこの核兵器を使えば、お互いが壊滅状態になってしまう**。だからうっかり戦争をするわけにはいかないよ、ということになって、実際にアメリカとソ連は戦争をすることがなかった。これが東西冷戦というものです。

しかし、その周辺では、それぞれアメリカグループ、あるいはソ連グループ、あるいはどちらにつこうかな、というところでは、**実際には熱い戦争が行われたのですね**。たとえば、朝鮮戦争がありました。あるい

マンハッタン計画
第2次世界大戦中、アメリカにおいて進められた原子爆弾の製造計画。科学者・技術者を総動員した大規模な計画だった。

はベトナムでも、ベトナム戦争がありましたし、アフリカに行きますと、アンゴラ内戦、モザンビーク内戦、コンゴ内戦、スーダン内戦。あちこちで実は戦争が起きていた。あるいはアフガニスタンでの戦争っていうのもあったわけですね。**アメリカとソ連は、直接戦争はしなかったけど、周辺ではずっと実は戦争が続いてきたのです。**

実は隣り合っているアメリカとソ連

この地図（118ページ参照）で見ると、アメリカとソ連が随分離れて見えます。ところが地球は丸いので、**地球儀で見れば北極圏を挟んでアメリカとソ連は向かい合っているわけですね。**そうすると、相手の国から発射されたミサイルは、十数分で自分の国に届くということになります。もし敵の国から核ミサイルが飛んできたら、あっという間に自分の国が壊滅状態になる。そのときにはどうしたらいいか、相手が攻撃をしてきたら、直ちに反撃をする。反撃をする能力を持っていれば、うっかり先に手を出すと、あとでひどい目にあうよ、と相手に思わせておけば、自分の国は先に攻撃されることはないだろう。これは、**核兵器による抑止力、核抑止力といいます。**それぞれの国は、その開発に血道を上げるんですね。

核抑止力
お互いが核兵器を持っていることで戦争を避けられる、平和が保たれているという考え方。

初期のころは、相手の国まで届くミサイルがありませんでした。そういうときにはそれぞれの国は、どういう準備をしたと思いますか？ 24時間、爆撃機を飛ばしていたのですね。アメリカは戦略爆撃機＝B52を開発して、核爆弾を積んだ爆撃機が、**アメリカとソ連のちょうど間、ギリギリまで24時間常に核爆弾を積んだ爆撃機がここを飛び続ける**。交代で飛び続けるわけですね。何かあったら直ちに相手の国に行って爆弾を落とす、ということをやっていました。まだ相手の国へ届くミサイルがなかった。アメリカはどうしたのか。モスクワに届く距離、遠くまで飛ぶことができない、中距離しか飛べないミサイルしか持っていなかったから、モスクワの近くにそういう基地をつくればいいと。トルコに基地をつくりました。**トルコに、アメリカ軍が核ミサイルを配置しました**。これならモスクワまで飛んでいく、これくらいの距離ではできたんですね。

　では、ソ連はどうするのか。ソ連もソ連国内からは届かない。アメリカの近くにミサイル基地をつくればいいんだ。アメリカの近くでソ連と仲のいい国は、そうだ、キューバがあるじゃないか、というわけで、**フロリダ半島のすぐ南側のキューバですね。ここにミサイルを運び込んだ、**というわけですね。で、これがいわゆる**1962年のキューバ危機**とい

戦略爆撃機＝B52
アメリカ空軍の戦略爆撃機。戦略上、重要な標的を狙うことを目的としている。

キューバ危機
1962年10月、キューバをめぐって、核戦争寸前までアメリカとソ連の関係が緊迫化した危機的状況のこと。

うものです。

核戦争勃発、最大の危機

キューバにミサイルが運び込まれていることに気がついたアメリカは、当時のケネディ大統領、キャロライン・ケネディ（前）駐日大使のお父さんですね。ケネディがソ連に対してここから核ミサイルを直ちに撤去するようにと申し入れます。で、核ミサイルをどんどん運んでくるソ連の船を海上で止めて、追い返すと宣言をしました。しかしソ連の貨物船はおかまいなしにキューバに向かってやってきます。止まらないのであれば沈めてしまってもかまわない、というわけでアメリカ海軍の戦艦がソ連の貨物船に立ちはだかるわけです。となれば、その戦艦を沈めるために、ソ連の潜水艦が近くにやってきます。そのソ連の潜水艦を沈めるために、アメリカの潜水艦が待機するという状態になりました。これが

キューバ危機に対応するケネディ大統領。1962年10月にテレビ演説で、キューバに核ミサイルが運ばれたことを発表し、ソ連を非難した。（写真：AP／アフロ）

ケネディ　ジョン・F・ケネディ（1917～1963年）。アメリカの政治家。第35代アメリカ大統領としてキューバ危機に対応。1963年に暗殺される。

キューバ危機というものですね。私が小学校6年生のときでしたね。**ここで衝突が起きれば、世界規模での核戦争が起きる**。日本にはアメリカ軍の基地がありますから、ソ連から、日本のアメリカ軍基地に向かって核ミサイルが飛んでくる。東京にも核ミサイルが飛んでくる。ということで、私は小学校6年生のとき、まだ12年間しか生きていないのに、この世は終わってしまうのか、と絶望感に駆られた思い出があります。

結局ソ連は、キューバから核ミサイルを撤去します。実は裏で、アメリカとソ連は話がついていて、アメリカはトルコにあるミサイルを撤去するから、キューバからミサイルを撤去しろと実は言っていた、ということが後になって、わかりました。

東西冷戦から宇宙開発競争へ

さあ、こうなりますと、とにかく近くにミサイルを置こうということではなくて、遠くから、**自分の国から直接相手の国に届くミサイルを開発しよう、ということになるわけです**。こうして、ミサイル開発競争が進みます。ミサイルはロケットですから、**ロケットの先端に爆弾を積めば、核ミサイルになる**わけですよね。これは結局、宇宙開発競争につながっていくわけです。で、ソ連がまず先にスプートニクという人工衛星

スプートニク
1950年代後半の、ソ連による人類初の無人の人工衛星計画のこと。スプートニクとは、ロシア語で「付随するもの＝衛星」という意味。

を宇宙に打ち上げます。**ソ連がアメリカより先を進んだのですね。スプートニクショックといわれました。**科学技術の教育でソ連が進んでいる。こんなことなら負けてしまう、ということになって、**日本の学校教育のカリキュラムが変わり、理科などで詰め込み教育を始めるようになります。**私が小学校、それから中学校のころですね、教える内容がどんどんどんどん増えてくるのですね。ソ連に負けるなというわけです。子どものころからとにかく科学技術教育をしっかりやっていこう、ということになっていくわけです。国を挙げて科学技術教育に力を入れようということになり、全国の大学に工学部や理工学部が次々にできあがっていくということになりました。

ミサイル発射の出どころを押さえよ

その東西冷戦のなか、核開発競争が起きて、やがてアメリカから直接ソ連に向かって核ミサイルを撃ち込むことができるようになりました。そうすると、核ミサイル基地というのがつくられますね。逆にソ連からしたら、その核ミサイル基地を攻撃すればいいということになります。ということは、核ミサイル基地をつくっても、そこに敵の国のミサイルが飛んできたら全滅しちゃいますよね。相手にわからないようにすればいいだろうということになります。

何をやるのか、ひとつはですね、アメリカの場合、砂漠地帯に、地下に巨大なトンネル、鉄道のレールを敷いて、ミサイルの発射台が常に地下を行ったり来たりして、発射する穴があちこちにあって、**地下のどこにそのミサイルがあるのかわからないような形で移動するというやり方をとりました。**

でも、それだけではありませんね。どうすればいいか。**潜水艦に核ミサイルを積んで、海の深いところにひっそりと潜んでいれば、相手にわからないだろうと考えます。**アメリカもソ連も潜水艦をたくさんつくって核ミサイルを積み、それぞれ相手の国の近くの海底にずっと待機させるというやり方をとりました。そうすると、アメリカにしてみればソ連の潜水艦がいつそれを撃ってくるかわからないから、常にソ連の潜水艦がどこにいるかを把握して、何かあったらまず、その潜水艦がミサイルを発射する前に沈めてしまおうと、攻撃型原子力潜水艦というのを開発します。ですから、海の中で、相手の国を壊滅させるだけのミサイルを積んだ潜水艦と、それを見つけて沈めてしまおうという攻撃型原子力潜水艦、これが**東西冷戦時代、常に海の中で追いかけっこをしていたのですね。**常に、何かあったらすぐに沈めてしまう距離にいて、魚雷が到着する距離に常にいようというわけですね。当然追いかけられている側は相手の潜水艦をまこうとするわけですから、海の底で激しい追いかけっこが起きて、北極の氷の下ではソ連の潜水艦とアメリカの潜水艦が衝突事故、接触事故などを起こしていましたが、もちろんそんなことは発表されないわけです。世界はそんなことは全然知らなかった。

核爆弾をうっかり落としたことも!?

あるいはアメリカは戦略爆撃機B52に原爆あるいは水爆を積んで世界中に展開していました。スペインで、その爆撃機が、うっかり爆弾を落としてしまったということが起きたのですね。原爆が落ちちゃったのですよ。当然のことですが安全装置はかかったままでした。外していない。安全装置があったからよかったのですが、安全装置は6段階になっていまして、後で見つかった核兵器を見たら、6段階の安全装置のうち、5段階まで外れていたそうです。**最後のひとつの安全装置がかろうじて残っていたことによって、核爆発はしないですんだ。**

あるいは、アメリカ軍は日本に核兵器を持ち込まないことになっていたわりにはですね、なぜかグアムから沖縄に向かっていたアメリカ軍の空母から、核爆弾を積んだ戦闘機が海に落っこちました。東シナ海での話です。おかしいですよね。日本には核兵器を持ち込まないはずなのですが、日本に向かっていた空母の中から核兵器を積んだ戦闘機が東シナ海に落ちた。いまもそのまま回収されていません。

さらには、ソ連は原子力潜水艦をいっぱいつくっていたのですが、古くなると解体するわけです。解体すると、原子炉がありますでしょ。放射能がいっぱいで汚染されていますよね。処理が大変です。どうしていたか。日本海にポイポイ捨てていた、ということが、東西冷戦が終わってから明らかになります。東西冷戦が終わった後、それが明らかになって、日本は慌てるわけですね。こんなに日本海が汚染されたら大変だ、ということになって、東西冷戦が終わった後、日本はロシアに、その原子炉を日本海に捨てないように、陸地で安全に処理できるようにといって、そのためにお金を援助するというやり方をとっている、ということですね。**東西冷戦時代、いかにとんでもないことが起きていたか、ということがわかると思います。**

核ミサイルの発射ボタンを常に持ち歩く

しかし、**いざというときにはいつでも核ミサイルを発射するよ、という体制は、アメリカはいまもとり続けています。**アメリカ大統領の数メ

日本には核兵器を持ち込まない
日本には非核三原則というものがあり、「核兵器を持たず、作らず、持ち込ませず」を原則としている。佐藤栄作首相が提唱。

ートル後ろには、フットボールと呼ばれるアタッシェケースを持った体格のいい軍人が常に寄り添っています。そのアタッシェケースの中に、核ミサイルの発射ボタンがある、というわけですね。厳密に言いますとそこに発射ボタンがあるわけではなくて、その中に毎日毎日変わる暗号のコードを電波でアメリカ本土に発信する発信機があります。大統領と、それからそのアタッシェケースを持っている軍人の2人のそれぞれが暗号＝暗証コードを打ち込んで、初めてそこから発射命令がアメリカ本土に届く、という仕組みになっています。東西冷戦以来こういう状態がずっと続いているわけです。

ビキニ環礁での核実験の模様（1946年）。現在は、世界遺産（文化遺産）に登録されている。1954年の実験時には、日本の第五福竜丸（だいごふくりゅうまる）をはじめ、多くの漁船が被曝（ひばく）した。（写真：AP／アフロ）

原爆を上回る水爆の威力

また、その過程で**核実験というのも頻繁に行われました**。とくに有名だったのが**マーシャル諸島にあるビキニ環礁**ですね。環礁というのはサンゴ礁の島ですね。まるで輪のようになって残っているところです。原爆実

ビキニ環礁　マーシャル諸島共和国に属する環礁のこと。1946年にアメリカの核実験場に選ばれる。

験や水爆実験というのがありました。原爆はウランの核分裂を利用しています。ウランを核分裂させるときに、ウラン235に中性子が飛び込んでくると、これが分裂して、新たな中性子を出す。この中性子が、別のウラン235に飛び込み、また中性子が出る……。そのときにとてつもないエネルギーが出る。これが、**ウランの原子核が分裂するときのエネルギーを使った爆弾、略して原爆**ということになります。

しかし、さらにもっと強い力、エネルギーをつくるためにはどうしたらいいか。ウランは核分裂ですが、水素を核融合させる。核と核を一緒にするともっとすごいエネルギーが出る。そこで、原爆よりもっとすごいエネルギーをつくり出そう、としてつくられたのが、**水素の核融合のエネルギーで爆発を起こす水素爆弾。略して水爆**というわけですね。で、水素を核融合させるためには、とてつもないエネルギーが必要です。そのエネルギーはどうやって出すのか。原爆を爆発させるエネルギーで、水素の核融合を起こさせるんですね。だから水爆というのは、まず原爆を爆発させて、そのエネルギーで水素の核融合を起こす。言ってみれば、地上に太陽を出現させる。これが水素爆弾です。**水爆実験はビキニ環礁でしばしば行われていました。**

ですがこれは、あまりに爆発力が大きすぎて、とても戦争では使えな

水素爆弾
水素およびその放射性同位体の核融合反応を利用してつくられた核爆弾。略して水爆と呼ばれる。

いということになりました。皮肉なことですよね。敵に勝とうとして、ものすごいエネルギーを生み出してしまった。化け物のようにエネルギーが大きすぎて、とても使えないということになって、水爆はあるんですけれども、**現在核ミサイルに搭載されているのはいずれも原爆が使われている**。ビキニでは水爆実験も行われましたが、その前には原爆実験もしばしば行われ、ビキニの原爆実験といって、非常にこれが大きなニュースになっていました。

そのニュースになっていた1946年7月、フランスのデザイナーが、これまでにない水着を開発したのですね。女性の水着なのですが、体を隠す部分がほとんどない、非常に衝撃的な水着をつくって発売することになった。衝撃的な水着だ、何か名前をつけよう、どうしようか。ちょうどビキニ環礁で原爆実験が頻繁に行われ、それが世界に衝撃を与えていました。原爆のような衝撃的な水着だ、というわけでこの水着をビキニ、と名づけたわけですね。**あのビキニの水着はまさにこの原爆実験が行われたビキニ環礁から来ているということです。**

日本国内でも東西の代理戦争が……

この東西冷戦、日本国内にもさまざまな影響があります。**東西の代理**

安保条約改定
1951年に結ばれた日米安全保障条約の不利な点をあらためるべく、1960年、岸内閣によって協議されたもの。

戦争みたいな形で激しく対立した時代がありました。１９６０年の安保条約改定をめぐる政治的な対立ですね。第2次世界大戦が終わって、日本はアメリカ軍によって占領されました。その下で警察予備隊もできた。やがてそれが自衛隊になる。しかし**日本がサンフランシスコ講和条約によって独立を果たす。**しかし日本のものはまだまだ軍隊と呼べるものではない。日本が独立をしたら、アメリカ占領軍は出ていかなきゃいけないよね。**独立国に勝手にアメリカ軍がいるわけにはいきません。**

でも東西冷戦の時代です。いつソ連から攻撃されるかもしれない。となれば、アメリカ軍はできれば日本にいたい。でも日本は独立するんだから、それからは独立国同士の間で、条約を結んで、**アメリカ軍が日本にいてもいいよという条約を結んで初めて、アメリカ軍は日本にいられる**、ということになって、日米安全保障条約が結ばれたわけですね。それを結んで日本は独立を果たしました。

安保改定をめぐる国民の反発

ところがその最初の安保条約というのは日本に不利なものだった。**アメリカは日本に駐留しているけれど、日本を守る義務というのはありませんでした。**その一方で、日本国内で暴動が起きたら、アメリカ軍が出

サンフランシスコ講和条約
１９５１年９月、アメリカなどの48カ国と日本が結んだ条約。この条約の発効によって日本は主権を回復し、独立を果たす。

日米安全保障条約
日本とアメリカの間で結ばれた日米お互いの安全保障を約束する条約。まず、１９５１年に結ばれ、１９６０年には内容を改定した新安保が結ばれた。

動して、日本人の暴動をアメリカ軍がこれを軍事力で押さえ込むことができると、その最初の安保条約に書かれていたんですね。これを対等なもっと平等な条約にしたい、と考えたのが、岸信介《きしのぶすけ》という、安倍晋三《あべしんぞう》総理大臣のおじいさんですね。彼が、**安保条約の改定案をアメリカに認めさせ、新しい安保条約というのが締結されました。** しかし、国と国との約束の場合は必ずそれぞれの国の議会が、批准といって、その条約を認めますよ、といって初めて条約が効果を持つわけです。そこで、日本の国会でその新しい安保条約を批准しようということになりました。

しかし、これに対してはアメリカ軍が引き続きいることになったら、戦争に日本が巻き込まれるのではないか、と心配する人たちもいて、**日本国内で賛成、反対の激しい対立が続いていました。そのときに当時の与党・自民党は、その新・安保条約を強行採決します。**

このとき、自民党は、警官隊を国会の議場に導入しました。警官隊が国会議事堂に入って、反対する議員をごぼう抜きすることによって強行採決したわけです。これに国民が怒りました。実は正直なところ、**新・安保条約のときには、与野党は対立していましたが、多くの国民はぴんと来なかったのですね。あまり新・安保条約のことがわからなかったし、興味関心もなかった**のです。しかしこうやって**強行採決されてしまった**

岸信介
日本の政治家（1896〜1987年）。第56代首相。安倍晋三現首相の祖父にあたる。佐藤栄作首相は実弟。

のを見て、民主主義の危機を感じた人たちが多かったわけです。日本は民主主義になったはずなのに、警官隊を導入して与党が勝手にこんなことを決めていいのか、許せないと思う人たちが、ここから、国会を包囲してデモをするようになりました。

与党による強行採決に民主主義の危機を感じた

このときに東京大学文学部の女子学生だった樺美智子《かんばみち》《こ》さんという女性が亡くなるんですね。これをきっかけに、反対運動が盛り上がるということになりました。よく歴史の教科書などで、60年安保のときに、新・安保条約に反対の人たちが国会周辺を取り巻いたと書かれています。それはそのとおりなのですが、**このときはもう新・安保条約が強行採決された後なのですね。**衆議院で強行採決されました。参議院は開かれません。そうすると、中学校の公民で習いましたよね、

安保闘争。1960年6月15日、国会構内で学生と警官隊が衝突。この衝突で東大生の樺美智子さんが死亡した。（写真：毎日新聞社／アフロ）

樺美智子さん
学生運動家（1937〜1960年）。東京大学文学部4年生在学中の1960年、安保闘争の抗議集会で警官隊と衝突して亡くなった。

衆議院の優越というのがあります。とくに外国との条約に関しては、衆議院で可決されれば、参議院がそれを審議しなくても30日たてば、これが成立します。ですから衆議院で強行採決されて、自然成立する前の30日間、多くの若者が民主主義の危機を感じて国会を取り巻いたということです。

いまになってみれば安保条約反対というよりは、そういう与党による強行採決によって民主主義の危機を感じた若者たちが抗議行動をした、そういうふうな歴史的な総括ができるのではないかということですね。こうして新・安保条約が成立をしました。

政治の季節から経済の季節へ

しかし、このときの大混乱の責任をとって岸信介は総理大臣を辞任するんですね。**岸信介本人には、野望がありました。それは、憲法第9条を変えて、自衛隊を軍隊にし、軍隊を持てる国にしたい、その第一歩としての新・安保条約であった**わけですが、志半ばにして彼は辞任を迫られたわけですね。現在の孫の安倍総理大臣は、おじいちゃんの果たせなかった夢を実現しようと思っている、こういうことになるわけですね。

岸信介総理大臣が辞任をして、その後は池田《いけだ》勇人《はやと》という人が総理大臣

衆議院の優越
日本の国会において、衆議院がもつ、参議院にはない優越的な権限のこと。法律案の議決や条約の承認はそのひとつ。

池田勇人
日本の政治家（1899〜1965年）。首相に就任した際には、「所得倍増」をスローガンに掲げた。

になります。岸信介という人は、かつては旧満州の官僚だった。大変優秀なのですが、どちらかというとイメージとしては暗いイメージの秀才タイプでした。

一方、その後の池田勇人という人は、若いころに大病をしたこともあって、大変な苦労人で、しかしまた非常にオープンで明るい。**総理大臣が代わったことによって、国内の雰囲気がガラリと変わります。**もうみんな政治のことはいいよね、政治で国内がこんなに分断された、もう政治は真っ平だ、この際もっと経済に力を入れたい。国内がガラリと変わるのですね。池田勇人総理大臣の下で、**日本は政治の季節から経済の季節に転換していく。**ここからやがて、**日本は高度経済成長に向かって歩みを進める。**

でも、いまになってみれば、あの60年の安保というのは、アメリカ側と一緒にやっていこうという勢力と、いやいやアメリカとばっかり行動していたら戦争に巻き込まれるかもしれない、ソ連や中国とも仲良くすべきだ、という勢力が日本国内で衝突をした。いわば**東西冷戦の代理の対立が日本国内で起きた。そういう総括もできるのではないでしょうか。**

column

東西冷戦終結の象徴
ベルリンの壁はどうして崩壊したのか

ベルリンの壁は1961年8月13日に建設されたのですが、崩壊したのは1989年11月10日です。当時、東ヨーロッパの国々は、ソ連の言うがままの国でした。自分たちの国だけで民主化運動を行うというのは過去に起きたことがあります。1968年、チェコスロバキアで、自分たちで自由な選挙をして、民主化運動をやろうとした。そうしたら、ソ連の戦車がやってきたんですね。全て踏み潰《つぶ》されてしまった。首都プラハでの民主化運動がソ連の戦車によって潰されてしまった。これを当時、「プラハの春」と呼びました。ちょうど冬から春にかけての民主化運動で、束の間の春だったのですね。しかしこれが踏み潰されてしまった。

さらにそれより前には、ハンガリーでも同じような民主化運動、自由化運動があったのですが、これもソ連によって踏み潰されました。ハンガリー動乱と呼ばれました。そういうことが続いてきたので、東ヨーロッパの国々は、自分たちだけで民主化しようとすると、やがてこれはソ連によって押し潰されてしまうという危機感があったのですね。

プラハの春
1968年に、チェコスロバキアで起きた民主化の動きのこと。結局、ソ連が軍事介入し、民主化の動きを押さえ込んだ（チェコ事件）。この後、民主化を求める動きを、○○の春という呼び方をするようになる。2010年に始まった「アラブの春」がその一例。

ゴルバチョフが進めた自由化路線

ところがソ連に、**ゴルバチョフという人が現れました。**ゴルバチョフは、**それぞれの国が自由にそれぞれの道を選ぶべきだ。**どのような道を選ぼうと、ソ連は戦車でそれを踏み潰すようなことはしない、と。それによって東ヨーロッパの国々で、次々と自由化が始まるようになります。

最初に自由化が始まったのはハンガリー。ハンガリーはオーストリアと国境を接しています。オーストリアとハンガリーの間の国境線に鉄条網がありました。ハンガリーの首相は、それを見て、**もうわれわれは自由の国になったのだから、こんな国境の鉄条網なんか撤去すべきだ、と鉄条網を取り外しました。**これにより、ハンガリーの人がオーストリアに自由に行けるようになりました。それに目をつけたのが東ドイツの人たちです。なんとしても西ドイツに行きたいけれど、ベルリンの壁があって行けない。でも、隣のチェコスロバキアは同じ社会主義の国だから、ここには自由に行ける。そして、ハンガリーも社会主義の国でしたから、チェコスロバキアを通れば、ハンガリーに行くことができる。ハンガリーまで行って国境線を越えれば、オーストリアに行ける。オーストリアで西ドイツ大使館に逃げ込めば西ドイツに行ける、というわけです。

ハンガリーとオーストリアの間の鉄条網を撤去した途端、大量の東ドイツ

ハンガリー動乱
ソ連のスターリンの死後、ハンガリーで起きた反共産主義の動きのこと。

ゴルバチョフ
ミハイル・ゴルバチョフ（1931年～）。ソ連の政治家で、ソ連最後の最高指導者となった。ソ連共産党書記長に就任し、ペレストロイカ（改革）とグラスノスチ（情報公開）を進めた。

国民がチェコスロバキアからハンガリーに旅行に行くようになり、そのまま西ドイツに行くようになりました。慌てたのは東ドイツ。このままでは国民がいなくなってしまう、というわけで、そもそもチェコスロバキアに行けないようにしました。今度は東ドイツの国民が怒ります。国内で反政府の活動が起こります。

とうとう東ドイツの政府としても、国民の怒りを抑えきれなくなります。結局、西ベルリンに行けるようにすると発表しました。それを、東ドイツのテレビ局が放送しました。東ベルリンの市民は誰も動こうとはしませんでした。しばらくしてその放送を聞いた、西ベルリン、西ドイツの放送局が、同じ放送をしました。途端に東ベルリン市民が家からどっと出てきてですね、

ベルリンの壁に殺到し、ベルリンの壁があっという間に崩壊してしまった。なぜそんなことになったのか。東ドイツの放送局は政府の言い分しか伝えない放送局でした。東ドイツの国民はこの放送局を信用していませんから、誰も、見たり聞いたりしていなかった。みんな、西ベルリンのテレビやラジオを見ていた。だから東ドイツの放送局が自由に西ベルリンに行けますよ、と言っても誰も気がつかなかったのです。**西ドイツ側が放送して初めて、みんな外に出てきたという、非常に皮肉な事態になったということですね。**

東ベルリンの市民が西ベルリンに行って、真っ先に買い求めたのは何だと思いますか？　実はバナナなのです。バナナなんてそんな高級品、とても手に入らなかった。やっと、ベルリンの壁が崩壊して、バナナが食べられる、という喜びになった。そして今度は東ベルリンの車が西ベルリンに自由に行けるようになりました。とてつもない排出ガスをもたらす車が西ベルリンにやってきます。東西に分かれている間、かつて同じベンツだった会社が、東西に分かれたら、西ドイツはあのいまのベンツになり、東ドイツは、何十年間もトラバントという小さな車をつくり続けた。中を開けて見たらね、なんと段ボールが使われていたんですよ。**トラバントが入った途端、西ベルリンは大気汚染で大騒ぎ、ということになりました。いかに社会主義が経済的にうまくいかなかったかという象徴になっているの**ですが、それはまたあらためてお話ししましょう。

ハンガリーの現在

シリアなどからの難民問題に揺れるヨーロッパ。EUへの難民・移民阻止のために、2015年9月、ハンガリーはセルビア国境を封鎖した。ベルリンの壁崩壊のときとは逆の動きとなってしまったといえる。

lecture 4

日本はなぜ高度経済成長を実現できたのか

奇跡といわれる高度成長。
日本がなぜ、
これを実現することが
できたのでしょうか。

これまでは日本が廃墟《はいきょ》の中からどうやって立ち上がってきたかという話をしました。**今度は高度経済成長ですね。**日本はお隣の朝鮮戦争によって経済発展の手がかりをつかみました。そこから、経済がどんどん発展していく、今日はそういう話をします。

「公害」ならぬ「黄害」？

さて、この数十年、日本がどれだけ経済が発展してきたかというひとつの例を紹介しましょう。私が大学生のころ、日本全国、貧乏旅行をしていたのですね。いまのJR、当時は日本国有鉄道、この国鉄を使いました。

たとえば中央《ちゆうおう》本線に乗ります。松本《まつもと》から新宿《しんじゆく》に向かって乗ると、東京の八王子《はちおうじ》くらいで車内アナウンスが流れるんです。「ここから先、トイレの使用はご遠慮ください」と。どうしてそんな車内アナウンスが流れたと思いますか。ご年配の方はわかりますよね。若い学生さん、どうですか。松本から長野県内、あるいは山梨県内を走っているときは、普通にトイレを使えていたのですね。それが東京の八王子から立川《たちかわ》のあたりになると、トイレの使用はご遠慮ください、となる。その前にトイレはすませておかなければいけなかった。さあ、どうしてでしょうか。クイズみたいなものですが。まあちょっと若いみなさんは想像を絶しますかね。

学生M：垂れ流しだった？

池上：はい、そのとおりです。垂れ流しだったのですね。

　トイレに行って下をのぞくと線路が走っているのが見える。そこにそのまま垂れ流しをしていました。ですから、**住宅密集地でトイレを使うと、沿線の洗濯物に黄色い斑点《はんてん》がつく**わけですね。これを**黄害＝「こうがい」**といいました。ですから、沿線の人たちに被害が出ないように、都心に近づくとトイレは使わなかったのです。いまから考えればとても考えられないような衛生観念だったということです。

日本人は昔から清潔だったわけではない

　東京オリンピックが１９６４（昭和39）年に開かれました。その前に、これからは外国からのお客さまを迎え入れるのだから、**町をきれいにしようという一大運動が起こりました**。町じゅうでそこらにぺっぺっと痰《たん》を吐かないように、という一大キャンペーンです。国鉄の各駅のホーム

東京オリンピック　１９６４年10月10日〜24日に日本の東京で行われた第18回夏季オリンピック。ちなみに、１９４０年の夏季オリンピックが東京で開かれる予定だったが、日中戦争のため開催権を返上している。２０２０年には、２回目となる東京での夏季オリンピックが開かれる。

には、白い陶磁器の痰壺《つぼ》というのが置かれて、**「痰はここに吐きましょう」という一大キャンペーン**がありました。信じられないでしょう？みんな、**ゴミは道路にポイポイ捨てていた**のですね。それが１９６４年、外国からお客さまが来るときに、町じゅうゴミだらけではみっともない。ゴミは町に捨てないようにちゃんと持ち帰りましょう、あるいはゴミ箱に捨てましょうという**一大キャンペーンが張られ、やがて日本全国、町がきれいになっていった**のです。

いまでこそみなさんは当たり前、日本は昔からそうだと思っているかもしれませんが、そうじゃないのですね。**高度経済成長、とりわけ東京オリンピックをきっかけに、日本は劇的に変わり、人々の意識も変わっていったのです。**

さまざまな保護、規制によって守られて日本は経済が発展

では、日本はどうしてそのように高度経済成長が実現できたのでしょうか。さあ、こういう理由があった、と何か言える人いますか？　いろいろな理由がもちろんありました。でもたとえば日本がここまで高度経済成長できるようになったきっかけ、背景、条件となったもの。さあ、何があるでしょうか。

学生N：朝鮮戦争による朝鮮特需がきっかけ。それも大きな要因だと思います。

池上：うん、もちろんそうですよね。それ以外には？　どうだろうか。

学生N：GHQの命令によって財閥解体や公職追放があって、世代交代もあった。それが高度経済成長につながったのかなと思います。

池上：わかりました、はい。ありがとう。

　うん、大きな要因だよね。高度経済成長に行く結果だけどその準備ができたというわけだよね。では、そのような高度経済成長がなぜ実現したのか。

　かつてソ連の最後の共産党の書記長だったゴルバチョフがアメリカに行ったときに、**世界で最も成功した社会主義国は日本である**、と発言したことがあります。社会主義国であるソ連のトップがそういう発言をしたのです。

　どうしてか。そもそも社会主義の理想とは何か。労働者が主人公になり、労働者は働くことに喜びを持つ。みんな働くことに喜びを持って自ら一生懸命働く。それによって経済が豊かになっていく。これが社会主

ゴルバチョフ
↓159ページ参照。

義の理想だったわけです。ところが現実のソ連はどうだったのか。社会主義の国だったというのもありますが、**みんな働くのがいやいやだったのですよ**。働いても働かなくても給料は同じだから、なるべくサボったほうがいいよね、ということになった。結果的に経済は発展しなかった。日本は労働者たちが自分でしっかり熱心に働くわけでしょう。そして、経済が豊かになった。実に成功した社会主義だ、という言い方をされたのですね。

さらに言いますと、**日本は、経済5カ年計画という、計画経済をつくります**。ソ連も5ヵ年計画というものをつくり、さらに毎年毎年どれだけのことをするという計画を立てるのですが、結局全然うまくいかないんですね。

日本は政府が音頭を取って、経済5ヵ年計画というのをやり、結果的に成功した。さらに言うと**さまざまな規制があった**。あれをしてはいけないこれをしてはいけないという規制で日本はがんじがらめだったんですね。それによって、**いろいろな企業が成長するまで、保護してきた**。

ただし、これは時代によって変わるわけです。今度は規制があるがゆえに、日本経済が十分発展できない——そういう時代も起きるようになるわけですが、**初期の、本当にまだまだよちよち歩きの日本経済は、さ**

経済5カ年計画
日本では、「経済自立5カ年計画」（1956〜1960年）以降、10個の中期計画が立てられた。池田内閣の「国民所得倍増計画」もそのうちのひとつ。

まざまな保護、あるいは規制によって守られて発展してきたのです。

空前の好景気を迎えた日本

朝鮮戦争のあと、１９５５年くらいからですね。日本経済はこれまでにない好景気を迎えます。こんな好景気は初めてだ、何か名前をつけよう。ということになり、こういう名前がつきました。**「神《じん》武《む》景気」**です。これは、日本の初代の天皇とされる神武天皇以来、最も景気がいいということで、こう名づけました。これが１９５７年まで続きました。

このあと、ちょっと経済が停滞したあと、１９５８年から、この神武景気をさらに上回る好景気がやってきました。神武天皇以来の好景気だとい

日本の高度成長時代の好景気

1955~1957年 **神武景気**	朝鮮戦争による特需。 三種の神器の出現。
1958~1961年 **岩戸景気**	大量生産・大量消費の時代へ。 三種の神器が全国に普及。
1963~1964年 **オリンピック景気**	1964年の東京オリンピック 開催での特需。
1966~1970年 **いざなぎ景気**	所得水準の向上。世界第2の 経済大国へ。3Cが普及。

っていたら、それよりもっと好景気になった。神武天皇より前から比べても景気がいいということにしなければならない。さあ、何があるのか。そこで神話を思い出しますと、天《あま》の岩戸《いわと》という日本の神話がありますよね。太陽の神様がむくれて岩の中に隠れて岩の戸を閉めてしまったので世界が真っ暗になった。なんとか神様に出てきてもらおうとその前でみんなで踊りを踊ったりして、大騒ぎをした。神様が何をやっているんだろうと思ってちょっと戸を開けてのぞいたところで戸を一気に開けて、これによって世界はまた明るくなったという、天岩戸神話。ここから、「岩戸《いわと》景気」と名づけました。1958年から1961年まででした。

その後、オリンピック景気をはさんで、また少し景気が悪くなるのですが、1966年から1970年にかけて、さらにもっと景気がよくなりました。さあ、なんて名づけようか。神武、岩戸までさかのぼったけど、もっと景気がよくなった。では、そもそも日本の国ができたときの国造り神話までさかのぼろうということになり、名づけられたのが「いざなぎ景気」です。伊邪那岐命《いざなぎのみこと》と伊邪那美命《いざなみのみこと》が結婚することによって日本という国を産み落としたという国造り神話ですね。ここまでさかのぼった。そもそも日本という国ができて以来、最も景気がいいというのがいざなぎ景気と呼ばれたということになります。このころは景気が非常

いざなぎ景気（いざなぎ超え）
実は、2002年から2008年2月まで続いた景気拡大は、このいざなぎ景気を超える長さとなった。

によくなっていった。

池田内閣が掲げた所得倍増

さあ、どうしてこのように景気がよくなっていったのか。そこで出てくるのが、**総理大臣が岸信介《きしのぶすけ》から池田勇人《いけだはやと》に変わったということです。**その前、東西冷戦が始まったなかで、岸内閣のときには日米安全保障条約（新・安保条約）をめぐって、日本国内で、東西冷戦の代理のような衝突が起きたわけです。それが、1960年、新・安保条約が成立し、岸内閣が退陣し、池田勇人が総理大臣になります。**彼が打ち出したのが、所得倍増計画というものでした。**彼は最初に「月給2倍論」というのを打ち出します。これから、きちんとした計画を立てて経済を発展させれば、みんなの給料を10年間で2倍にすることができる。君たちの月給が2倍になるんだと、首相を取材している新聞記者たちに言っていたのですね。で、よしこれを政策にしよう、月給2倍ってやろう、と言ったら、世の中は月給をもらっている人ばかりではない。農家だったり、あるいは商店主だったり、あの人たちは給料ではない。だから「所得倍増」と言ったほうがいいですよ、ということになり、「所得倍増論」を打ち出します。その所得倍増論を発表したときにこのようなことを言っていま

池田勇人
↓156ページ参照。

所得倍増計画
1960年に池田内閣でつくられた経済計画。1961年度から10年間で所得倍増を達成することを目標にしたが、実際はもっと早く達成できた。

大阪で所得倍増論を訴える池田勇人首相（1963年）。（写真：毎日新聞社／アフロ）

す。

「設備がどんどん増えます。生産が伸びます。さあ、生産が伸びれば1人あたりの所得が増えます。所得が増えますと、政府が減税をいたします。生産が伸びれば所得が増額、所得が増加すれば減税をする、減税をすれば預金をする、預金をすれば、と雪だるま式であります」

はい、ということですね。これから政府がさまざまな設備投資をします。それによって企業の活動が活発になります。すると、みなさんの所得が増えます。そうすると税金がたくさん国に入ってきます。これまで以上にたくさんの税金が入ってくるから、国としては、お金はこんなにいらないよといって減税をします。そうするとみんながそれで買い物をします。また経済が発展します。という、どんどんそういう**よい循環になって、景気がよくなっていくんだ、ということを発表したわけです。**

そのブレーンになったのが、経済学者の下村治《しもむらおさむ》という人です。**適切な経済政策をとれば、日本は大きく経済が発展するという、下村氏のアドバイス**を受けて、池田内閣は所得倍増計画を打ち出すことになります。

「私は嘘を申しません」

余談ですが、当時、私は小学生だったのですが、選挙のさなかに、選挙運動でテレビのコマーシャルに池田勇人が出ていました。**「みなさんの所得がこれから倍になります。私は嘘を申しません」**。こう言ったのですね。小学生の私はびっくりしました。なぜこの人は「私は嘘を申しませんなんて言うんだろうか。総理大臣のような偉い人が嘘つくわけないだろう」と、小学生の私は思ったのですね。なぜわざわざ、当たり前のことを言うのだろう、と思っていたのですが、次第に大きくなってくると、政治家は嘘をつくものだということがわかってきました（笑）。

少なくとも池田勇人の所得倍増に関しては嘘ではなかった。10年間で所得を倍にすると言いましたが、**所得が倍になるまで10年かかりませんでした**。それよりもっと早く、国民の所得は倍になった。どうしてそうなったのか。

経済学者の下村治
日本の経済学者（1910〜1989年）。池田勇人内閣の経済ブレーンとして活躍。

インフラを徹底的に整備した

まずは、基本的にはインフラというのがありますよね。**道路を整備したり鉄道を整備したり、あるいは港湾施設を整備したり、ということ**を、まずそこに国がお金をつぎ込んだのですね。戦後、アメリカから日本の道路事情を視察に調査団が来ました。その後、調査団はアメリカに帰って報告を出しました。私はそれを見て衝撃でした。**「日本に道路はない。道路予定地しか存在していない」**。こういう言い方をしたのですね。つまり日本にはほとんど舗装道路がなかった。私たちが道路だと思っていたもの――アメリカ人にしてみれば、舗装していない道路は道路ではない、あるいは道路予定地だと思ったのです。それくらい落差があったということです。

では、戦前、日本にどれくらいインフラがあったのか。第2次世界大戦中の日本が世界に誇った戦闘機・零戦（れいせん・戦後はゼロ戦と呼ばれた）。零戦は名古屋《なごや》の工場でつくっていました。そしてそれを岐阜県の各務原《かがみがはら》の飛行場まで持っていって、そこで飛行試験をしていた。名古屋から各務原まで、できたばかりの零戦をどうやって運んだのか。牛車なのですね。牛が引く車に、できたばかりの零戦を積んで、そろりそ

零戦
零式艦上戦闘機。零戦（ぜろせん・れいせん）の略称で知られる。太平洋戦争中の日本海軍の主力艦上戦闘機。

ろりと運びました。当時は、舗装されている道路がまったくなく、でこぼこな道路ばかり。そこをトラックに載せていったら、振動で飛行機が壊れてしまう。なので、牛に引かせていったということです。当時、**世界で最も性能のいい零戦をつくる技術がありながら、牛に引かせないと飛行場まで持っていくことができなかった。それくらい日本のインフラは遅れていた**わけですね。

道路一本つくるだけで劇的な経済効果が！

まずは、道路の舗装を始めるわけです。そうなると、そこをこれまでよりはるかに速く自動車が走れるようになります。**物流が劇的に改善されます**。あるいは港、港湾施設をつくることによって、荷物を船に積んだり、下ろしたりということができるようになるわけです。あるいは水道、下水、そういうものを少しずつ整備していきます。**インフラ整備**といいますね。社会の基本になる「インフラストラクチャー」の略でインフラなのですが、社会的なインフラを整備することによって、企業活動がまずできるようにする、ということから始めるわけです。**いまでいうところの公共事業**です。いまですと公共事業に随分無駄があるといわれています。道路をつくっても誰も利用しない、結局無駄な道路だという

インフラストラクチャー
略称がインフラ。経済活動や社会生活の基盤となる施設や制度のこと。

ケースも多々あります。しかし、当時はそもそも道路らしい道路がなかったわけですから、道路ができれば当然多くの車が通るようになる。そうするとその車のためにガソリンスタンドができる。そこで働く人、雇用が生まれる。さらに、途中で休憩をしよう、食事をしようという人のためにレストランができます。そして、そこにまた大きな町ができていく。その道路を中心に町が発展していく、ということが起きたわけです。いまはそれがすっかり整備されてしまって、そこらじゅうに道路はあるし、レストランもあるわけですから、いま新しい道路をつくったところであまり効果はない。**でも当時はとにかく道路を一本つくるだけで、劇的な経済効果が見込まれたということですね。**

粗悪品のイメージから良質なものへ

それから、こういう問題もありました。そもそも1ドルが360円（107ページ参照）という非常に円安水準に設定されていたということがありますから、いろいろなものをつくっては、アメリカに輸出することができるようになるわけです。ただし、**当時「メイド・イン・ジャパン」というのは安かろう悪かろうの代名詞でした。**いまでこそ「メイド・イン・ジャパン」は世界中で本当に品質のいいものといわれます。

メイド・イン・ジャパン
日本で製造された製品を示す表記。これが時代によって、日本の商品の代名詞として使われた。いまや、高品質の代名詞だが、かつては粗悪品の代名詞であったことを覚えておきたい。

アフリカなんかに行っても日本から来たというと、ああ、あのトヨタが、あるいはソニーが、本当に品質のいいものをつくっている国だね、というイメージがありますが、終戦直後の「メイド・イン・ジャパン」は、それはイメージが悪かった。どうしてか。第1次世界大戦中、ひどいことをやったのです。

第1次世界大戦はヨーロッパが戦場になりました。そうすると、ヨーロッパではいろいろなものをつくることができません。結果日本から、ヨーロッパの国々などが大量の品物を輸入した。そうするとたとえば日本からシャツが届きます。シャツを着ようとすると、ボタンがぽろぽろぽろっと取れるんですね。シャツのボタンを糸で留めることをしなかった。糊《のり》で貼り付けただけ。見た目シャツに見えるようなものを輸出していた。あるいは水産物を日本から輸入します。荷物が重いものだったので、たくさんの魚が入っているのだろうと思って開けてみると、なんと、鉄の釘《くぎ》や鉄製の重しがいっぱい入っていて、重さを水増ししていたものがあった。信じられないような粗悪な仕事を、かつて第1次世界大戦中の日本はやっていました。その結果、**安いけど、粗悪品ばかり。これが「メイド・イン・ジャパン」というイメージになったのです。戦後、その評判を覆すためにいかに多くの人たちが努力・工夫をしたのか、とい**

第1次世界大戦
1914〜1918年に起こった人類史上初の世界規模の戦争。ヨーロッパが主な戦場となった。サラエボでのオーストリア皇位継承者の暗殺がきっかけに開戦。日本は日英同盟をもとに連合国側として参戦した。

うことですね。昔から「メイド・イン・ジャパン」の品物がよかったわけではありません。粗悪品の代名詞だったものを、**戦後みんなの努力によって大きく変えた**のですね。

エネルギー源が石炭から石油へ

それからもうひとつ、当時エネルギー革命というのが起きました。戦後はとにかくエネルギー源は石炭だった。それが、中東で石油が見つかります。石油というのは、そもそもアメリカで見つかり、それから東南アジアの一部で採掘されていました。しかし、中東では見つかっていなかった。第2次世界大戦後、サウジアラビアで大量の石油が見つかり、**一気にエネルギー源が石炭から石油に変わるようになるわけです。**これによってエネルギーが大きく変わり、**石油精製工場があちこちにできるようになりました。**もくもくと黒い煙を上げて、やがて公害問題を引き起こすわけですが。もともとの原油に熱を加える、いわゆる原油、石油がいろいろなものに分かれていきます。いちばん上の部分はガスに、それからガソリン、軽油、重油あるいはコールタール、あるいはナフサ。さまざまなものに分離していきます。そしてナフサからプラスチックができるわけです。**石油を使うことにより、自動車はガソリンで走るよう**

公害問題
経済活動を優先したがゆえに、環境が破壊され、人間にも害を及ぼす問題。詳細は次章・第5章へ。

になり、プラスチック製品がつくられるようになる。これはエネルギー革命によって石油精製工場ができるようになってからなのですね。

劇的な変化がありました。ゴミ箱がポリバケツ（商品名）になったのです。それまでは黒く塗った木製のゴミ箱が各家の前に置いてあり、その中にとりあえずみんなゴミを入れておくと、収集車が来て集めるという状態でした。それが、プラスチックができたことによって、いわゆるポリバケツ＝ポリエチレン製のバケツというものができるわけです。これによって、劇的に便利になりました。ゴミをゴミの収集車にそのままぽんと入れることができるようになった。

設備投資のための資金をどう準備する？

このようにエネルギー革命が起き、インフラ整備が進みました。そして、**工場が設備投資をしようということになると、多額の資金が必要です。**設備投資とはまさに経済学の用語です。**要するに工場を建て、従業員を雇い、そういうことにお金を使うことを設備投資といいます。**そのためには多額のお金が必要です。

でも、第2次世界大戦後の日本は貧しいですよね。銀行にしても、多額のお金を貸すだけのゆとりがない。昔の銀行では、期間が長めの定期

ポリバケツ（商品名）
ポリエチレン製のバケツのこと。ポリバケツは商標名。このバケツの登場でゴミ処理がスムーズとなった。

預金はありませんでした。銀行にしてみると、お客の預金は、いつ引き出されるかわからない状態。預金者がいつお金を引き出すかわからないから、長期間多額のお金を企業に貸すっていうことができなかった。すると企業が設備投資をできない。さあ、どうするか。**国を挙げて、預金・貯金をいたしましょうという一大キャンペーンが始まります。**

徹底的な預金キャンペーン

私が小学生のころ、子ども銀行というのがあったんです。これは、子どもでもちゃんと預金通帳をつくってくれる仕組みなのです。お年玉がもらえると、すぐに銀行に行って、子ども銀行預金に預金をする。とにかく、預金することが大切だ、将来に向かって預金をしましょう、という**徹底的なキャンペーンが張られるようになります。**いまでも、子どもたちが小遣いやお年玉をもらうと、すぐ預金しますといったりします。日本人は預金好きだと。しかし、**昔から預金好きだったわけではない。戦後、すり込まれたのです。**そのときに預金が大事、みんな将来に向かって預金をしましょう、少しでもお金が余ったら預金をしましょうという一大キャンペーンが張られた。それが、私たちにすっかりすり込まれたのです。よく「江戸《えど》っ子は宵越しの銭は持たない」といいます。あれ、

江戸っ子は宵越しの銭は持たない
江戸っ子（江戸の職人）は、その日に稼いだお金はその日のうちに使ってしまうこと。将来に備えて貯蓄するという発想がなかった。

本当だったのですよ。預金・貯金をするというそもそもそういう生活習慣がない人がほとんどだった。戦後ここから生活改善運動という形で、とにかく給料をもらったら、ひと月の間ちゃんと計画的に使って、途中でお金がなくなるなんてことがないようにしましょう。将来に向かって預金をしましょう、貯金をしましょうという一大キャンペーンが張られた。ここから多くの人たちがまず銀行に預金するということになったんですね。これが、いまはしっかりみんなに染み付いたのですね。

キッザニアに見る日本人の預金意識の浸透

みなさん、キッザニアというテーマパークをご存じですか? 小学生などが職業体験をするという施設が、いま、東京都・豊洲《とよす》と兵庫県・甲《こう》子園《しえん》の2カ所にあります。もともとキッザニアをつくった社長さんが、メキシコに行ったときに、メキシコにキッザニアという子どもたちがいろいろな職業体験をすることができるテーマパークがあって、これは面白いと、日本に導入したのですね。ここでは入場料を払って入ると、最初にそのキッザニアの中だけで使える子どもの銀行券というのを渡されます。これで、買い物をしましょう。あるいはそこで職業体験をすると給料がもらえる。それをまた使えます、そして、その中にはちゃんとし

キッザニア
2006年10月、東京・豊洲に1号施設がオープンした。現在、キッザニア東京(東京都・豊洲)と、キッザニア甲子園(兵庫県西宮《にしのみや》市)の2カ所ある。

東京・アーバンドックららぽーと豊洲の中にある「キッザニア東京」。メキシコ発祥。子どもたちが職業体験できるテーマパーク。

た銀行があります。キッザニア専用のATMがあって、ここに預金することも引き出すこともできるんですね。そこで何が起きたのか。メキシコの子どもたちはお金をもらうと、そこにいる間に全部使い切るんですよ。でも、日本の子どもたちは大事にとっておいて、最後に帰る前にATMに預金するんですね。国民性が出ていますね。預金通帳にはもちろん預金額が印字され、さあ、次のためにとっておこう、と帰っていくのですね。メキシコと日本では子どもたちの国民性がこんなにも違うのか、と社長さんが驚いていました。でもね、**預金して帰る。すると、また行きたくなるんですよ。結果的に、日本の子どもたちのほうがリピーターになっていくということなのですよ。**

話はそれましたが、**これほどまでに預金に対する意識が変わった、と**

いうことです。そして、それによって**大勢の人たちが銀行にきちんと預金をすれば、それをいろいろな大企業に資金を貸し出すという仕組みができていく**わけです。この意識づけがどれだけきちんとやれるかということなんです。いま、たとえば開発途上国で、なかなか経済が発展しないというところがあります。そういうところはやはり国民が、きちんと銀行にお金を預金しない、あるいはそもそも銀行を信用していないから預金をしないということがあるのです。結果的に銀行が資金不足で、これを企業に貸し出すことができない、経済が発展できないという状態になってしまいます。日本はこれが非常に成功したということです。

国がつくった融資の仕組み

でも、これだけではまだ銀行にしてみると短期の預金ですから、長期に貸し出すことができません。そこで国がそもそもその融資の仕組みをつくりました。それがこちら。

「**財政投融資**」です。

これは、郵便局に貯金をすると、郵便局がそのお金を、当時の大蔵省（いまの財務省）にそのまま貸し出す。そうすると今度は大蔵省が、日本政策投資銀行（前身は日本開発銀行）のような政府系の銀行を通じて、

財政投融資の流れ

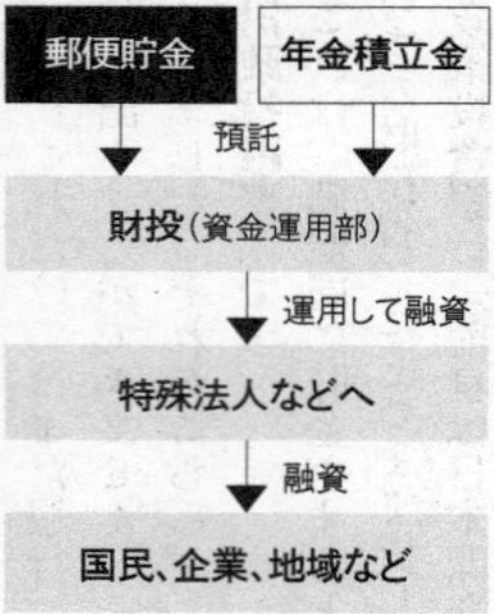

製鉄業や自動車産業といったところにお金を貸し出します。政府が間に入っているわけですから、みんな安心して郵便局に貯金をする。これで10年、20年と、長期間にわたって資金を貸し出すということができるわけです。**これによって多くの企業が長期間安定してお金を借りることができるようになっていきます。**

財政投融資というのは、みなさんあまり聞いたことがない言葉だと思います。いまは財政投融資の仕組みはなくなったからです。**最初はこれでよかったのですよ。**でも、最初はうまくいったけど**時代が変わるとうまくいかなくなるという仕組み、いろいろありますよね。**これもそのうちのひとつです。郵便局にお金を預ければ、それが必ずそのまま政府系の金融機関を通じて、いろいろなところに貸し出されていた。そのうち、民間銀行が次第次第に力をつけてくると資金を貸し出すことができるようになってくるわけです。**徐々に政府系の金融機関の競争力が失われてきます。**あるいはそもそも郵便局にお金を預ければ必ず利子が付くのだ、ということになって、**お金が集まりすぎて、貸し出す先がなかなか見つからなかったりする。**でも必ず郵便局に貯金をした人には利子を払わなければいけない。ということは結局、いろいろな企業に貸し出すときの金利も高くしないと、郵便局に貯金をしている人に利子が払えない、ということになってきて**次第にこれが機能しなくなっていきます。**

高度経済成長を支えた財政投融資

そこに現れたのが小泉純一郎《こいずみじゅんいちろう》という人で、「郵政民営化だ。郵便局を民間にしろ」と主張した。これは、財政投融資をやめてしまえ、ということだったのです。小泉首相誕生の前から、財政投融資の非効率が問題になり、**小泉首相が郵政民営化を実行に移す前から、財政投融資の制度は廃止されていました。**

しかし、**戦後日本が高度経済成長をする過程では、この財政投融資が効果を発揮しました。**企業が安定してたくさんの資金を借りることができる、これによって設備投資をする。先ほどの池田勇人の言葉どおりです。設備投資をし、生産が伸びる。給料が増える。またそれによって、モノが売れるというよい循環が続いていったということになります。当時、これをこういう呼び方をしました。

小泉純一郎 日本の政治家（1942年～）。2001年に第87代首相に就任。長期政権を築く。2005年8月のいわゆる「郵政解散」後の総選挙で大勝利を収めた。

郵政民営化 国の事業であった郵政事業（郵便、貯金、簡易保険）を民営化すること。2003年4月1日には、「日本郵政公社」となり、2007年10月1日に株式会社化された。

製鉄所の高炉。製鉄業が日本の高度成長を牽引（けんいん）していった。造船業が伸びた背景には、戦時中の戦艦大和建造の技術が生きたとも。大和の主砲製作の技術は回転レストランにも応用された。

「重厚長大」です。

とにかく重いもの。**造船などにどんどん投資が行われ、日本経済がこの分野からどんどん成長していった。**重いもの、厚いもの、長いもの、大きいもの。**いわゆる重工業ですよね。**

当時の製鉄、それから造船がどのようなものだったのか、当時のニュース映像で、このようなナレーションが流れていました。

「日本鋼管川崎《かわさき》工場では、今年も鉄をつくる人たちの張り切った姿が見られます。高炉でつくられた鋼は、巨大な鉄の塊にされて分解工場へ。そこでローラーにかけられ、圧力鍛錬されて、思いのままの形に変えられます。さらに最新式の熱間圧延機《ねっかんあつえんき》で薄くのばされます。薄くされた鉄板は自動的にせん断されます。また、製鉄所と直結した造船所では、今日も大型船の建造が進んでいます。いよいよ待望の進水式。美しく飾られた新造船は鉄に生きる人たちの希望をのせて新年の大海原へ華やかに船出していきます」

ナレーションもなかなか時代がかったコメントですね。いま、こんなナレーションはないですね。いまのは、日本鋼管川崎製鉄所のことでした。川崎ですよね。あそこで鉄をつくって、そのまま造船所で船をつくってどんどん海外にこれを輸出していったということです。**やがて日本が造船大国になっていくわけです**。

そもそも日本は船をつくる技術が昔からあったわけです。第2次世界大戦中には、戦艦大和《やまと》や武蔵《むさし》をつくり出した。それだけの技術があるわけです。だから戦後日本が高度経済成長をした。政策がよかったということはありますが、**そういう技術が残っていたということも大きかったわけです**。こうして製鉄業、造船業がどんどん伸びていきました。

給料がどんどん上がり始めた

では、当時のサラリーマンの年収、ＧＤＰ（国内総生産）がどうなったのかというのを見ましょう。まずは、サラリーマンの平均年収の推移です（１８８ページの図参照）。

１９５５年、年収が18万５０００円でした。もちろんインフレで物価

戦艦大和や武蔵
大日本帝国海軍の戦艦。主砲の口径や排水量などは世界最大だった。大和型一番艦が大和、二番艦が武蔵。三番艦・信濃《しなの》も当初は戦艦の予定だったが、戦況の悪化から空母へと変更された。

GDP（国内総生産）
日本の国内で、1年間に生み出された生産物やサービスの金額の合計のこと。Gross Domestic Product

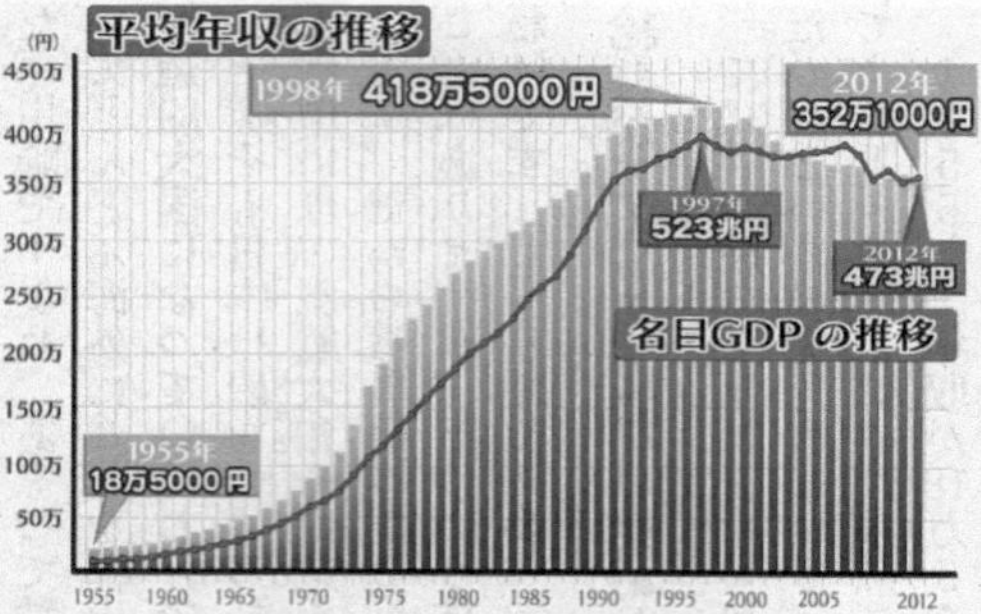

平均年収と名目GDPの推移。高度成長期に急激に伸びたが、1997、1998年を境に減少期へと移った。

が上がっていったということがありますが、私が就職した1973年を見てみましょう。NHKでの初任給は6万8000円でした。この後、**オイルショックが起きてインフレが激しくなり物価がどんどん上がります。物価が上がるのに合わせて給料が上がり始めます。**初任給は6万8000円でしたが、翌年これが8万円になりました。1万2000円も増えたのです。非常にインフレが進んだということがあるのですが、その後、どんどん給料が上がるのですね。会社では出世をすれば給料が上がります。

それ以外に、**社員の給料全体を底上げすることが続きます。**これをベースアップといいます。給料の全体のベースをアップしよう。略して「ベア」といいます。**毎年春に、春闘《しゅんとう》が行われました。**4月の新年度か

オイルショック
1973年と1979年に起こった、原油価格の高騰による経済混乱のこと。

ベースアップ
給料の基本の部分（＝ベース）そのものの金額を上げるということ。

ら社員の給料を上げろ、という要求です。**労働組合が、「スト決行」「首切り反対」「賃上げ要求」、と、やるわけですね。**日本経済がそもそも成長しているわけですから、企業側もこの要求をある程度のんで、給料が上がっていくことになりました。で、ここで、日本の場合は、春闘、春の闘いといいます。

毎年春になるとストライキ!?

いまはもうすっかり廃れてしまいましたが、春闘とはどういうことか。**日本の労働組合は、企業別労働組合なのですね。**それぞれの会社ごとの組合。これがアメリカやヨーロッパですと、産業別の労働組合なのですね。たとえば自動車産業の労働組合ですと、アメリカなら、GMやフォード、クライスラーなどそれぞれの企業に関係なく、みんなが同じ自動車産業の労働組合に入っている。そして一斉に給料を引き上げろという要求をします。会社側がそれに応じなければ一斉にストライキに入るんですね。自動車生産のラインを止めてしまって、会社側に圧力をかけて給料を引き上げようということをやるわけです。日本は企業別の労働組合です。ですから、たとえばトヨタ自動車、日産自動車、ホンダと、別々に労働組合があるわけです。それぞれがたとえばどこかの自動車会

ストライキ
労働者が、労働条件の改善などを求め、労働を行わないことで抗議すること。

社の労働組合が、給料を引き上げろといってストライキに入って生産がストップする。すると、ライバル会社の自動車がたくさん売れてしまう。結果的にそこの会社は、給料を引き上げようって労働組合がストライキをやったことによって商品が売れなくなって、会社が潰《つぶ》れてしまうかもしれない。こうなるとみんなでなかなかストライキに立ち上がれない。

そこで考え出したのが、春闘。みんなで一緒にやりましょう、ということなのですね。それぞれはライバルだけど、自動車産業というところで働いている労働組合として、みんなでそれぞれの企業に給料の引き上げを要求して、認められなかったらみんなでストライキをしましょう、そしたら抜け駆けがないよね。これが日本式の賃金引き上げ交渉でした。

日本の場合、4月から給料が年功序列で上がっていきます。1年たつと給料がちょっと上がる。いつも4月に給料が上がるから、そもそものベースから金額を引き上げてほしい。この要求を2~3月に行います。これが風物詩になっていました。**毎年春になるとこうしたストライキが頻繁に起きました。**国鉄や私鉄もストライキを行います。いま、鉄道がストライキで止まるなんてほとんどありません。でも、昔はごく当たり前だった時代なんですね。そして、給料を引き上げろと要求すれば、会社側はそれに応じてくれた。**毎年給料は上がるものだ。右肩上がりに上が**

るとみんなが信じることができた。大変幸せな時代だったわけです。

好循環が支えた高度経済成長

先ほどのグラフ（188ページ）をもう一度見ると、**1990年代に入るまではとにかく給料は毎年上がり続けたわけです。**そうなると、たとえば、みんな計画を立てる場合でも、これから給料が上がっていくのだから、マイホームを建てよう。お金が足りなければ住宅ローンを組もう。いまは返済が大変かもしれないけど、給料はこれから上がっていくから、そのうち返済が楽になるよね、といって住宅ローンを組む人がいっぱいいたわけです。マイホームブームが起きますよね。自動車も、高級車はなかなか手に入らないけれど、これから給料が上がっていくわけだから、ローンを組めば買えるよね、といって自動車もローンで買う人が出てくる。そうなれば、消費が伸びます。消費が伸びれば、当然企業はさらに生産を増やしてもいいな、といってまた、設備投資をします。設備投資をすれば、設備投資のためのセメントや鉄鋼などがまた飛ぶように売れる。そこで働いている人たちの給料が上がる。**まさによい循環、好循環がどんどん続くようになった。これが高度経済成長ということになります。**

住宅ローン
住宅を購入、建築、増・改築などをする際に、不足するお金を金融機関から借りる（＝融資を受ける）こと。

その結果、給料が上がるのに合わせてGDPも上がります。GDPには名目GDPと実質GDPがあります。名目GDPというのはあくまでその金額です。これを見ると、たとえば2000年代からずっと名目GDPは下がっていますね。いわゆるデフレの影響です。デフレですから名目GDPは下がっていますが、実質でいうとそれほど下がっているわけではない。では、今度は名目GDPと平均収入を重ね合わせてみましょう。毎年給料は増え続け、日本のGDPもずっと上がっていく。**1997年あたりまでは、1人ひとりも豊かになり、国も豊かになるという非常に幸せな時代が続いてきたわけですね。**

みんなが今年は苦しくても、来年はもっとよい時代がくる、来年はもっと給料も増える、もっといろいろなモノが買える。明るい未来を夢見ることができた時代です。その結果、さまざまな消費ブームがやってきます。

三種の神器を手に入れたい！

最初の消費ブーム。左のイラストにある3つを称して三種の神器《じんぎ》といいました。本来の三種の神器は天皇が天皇である証拠としての3つの宝物という意味です。このときに、とにかくよく売れたもの、さあ、なん

名目GDPと実質GDP
名目は、実際に市場で取引されている価格に基づいて算出される数値。実質は、物価の上昇・下落を考慮した数値。

だかわかりますか。
「白黒テレビ」「冷蔵庫」「洗濯機」です。
洗濯機の上の部分を見てください。何か変な形のものがついていますよね。これは脱水装置ですね。まず、洗濯物と洗剤を入れて洗います。ある程度洗ったら今度はすすぎの水にかえて、洗剤を全部洗い流す。きれいになったら、服をこのローラーにかけて取っ手をぐるぐる回して通す。水気が取れたら物干し竿《ざお》に干したのですね。小学生のときにはよく手伝わされました。グイグイ回して脱水をする。初期の洗濯機はこんなレベルです。

若い方は、原始的な印象を受けるかもしれません。**でも、このちょっと前までは洗濯板で洗っていたわけです**から、それを機械に入れて水を入れ、洗剤を入れれば、

「白黒テレビ」「冷蔵庫」「洗濯機」が三種の神器。そして憧れの住まいは団地だった。

三種の神器
そろえていれば便利で役に立つ、理想的だと考えられる商品を、天皇家の三種の神器になぞらえて、3つあげたもの。

多摩ニュータウンは、東京都稲城（いなぎ）市、多摩市、八王子市、町田（まちだ）市にまたがる多摩丘陵に計画・開発された日本最大規模のニュータウン（新たな市街地）。（写真：久保靖夫／アフロ）

勝手に洗濯をしてくれる。**当時の主婦たちにとっては劇的に生活が楽になるわけですよ。**ご飯だって電気釜《がま》がなかった時代です。**一日のほとんどは家事で潰れていたわけです。**女性が働きに出るなんて、時間的にありえないような時代だったのです。

そして後ろに、団地と書いてあります。次々に高層の団地ができるようになりました。これが憧《あこが》れの的だった。ああいうところに住んでみたい。木造のオンボロの住宅ではなくて、**コンクリートの建物に住んでみたいと。**

代表的なのは東京の多摩《たま》ニュータウンです。多摩の丘陵地帯を切り開いてできました。**当時の引っ越しはリヤカーに荷物を積んでいました。**宅配便や運送業がまだほとんどない時代です。引っ越しというと、一族をあげて、あるいは友人たちに頼んで引っ越しをする。そんな状態だったのですね。

団地
住宅を、計画的に大規模に建てた区域のこと。

さて、マイホームを持ちますね。すると当然、テレビが欲しくなる。テレビを買う。あるいはソファが欲しい。机が欲しい、椅子が欲しい。**次々に消費ブームが巻き起こるのですね**。では、**冷蔵庫を買うと何が起きるのか。その家の食生活、消費活動が劇的に変わります**。冷たい飲み物が飲める。そう、ビールです。ビールを冷やして飲むとこんなにおいしいのかということを初めて知るんです。それまでビールというのは生ぬるいものでした。いまから30年ほど前、中国に行くとビールって冷やしていなかった。生ぬるいもので、これがビールだと中国の人たちは思っていた。いまの中国には、冷蔵庫がちゃんとある。冷蔵庫でビールを冷やすとおいしいわけですよ。初めてビールがおいしいとわかると、ビールが爆発的に売れるようになるんですね。当時の日本も、**冷蔵庫が入ることによって、ジュースやビールが劇的に売れるようになったのです。**

あるいは**テレビでコマーシャルを見れば、それを見て買いたくなるわけです**。そこで初めて消費意欲に火がつくわけですね。テレビコマーシャルをやっているのを見て、それを買いに行こうということになってくるわけですね。

リヤカー
当時は引っ越し業者などはなく、自らがこうしたリヤカー（自転車や人力で引いて荷物を運ぶための荷車）を使用した。

自動車産業の発展に力を入れた

先ほど、日本はさまざまな経済に関する計画を立てたといいました。日本が大きく発展する上で、いちばん基本的な、大事な産業は何だろうか。**先進国であるためには、自動車を自分たちの国でつくれなければいけない。こう考えたのですね。**世界中の国全てが自動車をつくっているかというと、そうではない。自動車をつくれない国はいくらでもあります。逆に言えば、**自動車をつくっている国は、先進国の仲間入りだと。**自動車産業がやはり基礎、基本になるわけですね。たとえば1台の自動車。自動車によって違いますが、ある程度大きな自動車だと部品がだいたい1万点あります。1万点もの部品をそれぞれきちんとつくって組み合わせなければいけないわけです。そうすると、**自動車工場以外に、産業の裾野《すその》が非常に広くなるわけです。**よく自動車工場といいますが、あれ、本当は、自動車の組み立て工場なのですね。それぞれの関連会社や取引先が、ハンドルとか、タイヤとか、ガラスとか、そういうものをみんなそれぞれがつくって、工場で組み立てていくわけです。**経済が成長する上で、自動車産業というのは非常に大きな役割を果たした。**そこで日本は、政府として、自動車産業をとにかく育成しようとします。日本政府は、国民みんなが自動車を持てるようにしなければいけない、自動車がたくさん売れれば自動車産業がやっていける。みんなに売れるようにするためにはどうしたらいいだろうか。

そこで、**１９５５年、国民車構想を打ち出します**。どんなものか。最高速度が時速１００km出ること。いまだと笑ってしまう話ですが。それから、４人乗れること、エンジンの排気量が３５０〜５００ccのもの。いまはどんな大衆車でも１０００ccとか１２００ccです。それだけの大きなエンジンをつくる力が日本はまだなかったのです。

さらに言いますと、先ほど零戦の例を挙げましたが、零戦はものすごく軽かった。非常に運動性能がよかった。それは、実は日本は強力なエンジンをつくる力がなかったからなんですね。強力なエンジンを積んでいれば、軽い機体にする必要はなかったわけです。でも、強い大きな力を持ったエンジンをつくることができなかった。力の弱いエンジンしかつくれなかった。それを自在に飛ばすためには機体を軽くしなければいけない。そのためには、燃料タンクを本当だったらゴムで覆って、弾が当たっても燃料タンクが火を噴かないようにしなければいけないのですが、少しでも軽くしなければいけないから、燃料タンクを守ることができなかった。だから、空中戦になって、アメリカ軍の銃弾が当たれば、あっという間に火だるまになって墜落したわけです。あるいは本当だったら、パイロットを守るために後ろに鉄板を張らなければいけない。ですが、それだと鉄板を張る分、重くなるわけです。だからそれも取り外しました。だから空中戦になって、パイロットに弾が一発当たれば、それで飛行機は墜落する、ということになったわけです。とにかく極力機体を軽くする。パイロットの安全性を考えないで、究極まで軽くする。その結果非常に運動性能はよくなった。でもそれは、大きなエンジンをつくることができなかったからです。アメリカは、巨大な航空用のエンジンをつくることができました。機体が重くても、十分飛べたわけです。だから燃料タンクにはゴムを張り、パイロットの背中には厚い鉄板を張ってパイロットの命を守る、こういうやり方をしました。

エンジンをつくる技術が日本はまだまだ劣っていた。だからこのときも、国民車をつくるといっても1000ccを超えるようなエンジンはなかなかつくれなかった。せめて、350~500ccのものはつくってくださいよと。そして、大きな修理がなくても、10万km以上走れること。当時は簡単に故障していました。だから、故障せずにとは言わずに、大きな修理をしなくても10万km以上走れること。販売価格は25万円以下であってほしい。**25万円とは、当時の平均的なサラリーマンの年収でした。**

平均的なサラリーマンの年収で買えるものをつくってほしい、各社にこう提議をしました。

初めての国民車の誕生

最初にこれを実現したのは、富士重工のスバル360です。このスバル360、名前のとおり360cc。日本の最初の国民車としてつくられた。もちろん**これよりもう少し性能の高いものもありました。しかし、あまりに高額すぎたんですね。**かくいうスバル360も結局できたものは42万5000円でした。いまの物価水準にすると約600万円です。

次にその後を追ったのがホンダ。ホンダ360です。スポーツタイプのオープンカーです。これは2人乗りですね。最初はこのレベルから始まりました。

日本初の国民車、富士重工業の「スバル360」。写真は「スバル　ビジターセンター」でのもの。（写真：毎日新聞社／アフロ）

その後、トヨタは排気量が1000ccのコロナ、日産自動車も同じ1000ccのブルーバードというのを出します。コロナとブルーバード、頭文字をとってBC戦争と呼ばれました。このあたりからトヨタと日産が激しい競争をすることによって、どちらもどんどん自動車をつくるようになってくる。これに対応して、トヨタが愛知県に巨大な工場をつくりました。愛知県の挙母《ころも》市ですね。愛知県の挙母市に巨大な自動車工場をつくりました。これを見て挙母市の人たちは、挙母市といってもみんなどこにあるのかよくわかってもらえないだろう。トヨタの工場があるということがすぐわかるようにしよう。**市の名前を豊田《とよた》市に変えた。いまの愛知県豊田市です。**

その後、いわゆるモータリゼーションが来て、トヨタの戦略が大当たり、ここから大きく成長していくわけです。自動車産業が成長すれば、周辺のさまざまな産業が発展していくことになります。

しかし、いいことばかりではなかったのですね。その結果、まだきちんと道路が整備されていないまま、自動車ばかりが増えました。その結果何が起きたのか。

愛知県の挙母市
かつては養蚕や製糸業で栄えた町だったが、自動車工場を誘致し、自動車の町へと転換した。1959年に市名を「豊田市」に変更した。

モータリゼーション
自動車が生活必需品として国民の間に普及していくこと。自動車の大衆化と言える。

交通戦争が起こった

道路に車があふれました。横断歩道はありましたが、信号機はありません。「止まってください」と言っても、自動車は止まりません。結局、自動車の間を縫って走っていく。ギリギリのところを歩くわけです。**いま開発途上国に行くと、横断歩道も信号機もないのが当たり前です。実は昔は日本も同じ状態だったのですね。**これによって大勢の犠牲者が出ました。毎年2万〜3万人もの人が亡くなる状態がずっと続いたということです。**自動車はたくさんできたけれど、道路の整備が追い付かなかった。運転のモラルが極めて低かったのです。**歩行者のことなんか何も意識しないで自動車が突っ走る、という状態です。

いまでもたとえば、中国に行ったり、あるいは東南アジアに行ったりすると、自動車が止まってくれない。道路を渡るのがもう命がけ、という状態があります。遅れているなあと思うかもしれませんが、**1960年代の日本は同じ状態だったということですね。**

新・三種の神器＝3Cの登場

その後、自動車が売れることによってさらに消費ブームが加速します。

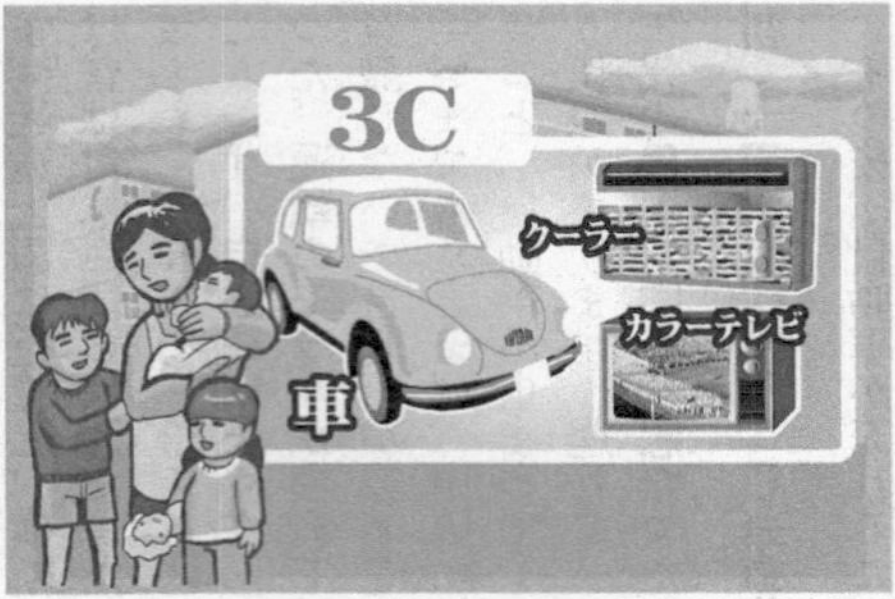

三種の神器がグレードアップした3C。「自動車」「クーラー」「カラーテレビ」の3つ。

そうすると、今度は三種の神器がさらにグレードアップして、3Cという言葉が生まれるようになります。**「自動車、car」、「クーラー、cooler」、そして、「カラーテレビ、color television」です**（上のイラスト参照）。これを持つのが各家庭の夢になるわけです。いま、エアコンといいますね。エアコンディショナーの略ですが、当時はクーラー、冷やす能力しかなかった。しかし、それこそ、大変な騒音が出るんですよ。わんわんわんわん音がしたものです。

カラーテレビは東京オリンピックを境にみんながカラーテレビを買い求めるようになってきました。そして先ほど言いましたように**日本が高度経済成長になる、飛躍するきっかけになったのは１９６４年の東京オリンピックでした。**

ハエ取り紙が当たり前の時代

東京オリンピックに向けて、街をとにかくきれいにしなければいけないということになりました。長距離列車のトイレの垂れ流しが実はまだ続いていた時代です。**水洗トイレはまだどこにもありません**から、汲《く》み取りの車、バキュームカーが来るわけです。バキュームカーが近づいていることは、相当遠く離れたところでも臭いでわかったものです。バキュームカーでトイレのし尿を汲み取っているところが、外国から来たお客さまに見られたら恥ずかしい、東京オリンピックの開会中は実はし尿の汲み取りをやめたのですね。ありとあらゆるところがハエだらけでした。家の中に、ハエ取り紙というのがありました。油紙のような接着剤がついていて、ハエが触れるとそのままくっついて動けなくなる。ハエ取り紙というのは各家庭どこも各部屋に1枚ずつぶら下がっていて、子どもがついうっかりそこにくっついちゃう、というようなことが起きました。あるいは食卓に網で覆いをしたりして、**ハエがご飯にたからないようにする、あるいはハエを追い払いながら食事をする。これが日本の1960年代の一般的な普通の光景だった。**ちょっといまでは信じられないような状態かもしれません。

バキュームカー
真空ポンプで液状のもの（し尿、汚水など）を吸い込み、運搬する車のこと。し尿を回収する車は、くみ取り車、し尿収集車などとも呼ばれた。

偽物のアイスクリームを食べていた!

余談ですが、1962年、ロバート・ケネディが来日したときの話です。アメリカ大統領のジョン・F・ケネディの弟です。ジョン・F・ケネディが暗殺された後、彼もアメリカ大統領選挙に出ようとしましたが、大統領選挙の運動中に、彼もまた暗殺されてしまいます。その彼が来日した際に、早稲田《わせだ》大学で講演を行いました。そのときのやりとりが衝撃的で私はいまでも覚えています。小学校6年生のときです。講演後、学生からの質疑応答がありました。「あなたのエネルギッシュなパワーのもとは何ですか」と聞いたんですね。すると、「それはアイスクリームです」と答えた。びっくりしましたね。なぜか。

当時の**私たちにとってアイスクリームとは、色のついたジュースを凍らせたものでした。**そんなものがどうしてエネルギーになるの?ということになり、いや、アメリカでアイスクリームというのは、乳脂肪分が8%以上あるきちんと牛乳を原料にしてつくったものだとわかった。**私たちが食べていたものは偽物だったのだということが話題になりました。**この出来事から、**日本でも食品の表示をきちんと整えよう**ということになりました。それ以降、乳脂肪分8%以上のものをアイスクリーム

ロバート・ケネディ ジョン・F・ケネディ大統領の実の弟（1925〜1968年）。兄と同じく民主党の大統領候補に出ようとするも暗殺される。

と呼ぶ、という基準ができたわけです。

いま、よく、アイスクリームらしいものを買っても、アイスクリームって書いてあるものもありますが、ラクトアイスと書いてあるものもあります。これは、乳脂肪分が8%ないわけです。**こうした食品の基準が、このころから少しずつ整理されたということです**。最近、食品の偽装問題が話題になりましたが、当時はよくあったのですね。

たとえば、**牛肉のうま煮風**というのがありました。もちろん、牛肉だと思いますよね。缶詰なのですが、馬似風。**実は馬肉でした**。缶詰に、牛の絵が描いてあるわけです。写真はイメージです、ということです。事実、どこにも牛肉だとは書いてない。こんなことが当時はいくらでもあったんですね。しかし、消費者の怒りは爆発します。こうして、きちんと書かなければいけないというふうに次第になっていったわけです。

奇跡の青空のもと、東京五輪がスタート

そして、ようやく1964年、東京オリンピックを迎えます。入場行進の映像があります。先ごろ建て替えることになった国立競技場が会場ですね。

食品の偽装問題
2013年に大きな問題となったメニューの誤表示などのこと。ほかにも、生産地、消費期限、食用の適否などでも偽装問題が起こっている。

「10月10日、第18回東京オリンピック大会は、秋晴れの国立競技場で華やかに幕を開けました。参加94カ国、7000人の若人《わこうど》が集う世紀のスポーツの祭典です」

実はごく一部はカラーの映像がありますが、当時のテレビはみんな白黒で見ていました。**先ほど「秋晴れの」と実況していましたよね。これを見て、多くの人たちが当時の日本の空は青かったと勘違いしています。**高度経済成長が進むと、当然のことながら自動車は排出ガス、あるいは先ほどの石油精製工場からも、もくもく煙が出るわけです。公害は次回やりますが、**実は東京はスモッグに覆われていたのです。いまでいうところのPM2・5です。**いや、もっとひどかった。たくさんの大気汚染物質によるスモッグで霞《かす》んでいました。たとえば、1958年に完成した東京タワーに上って下を見ても、雲がかかって東京の町が見えないような状態でした。本当に空気が悪かった。当時、世界中からお客さんが来て、あんなに空気の汚れたところでマラソンをするなんて、非人道的なことをしていいのかという議論もあったくらいです。では、開会式の10月10日はなぜ青空だったのか。**前の日の夜大雨が降ったんですよ。その結果スモッグが全部洗い流されて、抜けるような青空のもとで開会式**

PM2・5
直径2・5マイクロメートル以下の超微粒子のこと。自然界の物質以外に、自動車の排出ガスなどにも含まれる。肺の奥まで入りやすく、肺そのものや、呼吸器・循環器系への影響が懸念される。

東京タワー
1958年につくられた電波塔。高さは333m。いまも東京のシンボル、観光地として愛されている。

が行われたのですね。翌日から再びスモッグになりました。結局、マラソンは、甲州《こうしゅう》街道を使って行われましたが、排出ガスがもうもうの中を選手たちが走ったのです。

さらに言えば、いまでこそオリンピックはだいたい8月にやりますね。なぜ8月にやるかというと、いちばんお金を出しているアメリカはちょうど8月が夏休みです。この時期にほかにいいスポーツコンテンツがないから、オリンピックは8月にやって放送したいとなったのですね。当時はまだそんな圧力もなかったので、日本は、季節のいい10月にやりたいと言って10月にやることになりました。でも、やる以上、開会式が雨では困りますね。**秋の長雨といって結構雨が降るわけです。**政府としてはなんとか晴れる日に開会式をやりたい。そこで、気象庁に晴れる日はないのかと聞きました。気象庁が過去のデータを調べたところ、**晴れの特異日という**

1964年10月10日、青空のもと行われた東京オリンピック開会式。式のクライマックスには、上空3000mでのブルーインパルスによる鮮やかな五輪のマークが花を添えた。アジアで初の開催となった東京オリンピック。日本は金16、銀5、銅8、合計29のメダルを獲得した。

晴れの特異日
原因はよくわからないが、晴れになる確率が高い日。11月3日も晴れの特異日といわれる。

のがあった。何の根拠もないけれど、なぜか10月10日は必ず晴れる。そこで、10月10日を開会式に決めたのです。前の晩が土砂降りの雨だったのでみんな頭を抱えたのですが、10月10日になった途端、本当に晴れたのですね。東京オリンピックの開催を記念して、これ以降、10月10日を体育の日の祝日としていました。しかし、2000年以降、ハッピーマンデー制度にしたがって、体育の日は10月の第2月曜日になりました。

余談ですが、10月10日が体育の日だったころ、小学校の運動会はこの日に行われるところが多く、だいたい晴れて延期もなくできていたのですが。

高速道路と新幹線が間に合った！

さて、東京オリンピックに向けて、いろいろなものがつくられました。まず高速道路です。**名神《めいしん》高速道路がまずでき、そのあと東名《とうめい》高速道路ができました。**そのときのニュース映像があります。

「名古屋と大阪の2大経済点を結ぶ夢のハイウェイ、名神高速道路。尼《あまが》崎《さき》～栗東《りっとう》間71㎞の開通式が、このほど京都のインターチェンジで盛大に行われました。そのあと祝賀パレードに移り、河野《こうの》建設大臣を先頭に2

ハッピーマンデー制度
祝日の一部をそれまでの日付から、特定の月曜日に移動させる制度。成人の日（1月15日）、海の日（7月20日）、敬老の日（9月15日）、体育の日（10月10日）が対象となった。

名神高速道路、東名高速道路
名神高速道路は、愛知県小牧《こまき》市～兵庫県西宮市、東名高速道路は、東京世田谷《せたがや》区～愛知県小牧市をつなぐ高速自動車国道のこと。

00台が後ろに続きます」

「東名高速道路、岡崎《おかざき》のインターチェンジ。全長246・7㎞のうち、約3分の1が完成。4月24日開通式が行われました。オープンカーの神主さんを先頭に、時速70㎞のパレード。来年5月、全線が開通すれば名神高速道路と直結。東京〜大阪間はわずか5時間。日本の大動脈となることでしょう」

ついに日本にも高速道路の時代がやってきた。大変な期待感というのがわかると思います。ちょうどこのころ、高速道路の開通でいよいよ日本はモータリゼーションを迎えるということで、日本の自動車会社は、これからはアメリカに自動車を輸出しようと考えます。秘《ひそ》かに日本の最新鋭の自動車をアメリカに持っていって、アメリカの高速道路で走らせました。時速100㎞まで達した途端、車体がガタガタガタガタと震えだして、長時間走れそうにない。このままだと分解しそうになって、慌てて路肩に止めた。アメリカへの輸出はまだとても無理だと、あきらめたという話があります。**当時の日本の自動車産業はまだこのレベルだったということです**。でも、こうやって高速道路が通れば、そこを利用する人も増えるわけだし、そこで車を走らせたいな、と思うわけです。こうして日本のモータリゼーションが広がっていきました。

次に新幹線ですね。**東海道《とうかいどう》新幹線が開通しました**。そのときのニュース映像です。

「10月1日は東海道新幹線の営業開始の日。初列車の山本《やまもと》運転士に花束が贈られます。

午前6時、石田《いしだ》総裁がテープを切り、ひかり1号は東京駅19番ホームをスタート。新しい鉄道時代が幕を開けました。総工費3800億円、着工以来5年半の短期間で完成した日本の大動脈は、こうして順調な滑り出しを見せています」

はい、1964年10月1日が開通式ですね。10月10日から東京オリンピックですから、その9日前にようやく間に合ったというわけです。**ここからトイレが垂れ流しでなくなるわけですね**。タンクに溜《た》めておいて、後でそれを取り出す、ということになりました。でもこれはまだ新幹線だけの話です。ほかの中央本線や東北《とうほく》本線では、まだ垂れ流しが続いていた。これが1964年ですけど、私は、そのもう少し後、高校の修学旅行で、東京から京都に行くときに初めてこの東海道新幹線に乗りまし

東海道新幹線　1964年10月1日に開通した高速鉄道。東京駅〜新大阪駅間を約4時間でつないだ。

た。高校生の私たちはみんな大興奮です。**中に入ってみて、おい窓が開かないぞ、とね。**特急などは普通に窓が開いていたわけですね。新幹線はそうではなかったというわけですが、そういう時代でした。

ユニットバスで工期を短縮

そして、外国からお客さんが来るわけですね。外国の人が宿泊しても恥ずかしくないホテルをつくろう。**国際標準のホテルをつくろうと、ホテル建設ラッシュが始まります。**

東京千代田《ちよだ》区のホテルニューオータニはこのころに建設されました。このとき、工期を少しでも早めるために、ある工夫がなされました。それは……、ユニットバスです。このとき、日本で初めてつくられたのですね。つまり、オリンピックに向けて、外国の人が泊まれるようなホテルをつくらなければいけない。しかし、短期間ではとてもできない。**とくに、お風呂《ふろ》などの水回りに非常に時間がかかる。そこで、ユニットバス。**浴槽とトイレがセットになったものを別の場所の工場でつくり、ここに据え付けるということになった。**東京オリンピックを境にこのユニットバスが使われるようになったのですね。**いまでこそ、国際標準のホテルがいっぱいありますが、当時ようやくこういうものがつくられた。

ユニットバス
工場などであらかじめ天井・浴槽・床・壁などを準備しておき、現場に運び入れた後にそれらを組み立てる浴室のこと。

そして当時の日本人がびっくりしたのは**トイレの腰掛け型**ですよね。**腰掛け型のトイレの使い方をみんな知らなかった**。私も含めてですけどね。どうやってやるのか、どうやってここで用を足すのか、みんな何をやったのか。まずとりあえず蓋《ふた》を開けるんですが、その上に乗っかって、しゃがんだんですね。ですからトイレの便座には靴の跡がついていたことがよくありました。いまは、この腰掛け型は当たり前です。日本人の場合、これだけでは不満足ですよね。おしりもちゃんと洗ってくれなきゃいけないと（笑）。当時はこのトイレの使い方がわからなかった。だから、ホテルには、トイレの使い方が書いてありました。

国際的に恥ずかしくないマナーとは？

このころから人々が、**国際的なさまざまなルールや生活習慣を身につけていくようになった**。当時、地方の高校生がいよいよ東京に出ていくというときには、それぞれの高校でマナー教室が開かれたものです。洋風のレストランで洋式の食事をとらなくてはいけない。フォークとナイフをどう持てばいいのか。ナイフは右、フォークは左。ライスの食べ方……、こうしたことを、マナー教室で本当に至極真面目にやっていた時代なのです。

お風呂もそうです。それまでは家にお風呂があるなんていう家は本当に少なかった。銭湯に行くわけです。でも、毎日は行けません。たとえば私が中学生のころ、男の子たちは髪を洗うのは週に一度でした。なかには洗うのが大変だから、運動部にいる生徒はもちろん丸刈りにしてね。そうすると毎日水をかけるだけでいいから清潔だよ、なんていうことがありました。**毎日シャンプーをするとか、朝シャンなんていう習慣がついたのは最近になってからなのです。**週に1回か2回くらいしかそもそも髪を洗うということはなかった時代。いまから考えるとみんな相当臭いがしていたんだろうと思いますが、町がそこらじゅう、ありとあらゆる臭いが充満していましたから、気にならなかったのかもしれません。**日本にもそういう時代があったということです。**

ついに海外旅行へ行く時代に！

さて、次第次第に豊かになってくると、人々がついに海外旅行に行く時代を迎えます。日航機で行く海外旅行、ジャルパックです。これを紹介するニュース映像もあります。

「空の旅を楽しむ人でにぎわう羽田《はねだ》空港。まるで国内旅行にでも出かけ

ジャルパック
日本航空が1965年に始めた、海外パッケージツアーブランドのこと。

るように、気楽に海外に飛び立っていきます」

それまで海外旅行は普通の人にはとても行くことができないものでした。あったのは団体旅行、いまでいうツアーですね。格安ツアーなんてものはありません。**このジャルパックというツアーで行くと、かばんがもらえるのですね。これを持っているということは海外に行ったという証《あかし》になりますから、**このかばんを得意げに肩からさげる、ということがあった時代です。ようやく海外旅行にも行けるようになった。でも当時海外に行くということは、それぞれの人にとってとんでもないことですから、一族郎党がみんなで見送りに来るわけですね。となればその人たちみんなにお土産を買ってこなくてはいけない。大変な一大事業だったということです。

地獄のような通勤ラッシュ

さあ、そして、次第次第に経済が発展していきます。でも、公共交通機関の整備が追いつきません。その結果何が起きるか。ターミナル駅に限らず、各駅ではこんなことが起こります。ニュース映像です。

（参考）
新たな食生活
この時期に新たに出てきた食品、それがインスタント食品。「3分間待つのだぞ」というコピーで有名になった日清《にっしん》チキンラーメン。最高の栄養と美味を誇る完全食。体力をつくるとの謳《うた》い文句で売られていた。ここからさまざまなインスタント食品が登場してくる。

「東京の朝はこのところめっきり冷え込んで、中央線はサラリーマンが時間ぎりぎりに出勤するためいまや大混雑です。尻《しり》押し係に押し込まれてやっと入ったものの、着ぶくれも手伝って電車ははち切れそう。ここでも残留組の続出です。今日もようやく運ばれてきた人々。もう、勝手にお取りくださいと、遅延証明書が乱発されます。悩み多きサラリーマンの足はますます重くなるばかりです」

ナレーションで遅延証明書と言っていましたね。通勤ラッシュで電車が遅れるわけですね。そうすると、会社の出勤が遅れます。そこで必要なのが遅延証明書。私は別に寝坊したわけではありません。電車が遅れたからこうなったのですという証明書を持っていけば、遅刻扱いにならないですむ。この遅延証明書が配られていたというわけですね。あんまり電車が遅れるものだから、本当は駅員が1人ひとりに渡すんですけど、そんなこともできないような状態でした。当時、学生アルバイトがあって、**ドアごとに尻押し係というのがいて、無理やり外から押し込む**わけですね。それでも入りきれなくなると、**そのあとは、剝《は》ぎ取り係といって、もう乗れないからやめて次の電車にしてくださいといって今度は剝ぎ取る係も**いた。

当時こういう言葉も出てきました。**「猛烈社員」**です。なぜか？　クーラーがとりあえず夢だったわけです。でも各家庭ではなかなかクーラーをつけられない。でも、会社にはクーラーがある。真夏の暑いときには残業していれば、快適に過ごせるわけですね。家には夜中に帰ればいい、結果的に猛烈社員、会社でずっと働くことになるわけです。こうしてみんなが猛烈に働いた結果、日本経済がどんどん発展していくということになった。

さて、高度経済成長がどのようにして起きたのか、ある程度おわかりいただけたと思います。**当時は、国がいわゆる経済学者の方針に基づいて、結果的にではありますが、適切な経済の成長路線を築いた。そして、国民がそれをみんな信じることができたわけです。**とにかく、所得倍増するのだと政府が言っているわけだから、これから所得が増える、所得が増えれば消費も増える。各企業がその消費に合わせて生産を拡大し、こうして経済がどんどん成長していった。非常に幸せな時代だったといえるのではないでしょうか。来年は今年よりきっと豊かになれるとみんなが信じ切っていた時代です。**しかし、その陰で実はとんでもないことが起きていました。**次回はそれを取り上げます。

lecture 5

高度経済成長の歪み

―公害問題が噴出した

めざましい発展を遂げたその裏で
公害を生んでしまった。
現代にもつながる大事なテーマです。

今回は、**高度経済成長によってとんでもない歪《ひず》みが出た**、まぎれもない日本の現実の歴史を取り上げます。**公害問題**です。日本はこの公害問題に取り組んできました。一体どのようなことがあったのかをいまから見ていきます。

さて、みなさんに質問です。みなさんが、工場を持っている製造業の会社に就職したとしましょう。あるとき、その会社の工場が、実は健康に非常に害のある廃水を流していることを、あなたは知ってしまった。どうしますか？

学生○：よくないことなので、やめるように行動したいと思います。

池上：それは誰に働きかけますか。

学生○：それはまず上司ですね。

池上：では、その上司からそんなことはお前が気にすることじゃないと言われたらどうしますか。

学生○：気にすることじゃないと言われたら、仲間を集めます。

はい。これはね、みなさんの現実の問題です。みなさんこれからどこかに就職しますよね。就職して働いている。働いていたら、その会社がたとえば健康に害のあるものを流していた、あるいは空気中に出していた。そのことに気がついた。もしそれを問題にすると当然対策をとらなければいけない。健康被害が出ていますから、周辺の住人に対しての補償問題も出てくる。企業にとっては大打撃になります。ひょっとするとその会社は潰《つぶ》れてしまうかもしれない。というときに、**あなた方はどういう態度をとりますか。どういう行動をとりますか**。黙って見過ごしますか。それとも、場合によっては匿名で告発をしますか。

これはまさにあなた方のこれからの現実の問題として、いままでの歴史を見てください。実は多くの人がその悩みの中で、見て見ぬふりをし、大勢の病人を出してしまったケースがありました。勇気を持って立ち上がって、多くの人の命を救った人たちがいます。しかし会社は傾きました。そういう問題なのです。**いままさに現実の問題としてあります。それが公害問題です**。

「公の害」という言葉が意味するもの

「公害」という言葉、これはよく考えてみると**不思議な言葉です。公の害とは何か**。これは昭和40年代、日本で生まれた言葉なのです。たとえば、空気を汚す。煙突から煤塵《ばいじん》を出して、周辺に喘息《ぜんそく》患者が出たりします。そうすると、その犯人が誰なのかはすぐわかります。あるいは大きな工場が1社だけあって、そこが健康に害のあるものを流していた。そして、そこで取った魚を食べた人が病気になった。あの会社が犯人だと、すぐわかりますね。ところが、昭和40年代以降、日本全国にたくさんの会社ができ、工場がつくられました。それぞれの工場が大量の廃水を川や海に流していました。一方で、工場にはたくさんの煙突があり、それぞれの工場から煙が出ていた。それによって健康被害が起きるのですが、犯人が特定できないのですね。典型的な例が、三重県四日《よっか》市《いち》市の大気汚染問題です。大気汚染物質を出している工場がいっぱいあります。自動車も排出ガスをいっぱいまき散らしている。それによって大気汚染が起こり、喘息患者が大勢出た。でも、犯人は誰なのか。あの会社全部、そして自動車を運転している人たちみんなが犯人になる。つまり、**特定の犯人を断定できないけれども、多くの人に被害をもたらす。こういうものを「公害」と呼ぶようになった**ということです。実際はしかし、個別の企業、あるいは個別に犯人がいるわけです。ところが容疑者がいっぱいいることで、その原因究明がなかなかできない。一方で大勢の人が被害にあう。これが公害というものです。それがいったいどれだけひどかったのか。私が大学生のころ、東京と神奈川の間を流れている多摩《たま》川の

四日市市の大気汚染問題
コンビナートから出される大気汚染物質によって、集団的に喘息患者が出たこと。「四日市ぜんそく」と呼ばれた。

河口で何が起きたのか。当時の映像があります。巨人《きょじん》軍の多摩川練習場のすぐ横です。東京側から多摩川の上流のほうに向かってカメラが向いています。上に「川をきれいに」と書いてあるのが非常に皮肉ですが、川上からちょっと段差があって流れてきている。この白いもの。これは全て中性洗剤の泡なのです。ゴミも浮いていますね。ここの段差があるところで、一挙に泡になるのですね。風が吹くと、中性洗剤の泡が多摩川周辺の家に飛び込んでいくのです。全部泡なのですね。**まだ下水道がしっかり整備されておらず、東京あるいは神奈川の人々の生活用水がみんなここに流れ込んでいた。**そして、こちらは東京都の隅田《すみだ》川のニュース映像です。

「隅田川はいまでは死の川。漁師は工場に追われるよ

工場排水が流れ込んで、海面が見えないほどに汚染された1970年ごろの田子の浦港。（写真：毎日新聞社／アフロ）

中性洗剤　それまで洗濯用石鹸《せっけん》が使われていたが、石鹸では汚れが落ちにくいウール製品の普及により、中性洗剤が人気となった。しかし、中性洗剤を発生源とする公害も起きることになった。

うに今日も東京湾の漁場へと向かうのです。汚水の中でほそぼそと生き続ける貝。しかし、網にかかる貝の大半は死んでいます。東京湾は魚介類の墓場になってしまったのです。癌にかかったハゼ……」

これが現実。日本の現実の問題でした。たとえば静岡県、富士山《ふじ》の麓《ふもと》、とくに、静岡県富士市のあたりには、当時150もの製紙工場があったのですが、その工場がそれぞれ廃水を、田子《たご》の浦《うら》湾に流すわけです。紙をつくる際に残ったパルプ、廃パルプを廃水と同時にどんどんどん海に流しました。**そこのヘドロが随分問題になりました。**150の製紙会社が1日合計200万トンの廃水を流していた。その結果、廃水に含まれている製紙カスが、1日3000トン、田子の浦湾に溜《た》まり続けていた。これがヘドロになります。**ヘドロからは悪臭が出てきます。**このヘドロをなんとか処理しなければいけない。ヘドロの浚渫《しゅんせつ》、つまり海底からそれを取り除く作業をしていたら、そこから硫化水素が発生し、そのヘドロを取り除く作業をしていた作業員が目やのどの痛みを訴える、というような状態になった。それぞれの製紙工場は、当然廃水基準というのはあるわけですから、それを守っている。でも、**150もの工場が一斉にそれを流せば、それはと**

ヘドロ
川や運河、港湾などの底に溜まったやわらかい泥のこと。パルプ工場の廃水と廃パルプがそれを増大化させた。

浚渫
水底の土砂や泥を取り去り、運搬処分する作業。

てつもない量になるわけです。こういうことが各地で起きたということです。

有機水銀が食物連鎖を経て、濃度の高いものに！

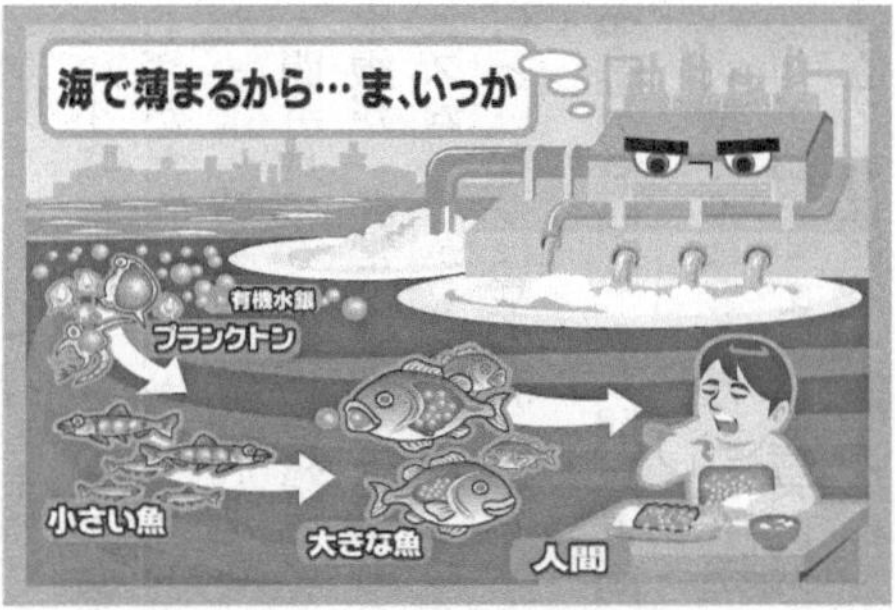

海で薄まるからいいのでは…と流された有機水銀が食物連鎖を経て、高濃度となり、人間の食卓に。

上のイラストを見てください。工場廃水を出す。でも、海で薄まるから、まあいいか。こういうわけですよね。それぞれの工場は、いわゆる廃水基準は守っている。だから、海に流せば、大自然だから、これも薄まるし問題はない、といっていろいろな工場がこうやって廃水を流しました。でも、その結果海の中ではこんなことが起きていた。

たとえば水俣《みなまた》病の場合は、有機水銀というのがこの工場の廃水で出ていたわけですね。有機水銀をプランクトンが食べます。プランクトンを今度は小さな魚が食べますね。その小さな魚を大きな魚が食べる。有機水銀は、海水中には最初はごくわずかだったものが、プランクトン↓小さな魚↓大きな魚ということになって、結果的に凝縮していくわけです。そしてその大きな魚を最後は人間が食べる。**食物連鎖**ですよね。この結果、**海水中に薄められた有機水銀が、非常に濃度の高いものとなって、人間の体内に入るというメカニズム**。しかし、当時はこのことにまったく気づいていなかった。水俣病というのは基本的にこういうメカニズムで起きました。

中国のPM2・5問題と同じ状況

大気汚染はどうだったのか。工場から煤塵が出るでしょう。近所から文句が出ますよね。煙突が低いからこういう問題になるんだ、**高い煙突を立てれば遠くへ舞っていくから問題ないだろう**、とやったわけですね。工場がみんなこぞって高い煙突を立てました。工場周辺では問題がなかったかもしれませんが、遠くではとんでもない大気汚染を引き起こすようになったということです。

たとえば、いまの中国で、**PM2・5の大気汚染が非常に問題になっ**ています。PM2・5とは何か。これは**特定の毒のあるものということ**

食物連鎖
自然界において、生物が食うか食われるか、の関係で鎖状につながっていること。

PM2・5
→206ページ参照。

ではないのですね。PM2・5とは2・5マイクロメートルより小さな微粒子のことなんです。なぜ2・5マイクロメートル以下の微粒子のことをいうのかというと、それより大きないろいろな大気汚染物質＝微粒子は、人間の体内に入るときにまず鼻毛で引っかかります。あるいはそこから先の気管支のあたりにもいろいろな細かい毛があって、異質なものが入らないように、人間の体を守る仕組みがあるのです。ところが、**2・5マイクロメートルより小さなものは、肺まで直接入ってしまいます。**そしてそれが肺にたまることによって肺がんなどを引き起こす。だからこれが大変な問題になっているわけです。

日本経済が豊かになる証しだった

中国の北京《ペキン》はとくに大気汚染が非常に大きな問題になっています。昨年、北京にある日本大使館の医務官（医者）が、北京にいる日本人を集めて、このPM2・5がどれだけ危ないのかという説明をしたのです。たまたまですが、その医者は三重県の出身だった。いわく、いまのこの北京のPM2・5というのは、**あの四日市の大気汚染と同じようなもの、あるいはそれよりちょっとひどいかもしれない、**こういう言い方をしたそうです。いま、北京、あるいは中国のあちこちで、大気汚染で前が見

コンビナートの代名詞と言えるのが、石油化学コンビナート。もともとはソ連でつくられた工業地域のことを指した。工業地帯でよく見られる風景だ。

えない。真っ暗な状態になっている。ひどいなあと思うかもしれません。でも、それが昭和40年代、この大学のある名古屋《なごや》のすぐ近くですよね。四日市でそういう状態が続いていたのです。当時の映像を見ますと、工場の煙突から黒い煙がもくもくと出ています。いまの中国のような状態です。子どもたちの登校風景を見ると、みんなマスクをしています。まだ花粉症が出るずっと前のことですから、あくまでも大気汚染から身を守ろうとしていたわけです。ですが、当時は、こういうコンビナートから煙がもくもく出るというのは、**日本経済が豊かになる証《あか》しであると、これは非常にプラスとして受け止められていた。**それが証拠に、当時の四日市市の小学校の校歌があります。

「港のほとり　並びたつ　科学の誇る　工場は　平和をまもる　日本の　希望の希望の　光です」

コンビナート　生産性の向上のために、生産工程で連動または関連する工場や企業を、一定の地域に集めた企業集団のこと。その企業集団がある工業地域のことを指すことも多い。

数多く立ち並ぶ工場。煙突からは煙がもくもくと出ている。これは、平和を守る日本の希望の光だと。非常にプラスのイメージで受け止められていたのですね。しかし、それによって喘息患者が大勢出て、大問題になり、これがやがて裁判になります。これはやっぱり、工場が素晴らしいと言えないよね、ということになって、現在校歌が変わりました。

「南の国から　北の国　港出ていく　あの船は　世界をつなぐ　日本の　希望の希望の　しるしです」

では、高校の校歌を見ましょうか。最初はこちら。

「登城ヶ丘《とじょうがおか》の草の上　炎をあげるスタックが」

スタックというのは、石油精製工場で余分なガスが出てくる。そのガスを燃やすのです。筒のような煙突みたいなものがあって、24時間ずっと炎を上げて燃え続けているものです。つまり、「炎を上げるスタックが限りない未来を照らす」。これによって日本経済は発展していくのだという、夢と希望にあふれた校歌だったのですね。でも、炎を上げるス

スタック　正しくはフレア・スタック。石油精製工場で出た余剰ガスや廃ガスを焼却処理するための塔。

タックが大気汚染を引き起こし、大勢の喘息患者を出してしまった。そして、校歌が変わりました。現在の校歌はこちらです。

「登城ヶ丘の草の上　心にひめた問いかけは　限りない未来を目指す」

すっかり内容が変わってしまいました。

四大公害病が生まれてしまった

当時の公害問題は、**いまでこそ、なぜあんなひどいことをしたのかと思うかもしれません。**でも、日本が戦後の非常に貧しい状態から高度経済成長期に移ったときに、あのもくもくとした煙が、言ってみれば繁栄のしるしだったんですね。これは四日市ばかりではありません。北九《きたきゅう》州《しゅう》の工業地帯のあたりの学校の校歌にも「もくもくと上がる煙が限りない未来を約束する」、そういう校歌というのが実はいっぱいあったのです。こうやって日本は豊かになっていくのだと思っていた。つまり、公害問題の深刻さに気がつかなかった。しかし、それがやがて本当に大きな問題を引き起こすようになりました。そして、いわゆる四大公害病というのが知られています。**熊本県・八代《やつしろ》海沿岸の「水俣病」、三重県・**

工業地帯　高度成長期、日本の工業の中心となったのが、四大工業地帯。京浜工業地帯（東京、神奈川）、中京工業地帯（愛知、三重、岐阜）、阪神工業地帯（大阪、兵庫）、北九州工業地帯（福岡・北九州）の4地帯。これら4つを中心に形成された工業地帯・地域が太平洋ベルト地帯。

四日市市の「四日市ぜんそく」、富山県・神通《じんつう》川流域の「イタイイタイ病」、新潟県・阿賀野《あがの》川流域の「新潟水俣病（第二水俣病）」の4つです。

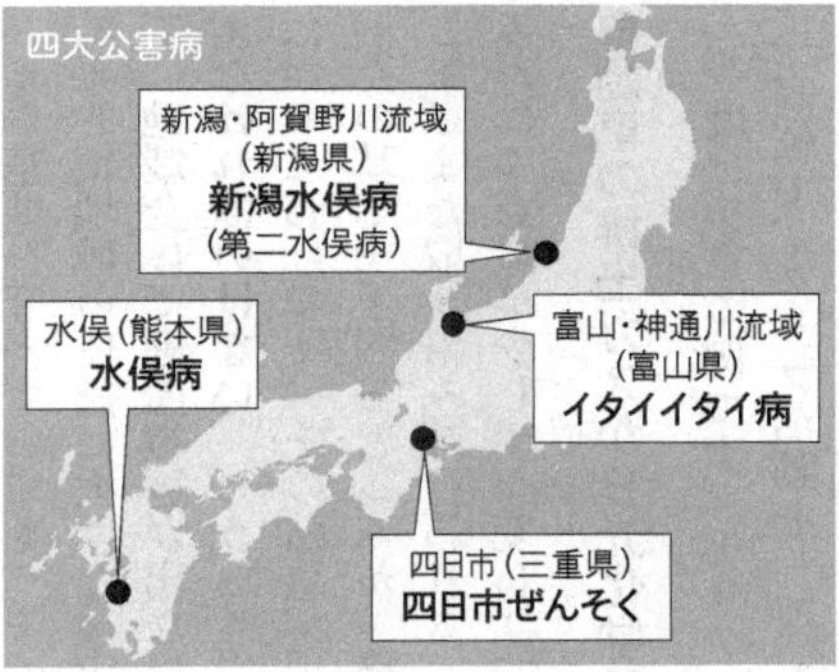

個別の企業ではなく地域全体に規制の網を

このうち、四日市ぜんそくに関しては、**個々の企業は基準を守っている。でも、多数の企業があることによって、莫大《ばくだい》な量の大気汚染物質が出てくる。**そこで、とくに代表的な6つの会社を相手取って、住民が損害賠償請求訴訟を起こします。1967年のことです。結果、1972年に原告が勝訴しました。個々の企業はもっともっと住民の健康を考えて、少しでも大気汚染物質が出ないように取り組まなければいけないという判決が出たわけです。そこから、こういう考え方が出てきた。**「総量規制」です。**つまり、個々の企業が

総量規制
1971年、「三重県公害防止条例」が全面的に見直された。これまで煙突ごとに濃度を規制していたものを、四日市全体の硫《い》黄《おう》酸化物の排出許容総量を決め、工場ごとに排出総量を個別に規定する「総量規制」を導入した。

いくら基準を守っていても、その数がものすごい量になってしまうと、結果的に地域の住民に大きな被害を出すわけです。**地域全体に網をかけて、地域全体で健康被害が出ないような状態に、この大気汚染物質を抑えなければいけない。**こういう考え方がこれ以降ようやく出てくるようになったわけです。その結果、現在、四日市周辺のそれぞれの工場は、個々の基準を下回るどころか、徹底的に大気汚染物質が出ないように、さまざまな取り組みが行われるようになったということです。ここからみんなの意識が少しずつ変わり始めました。

自動車の排出ガスから光化学スモッグが

今度は東京の例です。1970年のことですが、東京都杉並《すぎなみ》区の立《りっ》正《しょう》高校で、クラブ活動をしていた高校生たちが突然目やのどの痛みを訴える、あるいはバタバタと倒れ、43人の高校生が救急車で運ばれるという騒動がありました。**光化学スモッグが原因**であることがわかったのですね。これは、自動車の排出ガスの中に含まれている窒素酸化物（NOX）です。これが紫外線にあたって、化学反応を起こしてオキシダントという物質に変わり、これが人間の健康に害があるということがわかりました。この光化学スモッグとは、晴れて日差しが強く、風が弱い日。

光化学スモッグ
「光化学オキシダント」の濃度上昇によって空気に「もや」がかかる現象。現在でも夏の暑い時期などに、都市部で注意報が出される。注意報が出されたら、屋外での激しい運動を避けるなどの対策を。

こういうときに起きやすい。これはまさに公害です。**個々の自動車は普通に排ガス規制を守って走っていますが、大量の自動車から排出ガスが出る。**それが、紫外線によって化学変化を起こしてオキシダントになり、多くの若者たちが健康被害を訴えるということになったわけですね。ここから今度は自動車の排出ガスをもっともっときれいにしなければいけない、という取り組みが起きるようになりました。いまでも、夏場、暑くて風が弱いとき、光化学スモッグ注意報がよく出るようになっています。

とりわけ最近、非常に深刻なのが、福岡県、北九州のあたりですね。あのあたりで光化学スモッグ注意報が出て、運動会が中止になるということが頻繁に起きています。あのあたりに大気汚染物質を出すものがあるわけではありません。どういうときに光化学スモッグが出るのか。西風が吹いているときなのですね。つまり、中国大陸から大気汚染物質が流れ込んできたことによって、九州北部で光化学スモッグの濃度が高くなり、運動会が中止になったり、子どもたちは外へ出ないようにと言われたりするようになっている。いまや、**公害問題は、国境を越え、海を越えてやってくる問題になっている**ということですね。**中国のPM2・5とか、あるいは大気汚染は、昭和40年代の日本と同じことがいま中国**

窒素酸化物（NOX）
NOX＝ノックスとも呼ぶ。一酸化窒素や二酸化窒素などの窒素酸化物のことで、自動車の排出ガスや工場などから出る。大気汚染の原因となる。

オキシダント
正しくは光化学オキシダント。夏の暑い時期などに、自動車や工場から出た窒素酸化物と炭化水素が紫外線を受けて化学反応を起こしてできる汚染物質。

で起きているのだということがわかると思います。

患者さんが「痛い痛い」と叫び続けた

四大公害病に戻りましょう。**イタイイタイ病**です。場所は富山県の神通川流域ですね。なぜ、イタイイタイ病という名前がついたのか。この病気になった人は痛いんですね。とにかく体中の節々が痛む。ちょっと咳《せき》をしただけでろっ骨が折れたり、ちょっと座っただけで足の骨が折れたり、**とにかく骨が脆《もろ》くなって、ほんのちょっとのことで次々に骨折をしていく**。痛くて痛くてたまらない。患者さんがただ一日中「痛い、痛い」と叫び続けている。そこからイタイイタイ病という名前がつきました。

1946年、地元のお医者さんがそういう症状の患者がいることに気がつきました。当時は、リウマチ、脊椎《せきつい》カリエス、あるいは骨の軟化症ではないかと診断されていました。患者には女性が多かった。とくに出産を終えたばかりの女性にこの症状が多いことがわかりました。一体なぜなのか。このお医者さんがいろいろ調べたところ、神通川の流域で、この川の水を使った水田でできたお米を食べている人、あるいはその水を生活用水に使っている人にこの患者が多いことに気がつきます。つまり、**神通川になんらかの原因があるのではないか、汚染物質が流れ込んでいるのではないか、と推理**をするわけですね。

そこから専門家が調査をしたところ、農作物にも、人体にも、カドミウム、あるいは亜鉛、鉛、そういうものがいっぱい入っているということがわかり、1961年、カドミウムを中心とする重金属の慢性的中毒という結論が出ました。

このカドミウムは、カルシウムと非常に性質が似ているのですね。妊娠した女性、あるいは出産した女性。赤ちゃんの骨をつくるためにお母さんの骨のカルシウムが溶けて、おなかの中の赤ちゃんの骨をつくるために、カルシウムが使われるのですね。ですからその後、お母さんたちはカルシウムを吸収しなければいけないのですが、カドミウムが体内に入ってくると、**カルシウムと非常に性質が似ているものですから、カドミウムが骨に入ってしまう**のです。ところがカルシウムのように、骨を支える性質のものではない。骨が極端に脆くなって、次々に折れてしまうということがわかった。カドミウムが体内に入るから、このイタイイタイ病になる。

では、カドミウムを流すような工場は近くにあるのか。この上流の三井金属鉱業神岡《かみおか》鉱山の廃水が原因ではないか。周辺の住民たちが三井金

カドミウム
鉱物中や土壌中などに天然に存在する重金属。カドミウムを体内に溜め込むとカドミウム中毒を起こす。それがイタイイタイ病。

属鉱業を追及するようになります。そうすると、三井金属鉱業は、カドミウムが原因ではない。こんなにみんな骨が弱っているのは、ビタミンDが欠乏しているからだ、と反論します。**自分たちに責任はないと主張します**。結局住民たちが怒って三井金属鉱業を相手取って、裁判を起こします。

１９７１年、富山地方裁判所が、三井金属鉱業の廃水が原因であり、損害賠償を払えという判決を出しました。住民側勝訴です。これに対して、三井金属鉱業は不服として控訴します。１９７２年、名古屋高等裁判所金沢《かなざわ》支部で判決が出ました。**あらためて住民側勝訴なのですが、高等裁判所の判決がひとつ違っていた**ことがあります。何か。地方裁判所のときよりも、**原告、住民側に支払うべき賠償額が倍になっていた**のです。つまり、三井金属鉱業が自分たちの罪を認めないで高等裁判所まで訴えた。責任逃れをしていることに高等裁判所の裁判官が怒ったのです。三井金属鉱業はなまじ高等裁判所に訴えたことによって、支払わなければいけない賠償金額が倍になってしまった、ということなのですね。当初、住民たちが三井金属鉱業に、廃水のことを抗議したところ、会社側は、私たちは天下の三井です。天下の三井がそんなみなさん方に被害を与えるようなことはありません。こう言い切っていたのです。

別の説が出ることで原因究明が遅れる

いろいろな公害問題には似たパターンがあります。まず、ある地域で、一定の症状のある患者さんが出ます。地元のお医者さんがまずそれに気がつきます。そして、地元の保健所に届ける。保健所が県に報告をする。そして、どうも何か公害病があるらしい、ということになり、専門家が調査をする。そうするとどうも、この会社の廃水が原因ではないか、ということになる。しかし、その会社は、それはうちの会社ではないと、否定をします。否定をしていると、まったく別の原因を主張する人が出てくる。素人には専門的なことはわかりませんから、どちらが本当だろうか、となる。**別の説が出ることによって原因究明が遅れるのですね。その間にも患者は出続けます。**そしていつまでたっても責任を逃れる会社に腹を立てた住民たちが裁判を起こして、裁判で勝ってようやく会社側は責任を認める。こういうことが実はいろいろなところで起きていた。ここもそのひとつです。

いまも水俣病は終わっていない

いわゆる**公害の原点といわれたのが水俣病**です。水俣病が公式確認されてから、２０１４年現在で、58年たちます。過去の話だと思っている方、大勢いるかもしれません。しかし、**いまも水俣病の症状で苦しんでいる人が大勢いて、その人たちの救済策が現在もとられています。**潜在的な患者は20万人に上ったといわれています。**いま、多くの人が亡くなっていますが、まだ何万人もの人が、この症状に苦しんでいます。**その人たちへの医療費代、あるいは損害賠償のお金は、現在も支払われ続けているのですね。水俣病は終わっていません。いまも苦しんでいる患者が大勢いる。現在、新しい患者は出なくなりました。しかし、過去に有機水銀が体内に入ってしまったことによって、苦しんでいる人。あるいは、その母親から生まれた人も同じ病気になっています。そういう人たちがいまも大勢いるのだ。**水俣病は終わっていない、ということを知っておいてください。**

そもそもきっかけは１９５６年のことです。原因はチッソという会社です。当時は新日本窒素肥料株式会社という名前でした。途中でカタカナのチッソに名前を変えます。いまももちろん存在している会社です。水俣病の患者を救済する、そのためのお金を支払い続けています。

もともとは肥料工場でした。しかし肥料工場をやっているうちに、プラスチック製品になくてはならないものをつくり出すことに成功します。

チッソ
チッソ株式会社。もともとは、化学工業メーカーだった。水俣病を引き起こし、現在は、水俣病の補償業務を専業とする会社として存続している。

塩化ビニールの可塑剤《かそざい》、オクタノールというものを製造していました。可塑剤とは何か。プラスチックはいろいろなものに加工できます。もともと**プラスチックは石油製品**です。石油のナフサからつくられるのですが、**可塑剤を入れることによって、いろいろな形につくることができる。**私たちの身の回りはプラスチック製品だらけです。ありとあらゆる形に加工できるのは可塑剤というのが入っているからなのですね。当時、その可塑剤のオクタノールを、この**新日本窒素肥料の1社だけで日本全国の65%をつくっていた。**つまり、プラスチックにとってこの新日本窒素肥料という会社はなくてはならない会社だった。非常に大きな会社、工場ですから、病院も持っていました。チッソ附属病院です。ここの従業員、あるいは従業員の家族の病気を診るばかりでなく、地域の住民にも開かれていまして、地域の住民もその病院に行って診療してもらうことができました。

1956年、この病院に5歳の少女が連れてこられました。**手足がしびれ、意識がもうろうとしている。**医師が診察をしたら、近所に同じような症状の子がいっぱいいる、ということになった。そこで、附属病院の院長は、水俣保健所に、原因不明の病気がいま流行している、と届けます。中枢神経をやられてしまったために、手足がしびれたり、うまく

ナフサ
プラスチックや合成ゴムなどの石油化学製品の原料になる粗製ガソリンのこと。

動かせなかったり、あるいは意識がもうろうとしている。そういう患者がいっぱい出ている、ということを報告します。

周りからの差別にも苦しむ

地元では、まず、熊本日日新聞が、水俣に子どもの奇病が発生していると報じます。また、同じ原因のものか、猫にも同じような症状が出ていると書きます。そして、水俣市奇病対策委員会というのがつくられるのです。そうすると、その地域の人たちが何か不思議な病気にかかっている。ある地域で、ある限られた地域でそういう奇妙な病気が流行《はや》っている。となると、科学的な原因がまだ究明される前に、どういうことが起きるのか。あのあたりで奇妙な伝染病があるのではないか。あそこに近づくと伝染病がうつるのではないか。ということになって、あそこの人たちとは付き合わないようにしよう、そこに行くのはやめよう、ということになります。あるいはそこの人が買い物に来ますよね。お金を出そうとすると、そこに置いておいてください、といって品物を売る人がお金を直接受け取らない、受け取ったら病気がうつるかもしれない、といって**地域の人たちがまず差別を受けるようになります**。あるいは一家でみんな同じ症状になっている。これは遺伝病ではないか。こうなれば当然、そこの家族、あるいは親族は、結婚できないということになります。公害病というのはまず、**患者さんたちが病気で苦しむだけではない。地域社会から差別をされるという、二重の被害を受けてしまう**ということが起きるわけです。

結局、熊本大学の医学部が調べることになりました。しかし、なかなか原因がわからない。ただ、ある一定の地域の人たちがみんなかかっている。何が違うのか。ちょうど、漁師さんたちが多いところなのですね。水俣湾で漁業をして、そこで取れた魚を食べている人たちがみんな、この病気になっていることがわかってきた。猫も同じ症状になる。猫も、突然、手足がしびれて、突然、狂ったようにくるくるくるくる回り続ける。そして、いつしか死んでしまう。その猫ももちろん、人間と同じ魚を食べていたわけです。水俣湾で取れた魚を食べて、こういう症状になっているのだ、ということだけは、とりあえずわかるわけです。ただ、その原因の物質というのは

水俣病慰霊の碑。2006年、水俣病公式認定から50年を記念してつくられた。水俣病の公式確認日（1956年5月1日）にちなんで、毎年5月1日に「水俣病犠牲者慰霊式」を開催している。

まだわからないままです。熊本大学の医学部としては、**水俣湾に、なんらかの人間に有害な廃水が流れ込んでいて、それを魚が食べ、人間がその魚を食べたことによって、病気になっているのではないか**というところまで、わかるようになった。

このときに非常に衝撃的だったことは、**その症状が出たお母さんから生まれたばかりの赤ちゃんもまた、同じ症状になっていた**ということです。これは、当時の医学にとっては衝撃的でした。どういうことか。おなかの中に赤ちゃんができると、母親との間は胎盤でつながります。胎盤には、赤ちゃんを守る仕組みがあって母親にたとえばいろいろな毒物などが入っていても、それは胎盤で遮られて、赤ちゃんまでは行かないと一般的にいわれていたんですね。だから赤ちゃんは守られていると思ったら、この奇病はお母さんの症状を引き起こした原因物質が、**胎盤を通過して、そのまま赤ちゃんにまで行く**ということがわかった。これを**胎児性水俣病**といいます。どのような症状か当時の映像が白黒ですけれども、あります。ちょっとご覧ください。

これが、チッソ水俣工場ですね。とても大きな工場だということがわかると思います。これは出勤風景ですね。正門から入っていきます。ここに廃水が出ていますね。この廃水、これが原因だということがやがて

胎児性水俣病
水俣病は、大人や子どもが、水銀に侵された魚などを食べることで発症するが、胎児の場合は、水俣病になった母親の胎盤を通して胎内で水銀に侵される。

わかってきます。これがその胎児性水俣病の子どもです。笑っているように見えるかもしれません。でも、神経が麻痺《まひ》して顔がこういうふうになってしまっているわけです。ちゃんと立つこともできません。**手や足が麻痺してしまっているわけ**ですよね。生まれたときからです。歩けないのでギプスをして、松葉杖《づえ》をついて歩くしかない。実に悲惨な症状だということがわかると思います。こういう赤ちゃんが次々に生まれてきた。これが本当に衝撃的だったということです。

原因究明は困難を極めた

原因物質はメチル水銀でした。このメチル水銀がその廃水から出ていて、**先ほどの食物連鎖ですよね**。そのメチル水銀がプランクトン、あるいは小さな魚を通して、大きな魚に蓄積し、それが人間に来たのだということがようやくわかるようになります。ところが、チッソはうちの工場では生産工程においてメチル水銀は発生しない。だから、うちの会社が原因ではないと言い張る。確かに、製造ラインの設計図だけを見ると、メチル水銀が生まれるはずはないものでした。ところが実際には製造工程でメチル水銀が生まれてしまって、廃水で出ていたのです。これを調べるのは大変難しいわけです。そもそも専門的な知識がないとわからないわけですし、さらにその**チッソの会社が全面的に協力しない限り、何が原因なのかということを突き止めることはできない**わけです。熊本大学医学部はチッソ水俣工場から出ている廃水が原因ではないか、と、チッソに対して調査に協力してくれと働きかけるのですが、チッソはうちの会社は関係ないといって協力を拒否するのです。協力を得られない限り、この製造工程の中のことを調べることはできません。ただし、このチッソから出てくる廃水を分析したらメチル水銀が出てきた。メチル水銀が人間の体内に入ると、これが血流を通って脳まで達し、脳の中枢神経を破壊し、いろいろな麻痺を起こしていた、というメカニズムがようやく解明されるということになるんですね。

しかし、このとき熊本大学の調査を周りは冷ややかにみます。なぜか。ここで出てくるのは**企業城下町という現実です**。水俣駅の目の前に広大なチッソの工場がある。水俣に住んでいる家庭のおよそ5割は、このチッソ水俣工場と関係のある仕事をしていた人たちなのですね。ここで働く人たちによって水俣市は支えられていました。当然のことながらこの社員たちは、仕事が終われば近くで食事をしたり、お酒を飲んだりするわけです。そこの商店街もみんな、**チッソがあるからこそ繁栄が成り立っているわけです**。どうもそこから出ている廃水によって、健康被害が

企業城下町
城を中心に町がつくられたのが城下町。これにたとえて、有力企業を中心として町が成り立っていることを「企業城下町」と呼んだ。水俣はチッソの企業城下町であったということ。

出ているらしいと、みんなうすうす気がついていても、そんなことを言ってチッソが潰れてしまったら、この水俣という町がやっていけなくなるよ、っていうことになります。当然チッソは、法人住民税という形で地元にたくさんの税金を納めています。水俣市にとっても、あるいは熊本県にとっても、チッソが払ってくれる税金は多額のものになります。これが潰れてしまっては困るわけです。結果的に熊本大学がさらに調べよう、あるいは、原因がはっきりしないにせよ、ひとまずチッソの廃水を止めようといっても、**県をはじめ、周りは動こうとしなかった。原因究明に非常に非協力的な状態が続きました。**

排水口をこっそり変更。被害が拡散

その間に何が起きたかというと、**チッソは、排水口を変えてしまいます。**水俣湾で取れる魚が原因だということに、チッソは気がつくわけです。これはまずいだろうと。そこで、水俣湾に直接出しているからこういう症状になるんだろうと考えて、排水口を変えるんですね。何をするのか。まず廃水が出るときには当然汚れています。それを、いったん沈殿槽に置いて、廃水の汚れを取るんですね。一見透明な廃水にします。それを今度だからといってメチル水銀が除かれるわけではありません。それを今度は、水俣湾ではなくて、水俣川のほうに流すんですね。水俣川はそのまま八代海に流れ込んでいます。つまり、狭い水俣湾に流し込んでいると、そこの魚が汚染されて問題になる。水俣川に流せば、八代海といった広い海に流れていく。**広いところに行けば、海で薄まって問題がないだろう、とこっそり排水口を変えたんです。**

その結果何が起きたと思いますか。**被害が拡大した**んですよ。それまでは水俣湾だけでした。水俣湾の非常に限られた地域でこの水俣病が発生していた。それが有明海《ありあけ》に広がったわけです。被害が熊本県だけにとどまらなくなったのですね。鹿児島県まで広がりました。**極めて広い範囲で大量の水俣病患者を生み出すことになった。**いち早く対策をとっていれば、被害拡大を防ぐことはできたはず。にもかかわらず、それが行われなかったということなのですね。さらに言いますと、後になってからわかってくるのですが、チッソの附属病院の院長が、これはどうもチッソが出している廃水が原因ではないか、と考え、猫を使って実験をします。猫に、チッソの廃水から出てきた水を餌に混ぜて食べさせるのですね。そうするとだいたいどの猫も1ヵ月から2ヵ月で水俣病の症状を起こして次々に死んでしまうんです。だから、その**猫の実験によって、廃水が原因であることをその医師は突き止める**んですね。

ところがチッソから、**そういう実験はしないようにとの命令が下されます。**途中でそもそも実験自体をやめさせられるのですね。しかし、それまでの実験の資料は残っていました。やがてこれが裁判になったときに、**その証拠が出てきて、チッソは前から原因がわかっていたということが明らかになる。**つまり、会社側もどうもまずいぞとわかっていた。でも**証拠隠滅をしようとした。その結果、被害が広がった**わけです。当然のことながらそのチッソで働いていた人たち、社員の人たちもこれにうすうす気がつくわけです。自分たちがやっていることによって患者が出ている。にもかかわらず、みんな口を閉ざしていた。

ついに、１９５９年になって、熊本大学が先ほどの有機水銀が原因物質で、チッソが原因であることを突き止めて、これを発表します。そうすると、今度は日本化学協会が、いやいや、そういえば水俣には、昔海軍の弾薬庫があった。戦争が終わったときにもう戦争はしないのだからと、爆弾を水俣湾にいっぱい投下したはずだ。その爆弾が海で溶けて、中の化学薬品が出てきて、こういう問題が起きているんだ、そちらが原因だ。と言い始めます。となると、一応、それも調べなければいけません。熊本県、あるいは水俣市が、今度は水俣湾にそういう爆弾が沈んでいるかどうかということを調査します。その調査結果が終わるまで、原因究明が進まないわけです。その結果、そんな爆弾はまったくなかった。すると、今度は東京工業大学の教授が、水俣湾の魚、あるいは貝が腐って、有毒なアミンというものが出てきて、そのアミンが人間の体内に入るとこのような症状が起きる。魚や貝が腐ったのが原因だ、という説を出します。そうするとメディアの人は、みんな素人で、わからないわけですよね。有機水銀が原因だと言っている熊本大学と、アミンという毒物が原因なんだと言っている東京工業大学の先生と、それぞれ言い分が違っています、という報道をするしかないわけです。そして、原因はどちらなのか、と、**原因究明にまた時間がかかります。その間にも患者が出続けた**ということです。いま私たちはどちらが正しかったかということがわかっているわけですね。**ある特定の企業にとってマイナスになるようなことが起きると、その企業が所属している工業会のような業界団体を挙げて、その会社を守ろうとする。**あるいはなぜか全然違うところの大学の先生がその会社を守るような発言をし始める。それによって原因究明が遅れる。その間に患者が出続ける。先ほどのような悲劇の人たちが次々に生まれた。これが水俣病という問題なのですね。

1997年になって、ようやく「安全宣言」

結局、今度はチッソの経営状態が悪くなってきますと、**労働条件をめぐって労働組合が2つに割れます。**会社側の労働組合と、会社から独立した労働組合の2つができます。**会社から独立した側の労働組合がそこで初めて、「恥宣言」というのを出します。**つまり、私たちが働いていたこの会社の工場から出た廃水によって多くの患者を出してしまった。そのことをこれまで私たちは見て見ぬふりをしていた。これは人間として許されないことである。私たちは1人の人間として、この問題を取り上げる。つまりチッソで働いている社員の2つに分かれた労働組合のひとつの労働組合は、そうやって初めて会社の責任を追及するようになった。結果的に、チッソが1973年になって、この被害をもたらしたのは自分のところであると責任を認めました。そして**1976年、チッソの当時の社長と工場長が業務上過失致死傷の罪で起訴され、有罪が確定します。**問題はそのあとですね。

水俣湾の魚がみんな汚染されてしまっているわけです。どうするのか。**水俣湾とそこから外との間に網を張って、水俣湾の中にいる魚が外に逃げていかないような状態にして、水俣湾の中の魚を取る。**もちろん水銀

恥宣言
1968年、新日本窒素労働組合定期大会で「恥宣言」を大会決議として採択した。

に汚染されています。だから漁師さんが魚を取るのですが、それは**全て埋め立て処分に**します。毎年毎年魚を取り続け、埋め立て処分をし、海底のヘドロを全て取る。こうしたことを延々とやり、**1997年になって、ようやく「安全宣言」が出ます**。ですから、現在の水保湾はようやくきれいになりました。水俣湾から外に出ないようにしていた網も取り外されました。いまは水俣湾で取れる魚も安全です。**水俣市はこれを教訓にして、全国一環境に配慮した町にしようということで、町を挙げて、環境への取り組みを、いま熱心にやっている**。それが現在の水俣市です。水俣市に行くと、**水俣病のこれまでの歴史が全部わかる資料館もあります**。過去のこうした歴史をきちんと戒めとして学び、未来へ進もうとするようになったということです。

さて、当事者のチッソ。当時はプラスチックの可塑剤として非常に有力なものをつくっていたのですが、現在まったく製造方法が変わりました。いままったく違うものになっています。チッソはもちろんいまでもほそぼそながら仕事は続けています。そして、少しでもあがった利益はこの患者への救済にいまも使われている。そして、そのためのお金が足りないということになると、熊本県から借金をするという形でこれが行われ、さらにそれでも足りない場合は国が融資をするという形で、いま

資料館
水俣病資料館。水俣病の貴重な資料を収集・整理・保存し、水俣病についての情報発信を行っている。http://www.minamata195651.jp/

もチッソという会社は残っている。新しい患者は出なくなったけれど、いまも苦しんでいる患者がいる。これが水俣病というものです。

あなたが同じ立場だったらどうするか？

もし、あなた方があのときにそのチッソの水俣工場で働いている社員だったら、どうしますか、ということです。つまり熊本県でも有数の企業です。水俣にとってはいちばん大手の企業です。水俣で生まれ育って、学校を出て、チッソに就職するというのは**地元の人にとってはいちばんのエリートコース**ですよね。それこそ、みなさんがもしチッソに就職が決まったと報告をすれば、家族はもちろん親戚《しんせき》もみんな、「いやあいいところに就職したね、よかったね」と祝福してくれるはずです。もちろん、プラスチックの可塑剤という、日本という国が豊かになるときに必要なものをつくっているわけですから、みんな誇りを持って働いていたはずです。ところがやがて、そこから出てくる廃水が原因で、地元の住民に健康被害が出る、という話が聞こえるようになってきた。さあ、みなさんは果たしてどんな行動をとりますか、ということです。

当時のチッソの社員たち。たとえば病院の医師が、原因究明のために猫を使って実験をしていた。でも会社から、そんな実験はやめろ、と言われたからやめてしまった。あるいは多くの社員は気がついていたからこそ、排水口の場所を変えたわけです。それによってさらに被害を広めてしまった。労働組合が分裂をして、そこで初めて、企業の仕打ちに気がついた社員たちが声を上げるようになった。さあ、もしそういうことになったら、みなさんはどういう態度をとりますか。

いまの日本は廃水の基準は非常に厳しいですから、何かあればすぐわかるでしょう。でもいま、実は、まったく同じことが中国のあちこちで起きています。あるいは南米で水銀によって同じような症状が出るということが起きています。**開発途上国で同じようなことが起きている**のですね。みなさんが就職をしました。そこの会社が実は、東南アジアあるいはアフリカに、現地の工場を持っている。現地の工場に、要員として派遣されました。そこで働いていた。そうしたらその周辺で、健康被害が出ている住民たちがいることに気がついた。あなたはどういう態度をとるのか。まさにそれが問われている、ということなのですね。決して**他人事《ひとごと》ではない**のだということがわかっていただけるのではないでしょうか。

新潟県で起こった第二水俣病

この水俣病は熊本県だけではとどまらなかったのですね。今度は、**新潟県の阿賀野川流域です**。ここでもまったく同じことがありました。1965年、昭和電工鹿瀬《かのせ》工場のアセトアルデヒド製造工場の廃水にやはり、このメチル水銀が含まれていた。どうしてわかったのか。実は、新潟大学の医学部で、先生が学生たちに水俣病についての講義をしていたのです。水俣病はこういう病気である。メチル水銀によってこのように中枢神経が侵されているのだという授業をしました。すると、新潟大学医学部附属病院でインターンをしていた学生が、**私がこの前見た患者さんは同じ症状です、と言い始めたんですね**。そこで、新潟大学医学部の先生たちが、附属病院の入院患者を調べたら、同じ症状の人が実は何人もいて、すでに亡くなっている人もいたということがわかった。ここから、同じことが起きている。では、チッソと同じような工場がどこにあるのか、と調べたら、昭和電工鹿瀬工場の廃水が原因だ、ということになりました。そして何が起きたのか。お決まりですね。昭和電工が否定をするわけです。そのちょっと前、新潟では新潟地震というのがありました。新潟地震で近くの農薬工場から農薬が阿賀野川に流れ込んだ。そ

新潟県の阿賀野川
福島県・群馬県に源流を持ち、新潟県を通って日本海に注ぐ河川。

れで汚染されたことが原因です、と、主張します。となると、また原因究明は遅れます。そうすると当然、しびれを切らした住民が昭和電工を訴える。また裁判になり、裁判で住民側が勝って、ようやくこの問題が決着する。**こうしたことが次々に繰り返された**ということなのですね。地元の医師が気がつくが、会社はなかなかそれを認めようとしない。別の理由を持ち出す。結果的に原因究明が遅れ、患者が次々に出る、という状態になってきた、ということです。

悲惨な歴史から私たちが学んだ結果

こういうことがあちこちで起きた。これが1960年代から70年代にかけてです。**いまから40年ほど前になりますが、この日本で現実に起きたということです。**いまは、相当きれいになりました。たとえば、先ほどの多摩川にしても、いまは本当にきれいになっています。多摩川で鮎《あゆ》が取れるようになっています。隅田川も相当きれいになりました。東京湾も随分きれいになったのですね。先ほど癌になったハゼというニュースがありましたが、ハゼも取れるようになった。いろいろなところが非常にきれいになりました。これはこういう**悲惨な歴史から私たちが学んだ**のですね。そして、二度とこういうことがないようにといって、ここまで来たわけです。そして、その**環境問題に取り組む専門の役所が必要だということになりました。**

ようやく環境第一の考え方に

１９７１年、環境庁ができました。**現在の環境省**です。でもこの時点ではまだ環境庁でした。実は環境庁ができる前の段階から、公害対策基本法という法律がありました。つまり環境問題に取り組まなければいけないという法律があったのですが、その法文の中にこういう言い方がありました。

「環境は大切だ。でも環境問題に取り組むためには、つまり生活環境保全については、経済の健全な発展との調和が図られるようにするようにするものとする」

生活環境の保全をするためには、経済の健全な発展との調和が必要だ、**経済と生活環境をどちらも同じ重さとしてみていた**ということです。生活環境を守るために、環境を守れと一生懸命やったことによって、経済がおかしくなってはいけないということですね。経済が大事ということ

環境庁
１９７１年、総理府の外局として設置された。その後、２００１年に環境省となった。

です。環境も経済も大事。といったらだいたい人間は生活を大切にしますから、経済が大事ということになってしまう。それでは環境が守られない、ということになって、**環境庁の発足時にようやくその項目が削られた。**つまり環境をちゃんと守らなければいけないよ、**環境第一**だよということになった。

環境配慮が実は経済にプラスに

高度経済成長で日本がどんどん豊かになった。その結果、公害問題が起きてしまった。でも公害問題に取り組んで環境を大切にすると、経済の発展が損なわれる、と、当時の日本人の多くは考えたわけです。だから、経済界もそういう環境の取り組みに随分反対をしていました。ところが、**環境問題に一生懸命取り組むと、実は思いも寄らない形でこれは経済にプラスになるのだということが、その後わかってくる**のですね。

どういうことか。たとえば、先ほどのような大気汚染物資。煙突から煙がどんどん出てきます。あそこから煙が出ないようにするためのいろいろな設備をつくります。そうすると、そういう設備、あるいはそういう技術は、世界に売れるわけです。世界のどこでも、環境汚染に苦しんでいたわけですから、そういうところに技術を売ることができる。あるいは廃液。これをきれいにするシステムをつくることによって、これもまた技術として売ることができるようになるわけです。**そして何よりいちばんは、自動車の排出ガス対策**です。自動車の排出ガスによって、四日市の喘息問題も起きたわけです。自動車の排出ガスをなんとか減らさなければいけない、という取り組みの中で、アメリカである法律ができました。

１９７０年、**マスキー法**です。マスキーという上院議員がこの法案を出して成立したからマスキー法と呼ばれています。どういうことか。実に画期的な法律で、１９７５年までにアメリカで発売される自動車の排出ガスは現在の10分の１にしなければいけない、というものだった。そうしなければ、販売が認められないという、大変厳しい法律でした。**１９７０年にこのマスキー法が成立した段階で、世界中でこの基準をクリアする自動車は１社もつくることができなかった。**とにかくあと5年で排出ガスを10分の１にしなければいけない。一斉に取り組みを始めました。**日本の自動車会社はみんなまじめに取り組んだ**のですね。アメリカの自動車会社は何をやったのか。こんな開発とても無理だ。できっこない。政治力を発揮したのですね。アメリカの場合、自動車業界は非常に力を持っていますから、政府に働きかけて法律を施行させないように仕

マスキー法　１９７０年、アメリカで制定された大気汚染防止法。自動車の排出ガスを規制することが目的。マスキー上院議員が提案したことから名づけられた。

向けたのです。結果、１９７５年になっても規制は実施されませんでした。その間、アメリカの自動車会社は、排出ガスを少しでも減らそう、という取り組みを熱心に行わなかった。ところが日本の自動車会社はみんなまじめに取り組みました。いちばん最初にこれをクリアしたのはホンダ。**ホンダのＣＶＣＣエンジンです。**なぜ、排出ガスから大量のいろいろな大気汚染物質が出るのか。それは、ガソリンはエンジンで燃焼するのですが、完全燃焼させるのが非常に難しかったからです。**不完全燃焼することによってさまざまなものが排出ガスとして出てしまう。だから、徹底的に完全燃焼させればいいのだ、**というわけです。ＣＶＣＣエンジンというのは、エンジンで一度燃焼させたものをもう一度燃焼させる、という形で、**二重に燃焼させることによって、排出ガスをきれいにしようというものでした。**そのあと、トヨタも日産もまったく別の技術を使って、その排出ガスをクリアします。結果的にマスキー法は実施されませんでしたが、１９７５年までの間に日本の自動車メーカーはこれをクリアするだけの技術、そういう自動車をつくり出すことに成功しました。**これによって日本の大気汚染も劇的に減ってくる。**

ＣＶＣＣエンジン
１９７２年、ホンダが発表した低公害エンジン。世界で初めてマスキー法の基準をクリアした。

マスキー法対応で、燃費のいい車ができた

ところが、ここに思わぬ副産物がありました。自動車で、ガソリンをとにかく徹底的に燃焼させればいい。そうすれば排出ガスがきれいになる。ということは、徹底的に燃焼させるということは燃焼効率がよくなる。**結果的に燃費がよくなる**のですね。つまり、一定量のガソリンを徹底的に燃やすわけですから、結果的に非常に燃費がよくなったのです。排出ガス規制をクリアしようと取り組んだら、結果的に燃費が非常によくなった。そこに、**1973年、オイルショックが世界を襲います**。石油の値段、ガソリンの値段がポーンと跳ね上がった。アメリカの人たちは燃費がいい車を欲しがるわけです。1975年の規制に向けて、**燃費のいい車は、日本だけがつくることができた**。ここから日本の自動車がアメリカで飛ぶように売れるようになる。前回、高度経済成長のときに、日本でつくった自動車をアメリカに持っていったら、高速道路でとても走れなかった、という話をしました。それを一生懸命、高速道路でも走れるような自動車をつくり、さらに燃費のいい自動車をつくり出したことによって、**アメリカで爆発的に日本の自動車が売れるようになる**わけです。いまやトヨタは、生産量世界一のメーカーになりました。これは

オイルショック
↓188ページ参照。

やはりそのときに、一生懸命、公害対策に取り組んだことによって、燃費のいい車ができて、世界で売れた。つまり、公害に取り組むことは、ビジネスになるということなんです。過去には、環境に取り組むと経済に悪影響がある、利益が出ないと思われてきた。いまはそうではない。**公害に取り組むことがまさにビジネスになる**のだ、ということです。というふうに考えれば、**環境問題に取り組む。世の中のためになり、自分の会社も儲《もう》かる。一石二鳥です**よね。これこそ**本来、働くという、あるべき姿**ではないか、ということです。

公害と本質的に似たようなことは起きる

歴史を学ぶということはどういうことか。公害問題を取り上げた場合、こういうことがありましたと、小学校あるいは中学校で習ったと思います。へえ、そういうことがあったんだ、だけではいけないわけです。それは、いまの現実の問題なのです。みなさんが社会に出てから、実は直面するかもしれない。**まったく同じ形のものではなくても、本質的に似たようなことは起きる**わけです。

たとえば、食品の偽装問題がありましたね。芝エビだといっていたものが、実はバナメイエビだったとか、ですね。あれも途中で誰か気づい

食品の偽装問題
→205ページ参照。

ているはずです。こんなことはいけないのではないか。でもそんなことを言ったら、大問題になる。じゃあ黙っておこうか。こう言っているうちに取り返しがつかないことになることはあるわけです。メーカーではなくても食品業界、販売の現場に入っても同じことです。いろいろなところで実は直面することなのです。そのときに**働く者のモラル、あるいはそもそも人間としての生き方。そして企業のあるべき姿というもの。この2つがいろいろなところで衝突することもありうるわけです。**そのときに金儲けさえすればいいのか。あるいは人間性を貫きながら、しかし、企業にとってそれにプラスになることはなんなのかということを、やはり考えなくてはいけないでしょう。

よい会社とはどういうものか？

テレビ東京の番組で、四日市市の石原産業という、やはり**廃水を大量に出していて問題になったという企業を取材**しました。石原産業は、実名で会社の名前をそのまま出していただいてかまいませんと言って、取材に応じてくれたんですね。石原産業は汚染物質を出していたことによって、海上保安庁に摘発をされ、裁判で有罪になりました。そこから反省をして企業が大きく生まれ変わっていくのですね。その後も、石原産

テレビ東京の番組
２０１４年４月に放送されたテレビ東京の「池上彰のＪＡＰＡＮプロジェクト」の中で取り上げられた。http://www.tv-tokyo.co.jp/ikegamiakira/

業は問題を引き起こしたりしましたが、それもまた反省として、いまはそれを全てオープンにしてかまいません、ということになっています。つまり、それだけいまはしっかりと取り組んでいるよ、ということです。過去のことを克服し、それを隠さずにきちんと明らかにしているということは、それだけしっかりとした取り組みを現在しているという自信があるからですね。私が今回の講義の中でいくつかの企業を取り上げました。この企業の中には、昔のことは昔のことといって、たとえば社史の中で、まったく触れていない会社もあります。その一方で、過去の負の歴史としてそれをしっかりと記し、二度とそういうことがないようにしよう、という取り組みをしている会社もあります。だから、過去に悪いことをしたからといって、いまその会社がよくない会社、ダメだ、というわけでは決してないのですね。**過去に失敗をしていてもそこから立ち直って、しっかりとした会社になっているところはいくらでもあります。**でも、それを知らん顔している会社もまたある、ということです。こう考えると、よい会社とはどういう会社だろうか、ということがまたひとつ、言えるのではないかと思います。

悲惨な公害を克服したことで世界に貢献できる

では、最後にひと言だけ言っておきます。とくにいま、中国は、公害問題、PM2・5などの大気汚染の問題があります。あるいは、水俣病とそっくりの病気が起きたりもしています。21世紀のいま起きているのにそれがなかなか解決しない、どうしてなのか。**中国の場合は中国共産党の事実上の一党独裁といわれています**。実は共産党以外に8つの政党が一応存在しているのですが、8つの政党はいずれも、共産党の指導に従うとしています。つまり言ってみれば、共産党の言うことを聞く政党が8つあるだけなんです。共産党はありとあらゆるところに組織をつくっています。裁判所の裁判官、全部共産党の指示に従って判決文を書くことになっています。警察が誰を逮捕するかということ、一般の刑事事件でしたら普通に逮捕しますが、**ちょっと政治的に問題があるようなことであれば、共産党の指示を受けないと警察は動きません**。検察官も起訴するかどうかということは共産党にお伺いを立てて決めるのですね。あちこちに大気汚染物質を出している工場、あるいは汚染物質を流している工場、いっぱいあります。そういうところの工場長は、みんな共産党員で、それも幹部なのですね。そこを摘発しようとすると、共産党か

中国共産党の事実上の一党独裁
中国では、共産党以外に8つの政党があるが、いずれも共産党の指導に従う、となっているため、事実上の一党独裁という言い方をする。また、中国では、国家のあらゆる組織が共産党の指導を受けるため、憲法よりも上の存在である。

らストップがかかる。結果的に警察も検察もそれを摘発することができない。では、新聞やテレビはどうか。**新聞やテレビにも必ず共産党員がいて、自由な報道ができない**わけです。結果的に住民の被害があっても報道されない、事件にもならない。しかし患者は出続けている、ということがあちこちでいまも起きているという実態があるわけです。絶望に駆られた住民たちが工場を襲撃するという形での暴動が各地で起きている。暴動になって初めてそれが報道され、これはいくらなんでも酷《ひど》いだろうといってようやく、捜査のメスが入るというケースがいっぱいあるわけですね。

日本でこれだけの負の歴史がある。そこから学んでいれば、中国はこれだけの公害問題を引き起こさなくて実はすむはずだ。にもかかわらず日本よりももっとひどい状態になって、それはそこに報道の自由がないから、その問題を報道するメディアがない。捜査機関が動かない。あるいは住民が裁判に訴えたところで住民は勝てない。そういう仕組みになっていると健康被害はどんどん続くということですね。**政治体制、そういうものがしっかりしていないと、人間の健康、まさに生死の問題に関わってくる。**こういうことも実は見えてくる。そして、中国からは大気汚染物質が飛んできて、PM2・5や、光化学スモッグの問題が起きて

自由な報道ができない
中国では自由な報道ができないといわれるが、2014年7月、中国・上海《シャンハイ》にあるアメリカ系の食肉加工会社「上海福喜食品」が、マクドナルドなどに期限切れの肉を使用した商品を供給していた事件は大きく報道された。この不正が明るみに出たのは内部告発がきっかけで、上海のテレビ局スタッフが潜入取材を行ってのスクープ。しかし、これは中国側の外資叩《たた》きが背景にあったともいわれる。

いる。中国の公害問題を解決しないと、日本にとっても影響があまりに酷いということになりますよね。でも、日本は、その公害対策の技術を持っている。中国には公害で苦しんでいる人が大勢いる。そういう人たちを助けることができる技術を日本は持っているんだよ、という形での、日中の技術協力であったり、あるいはそれをビジネスとして売っていったり、ということもまた、実は可能になる。そして、中国だけではありませんね、東南アジアのあちこちでも、経済が発展することによって、さまざまな公害問題が出てきている。そのときに日本は残念ながらですけど、負の歴史をいっぱい持っている。それを教訓にして、優れた公害防止技術を持っている。こういうことをするとこんな大変なことになりますよ、ということを伝えることもできるし、それを防ぐためにはこういう技術があるんですよ、ということも伝えることができるわけですね。そういう意味では**日本は悲惨な公害を克服したことによって世界に貢献できる。そういう立場にもいる**のだろうということです。では今日はここまでにします。

lecture
6
バブルが生まれ、はじけた

〝ジャパン・アズ・ナンバーワン〟と
呼ばれた時代がありました。
バブルとはいったい
何だったのでしょうか？

今回はバブルを取り上げます。日本経済がバブルになり、そしてそのバブルがはじけたという話をします。**バブルはどうして生まれて、どうしてはじけたのか**。いまでもよく、一定年齢以上の人から、バブルの時代はよかった、という話が出てきます。いったいバブルとは何なんだろうか。これを考えます。

そこでまず学生のみなさんにバブルのイメージを聞こうと思います。いかがですか。

学生P：ものすごく景気がよかった時代だと認識しています。

池上：はい、景気のよかった時代。何か印象的なものはありますか？イメージとして、目に浮かぶようなものは何かある？

学生P：タクシーを、一万円札を振って止めるとか。

池上：おお。よく知っているね。どうしてそれを知っているの？

学生P：なんかドラマなどで。

池上：ひょっとして『バブルへGO!!』という映画を見た？

学生P：あ、そうです。それだと思います。

池上：ほかにバブルというとどんなイメージでしょうか。もう1人くらいどうですか。

バブルへGO!! 正式タイトルは、『バブルへGO!! タイムマシンはドラム式』（馬場《ばば》康夫《やすお》監督）。2007年2月公開の日本映画。

学生Q：株価がすごく値上がりして、不動産価値が高まった。

池上：はい、そうだよね。まさにそのとおりですね。株価が上がって、不動産がとっても高くなったよね。さあ、なのにそれがどうして下がったのだろうか？

学生Q：何かが起こって……？

池上：そうだよね、はい。それを今日、みんなで勉強していこうということです。

夜な夜な踊ったバブルの宴!?

さて、当時どんなことが起きたのかということですが、バブルというとまずみんなが思い出すものがあるんじゃないですか？　扇子を振って踊っているお姉さんたちが出てくる……、そう、ジュリアナ東京ですね。体のラインがぴったり出る服を、ボディ・コンシャス、略してボディコンといいました。踊るのにお立ち台という台があるんです。自信がある人はその上で、扇子を振って踊った。毎晩毎晩お祭り騒ぎが続いていたわけです。バブルというとこの映像を思い出す人が多いと思います。でも、**実際は、ここが流行《はや》ったのはバブルがはじけた後だったのです。バブルの余韻が残っていた**ということですね。

ジュリアナ東京　東京都港《みなと》区芝《しば》浦にあったディスコ。1991年5月から1994年8月まで営業。

ボディ・コンシャス　そもそもの意味は、「体を意識した」。体の線（ボディ・ライン）を強調した衣服のこと。略してボディコン。

ジュリアナ東京のお立ち台で踊る女性たち。ワンレン（ワンレングス）・ボディコンの女性たちが、お立ち台の上で、羽根つき扇子を振り回して踊った。（写真：日刊スポーツ／アフロ）

先ほど、タクシーの話がありました。手を振ってもタクシーが止まらないのですね。そういうときには、一万円札を振れば止まる、といわれていました。でも、私は先輩からこう言われました。一万円札を振ると、1万円以内のところにしか行かない、と思われる。一万円札ではなくて白い紙を振れ、と。白い紙とは何か。ただの紙でいいんです。それを振るとタクシーの運転手はタクシーチケットだと勘違いしてくれる。当時は、たとえば、接待などで遅くなると、会社がタクシーチケットを出してくれる。そうすると1万円じゃなくて、2万円、3万円のタクシー代が出るということがよくあったわけですね。1万円よりもっと長距離のお客だよとアピールするために、白い紙を振れ、ということです。

いまと違ってタクシーの台数も制限がありました。限られたタクシーの台数で、景気がよくなれば、交際費という形で取引先を接待したり、飲食をしたりする。深夜になれば、タクシーで帰る。そのタクシー代も会社が持ってくれる。こういう時代だったわけですね。**結果的に需要と供給の関係でタクシーがなかなか捕まらない**。タクシーの運転手が非常に強気になるわけですね。乗車拒否というのもよくありました。女性が1人で車を止めようとすると、止まってくれないのですよ。どうしてか。女性は非常にお金にシビアだから、タクシーで遠くまで乗るようなことがないと、タクシーの運転手たちは、それをケチだという言い方をしました。いまは、**男女雇用機会均等法で、女性も、男性と変わらず遅くまで働いています**。だから夜遅くなればタクシーで帰る。そのお金も会社から出る。いまはそういうふうになりました。でも、当時女性たちはあくまで男性の助手のような、一人前に扱われていなかったから、女性が帰るときは会社の金は使えない。自分のお金で帰る、となれば、長距離のタクシーは乗らないはずだ、給料が安いわけだからどうせ近距離だろう、というふうにタクシーの運転手は瞬時に判断をして、女性が手を振っても止まらなかったのですね。**女性の社会的な地位がかなり低かったということもこのバブルから見えてきます。**

男女雇用機会均等法
職場における男女の差別を禁止し、募集、採用、昇進などさまざまな条件で男女平等に扱うことを定めた法律。1985年に制定され、1986年4月から施行。

実体以上に価格が高騰した状態

先ほど土地の値段が上がったという話が出ました。当時、**東京23区の土地を売ると、アメリカ全土が買える、といわれました。**それだけ日本の、とりわけ東京の土地の値段が上がった。もちろん、大阪も愛知も、ものすごく土地の値段が上がったということです。これがバブルでした。そもそもバブルというのは、泡ですね。泡というのはうたかたのごとく消える。つまり、ワーッと広がって、一見華やかなように見えるけど、あっという間に消えてしまう。これがバブルというものです。バブルを経済学的に定義すると、
「実体価格を超えた資産価格の上昇に伴う過熱景気」です。

とりあえず、こういうふうに定義しておきましょう。実体価格を超えた、つまり、土地の値段であれば、本来の適正な土地の値段があるはずです。**本来の土地の適正な値段とは何か。**たとえば、主要な道路に面した土地があるとします。その土地を買い、そこにビルを建て、そこをいろいろなところに貸し出します。そうすると家賃収入が入ります。この家賃収入を銀行にお金を預けたときの金利にあてはめて計算すると5%とか6%くらいになる。その程度の投資。つまり、その程度が上乗せさ

れた土地の値段であれば、これは実体価格と言えるわけですね。ところが土地の値段がどんどん上がってしまった。その土地を買って、そこにビルを建てて、いろいろな人に貸して家賃収入があっても、**土地の値段があまりに高すぎるものだから、家賃収入ではとても見返りが少なすぎるような状態になってしまうとき、これが実体価格を超えるというわけですね。**

バブルで価格が高騰した日本の土地。当時、東京23区とアメリカ全土が同価値だった！

この場合の資産価格というのは、たとえば土地やゴルフ場の会員権などが、**本来の値段よりもさらに上がりすぎてしまって、その結果みんなが、景気がいいと思ってしまうような状態。これがバブル**、という一般的な定義ができます。

このときは、**みんなこの渦中にいると、とっても景気がいい**

ゴルフ場の会員権
会員制のゴルフ場の利用権のこと。株式のように市場で時価で売買されており、バブル時代には高騰した。

と浮かれるのですね。バブルだなと気がつく人はほとんどいません。バブルがはじけてしまった後になって、ああ、あれはバブルだったよね、と気がつく。だからバブルの最中はみんな、空前の好景気だ、日本経済の好調は永遠に続くんじゃないか、とみんなが思っていた。これがバブルというものなのですね。

バブルの始まりは「プラザ合意」

では、そのバブルはなぜ始まったのか。これは、**アメリカ・ニューヨークの高級ホテルで開かれたある人たちの密会から始まっています。**日本からも参加しています。当時の竹下登《たけしたのぼる》大蔵大臣です。のちに総理大臣になります。若いみなさんからすると、DAIGOのおじいちゃんですね。この密会はどういうものなのか。**先進主要国の大蔵大臣がみんなで集まって、秘密の会議をやります。**秘密だといわれた。でも、大蔵省（いまの財務省）の大蔵大臣が成田《なりた》空港に行くなんて言えば、大蔵省付きの記者たちが、どこへ行くのかと追っかけてきます。彼は、ゴルフが好きだったということがありますが、ゴルフの格好をして、成田空港の近くのゴルフ場に出かけました。記者たちは疑《うたぐ》り深いですから、本当だろうか、とついてくる。すると本当に成田空港の近くのゴルフ場でゴルフを始め

竹下登
日本の政治家（1924～2000年）。第74代内閣総理大臣。首相時は、「ふるさと創生」を掲げた。また、1989年4月に消費税を導入。リクルート事件で退陣。

DAIGO
日本のミュージシャン（1978年～）。母方の祖父が竹下登。

大蔵省
現在の財務省の前身（金融庁の前身でもある）。国家予算の編成や金融行政を行う。

た。それを見た記者たちも信用して東京に戻りました。記者たちがいなくなったところで、彼はそのまま成田空港に駆けつけると、着替えを持った秘書が待機していて、飛行機に乗って、ニューヨークに行ったんですね。

プラザ合意。秘密裏に先進主要国の大蔵大臣がアメリカ・ニューヨークに集められ、歴史的な合意を得る。ここから日本経済は大きく変化した。

ニューヨークではどこに行ったのか。プラザホテルです。ニューヨークのセントラルパークという大きな公園の東南の角にある高級ホテルです。この当時は全部ホテルでした。現在は半分くらいを高級マンションに変えてしまい、ホテルルームはごく一部になっています。**ここに当時の主要国の大蔵大臣と中央銀行の総裁たちが集まって、ある合意に達しました。これを「プラザ合意」といいます。**

プラザ合意
1985年9月22日にアメリカ・ニューヨークのプラザホテルで開催された緊急秘密会議で合意されたこと。参加国は、アメリカ、日本、西ドイツ、イギリス、フランスの5カ国。

ドル安協力体制を緊急発表した

当時、アメリカの経済がどうもうまくいかなかった。輸出が振るいませんでした。**こう考えたのですね。アメリカとしてはドルが高すぎるから輸出が伸びないのだ、**いま日本はアベノミクスもあって円安に振れていますが、以前は円高でした。円高だと輸出品の値段が高くなって、なかなか売れない。当時のアメリカもドル高だったものですから、なかなか輸出が伸びない。なんとか**ドルを安くすることによって輸出を伸ばし、アメリカ経済を立て直したい。**

そこで、当時の日本、あるいは西ドイツ（ドイツが統一前の話です）、フランス、そうした**先進諸国にドルを安くすることに協力してほしい、と持ちかけた。**やはりアメリカがしっかりしていないと世界経済が不安定になるし、アメリカに協力しようか、ということになった。これが、プラザ合意です。合意がされてから直ちにそれを緊急発表しました。世界中のメディアが驚いたわけです。いつのまにニューヨークに行っていたのだろうか、ということです。こうやって驚かせる。これによって市場にショックを与えて、一挙にドル安にしよう。

具体的にはどうしたのか。たとえば**西ドイツの場合、当時の通貨はマ**

マルク
ドイツマルク。1948～1998年にドイツ（1990年までは西ドイツ）で使われていた通貨。1999年1月のユーロ導入とともに廃止された。

ルクでした。ドルを売ってマルクを買う。日本の場合、日本銀行を通じて、政府がドルを売って円を買うというやり方をとりました。通貨も需要と供給で値段が決まりますから、世界中でドルはいらない、ドルを売りたい、ということになると、ドルの値段は下がり始めるわけです。どのように下がったのか。

急激な円高が日本を襲った

当時の円とドルのレートのグラフです。1985年のあたりを見てください。ちょうどプラザ合意のころです。1ドルが240円近くになっていますよね。そこから急激にドーンと下がります。**プラザ合意で世界の主要な国々が一斉にドルを売るというやり方をとった。そして、ドルは急激に安くなった**のですね。ただ、いまは、こういうことはなかなか難しい。それぞれの国が一斉にどこかの通貨を高く、あるいは安くしようとしても、なかなかそのとおりになりません。**当時は、抜き打ちだったということ、**

米ドル／円相場の推移

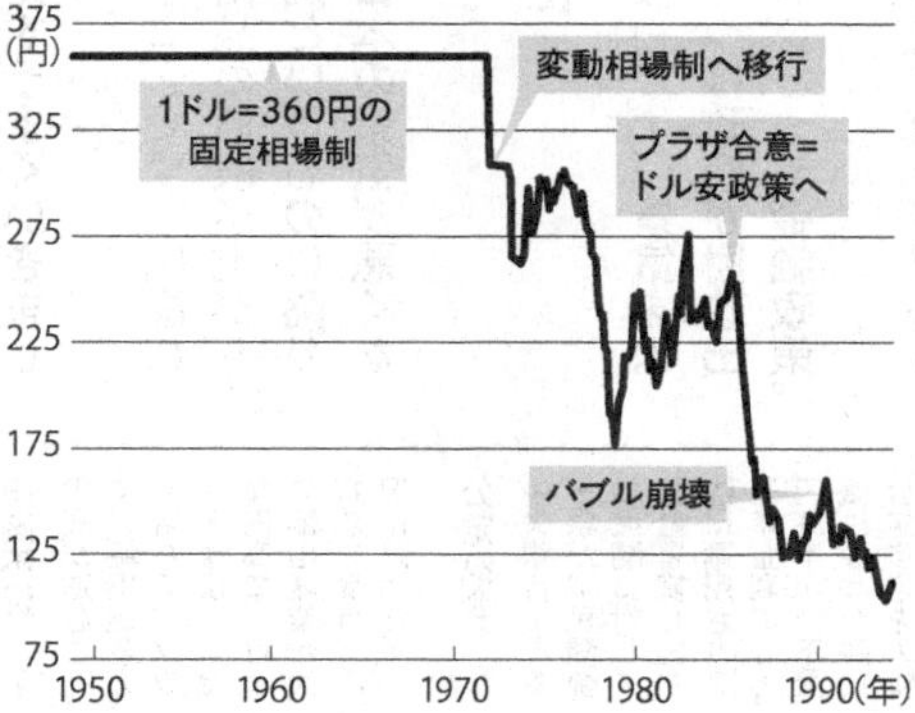

あるいは各国が協力したということもあり、とりあえずうまくいきました。

ドルが下がったということは、円高になったということです。円高になると何が起きるのか。円が高いわけですから、輸出品の値段が上がります。輸出産業の経営状態が大変悪くなる。**円高不況というものに陥ります。アメリカの景気をよくしようと協力したら、日本の景気が悪くなってしまった。**変な話ではありますが。

公定歩合をどんどん下げてお金をジャブジャブに

さて、不況になったらどうするのか。まずは金融緩和です。**景気をよくするためには2つのやり方しかないわけです。**ひとつは**政府が財政出動をする。**つまり公共事業をどんどんやること。もうひとつが**金融政策。つまり中央銀行が金利を下げる。**この2つです。

金融緩和で具体的に何をやったか。**日本銀行が、公定歩合を下げました。**この公定歩合は、現在は使われていません。かつては、日銀が公定歩合を上げたり下げたりして国内の金利水準を決めると習いました。日銀が日本の国内金利、たとえばお金を貸し借りする、あるいはみなさんがお金を銀行に預けたりする。その金利の水準を全て日銀が決めていま

円高不況
円高が進むことで、輸出競争力が落ちる。プラザ合意後の急激な円高で、日本の輸出産業が大打撃を受け、不況に陥った。

公定歩合
中央銀行である日銀が、民間金融機関に対してお金を貸し出す際に適用される基準金利のこと。円高不況で不景気になった際に、公定歩合を大幅に引き下げることで、景気を刺激しようと考えた。現在は存在しない仕組み。

した。**公定歩合とは、銀行がいざというとき、日銀から借りるお金の利率のことなのですね。**日銀というのは、銀行にとっての銀行、という言い方をよくされます。銀行にお金が足りなくなったとき、日銀からお金を貸してもらうことができる。そのときの金利が公定歩合なのです。**いまは日銀がいちいち金利を決めない。市場で、それぞれの金融機関同士でお金の貸し借りをすることによって、金利水準が決まるようにすればいいということになっています。**

景気をよくしなければいけないと、**日銀が公定歩合をどんどん下げた。**それによって大変お金を借りやすくなりました。**世の中にお金がジャブジャブとあふれるような状態になる。**

土地を使った財テクが流行

では、金融緩和をするとどういうことになるのか。**銀行からお金を借りようとするときに非常に低い金利でお金が借りられる**わけです。だから、そうやっていろいろな企業が銀行からお金を借りて、**そのお金で設備投資をする。**新しい工場をつくったり、生産ラインをつくったり、あるいは新しい社員を雇ったりする。そういうことにお金を使えば、そこに雇用が生まれる。あるいは、そんないろいろな工場をつくるための原

設備投資
会社などが経営を行うにあたり、必要な設備に対して行う投資のこと。工場のような形のあるものと、特許権、商標権などの形のないものの2つに分類される。

材料が売れる。それによって景気がよくなるだろう。こう考えて、日銀は金融緩和、金利を下げたのですね。

これによって確かにいろいろな企業が銀行からお金を借りて工場をつくろうと動き出します。工場をつくるために工場用地が必要である、と、土地を買うわけですよね。土地を買う企業が増えてくると、次第に土地の値段が上がり始めます。そうなると、**工場をつくらなくても、土地の値段が上がる**わけです。別に工場をつくらなくても、その土地を売れば、買ったときより高く売れるわけです。**銀行からお金を借りて土地を買ってしばらく待てば、**

そうすると、不動産会社でもない、一般のメーカーでも、銀行からお金を借りて土地を買い、土地を売れば、借りたお金を返してもまだ利益が出る、という状態になってくるんですね。こうなると、いろいろな企業が次々に土地を買おう、土地を買って、高くなったら売ればいい。あるいは売らなくてもいい。どんどん上がるのだから、銀行からお金を借りて土地を買う。すると、その土地を担保にまた銀行からお金を借りることができるわけです。担保というのはお金を借りるときに、もし返せなくなったらこれを取り上げていただいて結構です、というもの。土地というのは当時、非常に確実ですから、土地を持っていれば、土地を担保にお金を借りることができた。そのお金でまた新しく土地を買う。その土地を担保にまたお金を借りる。この形でどんどん土地を増やしていく。元手は最初の土地を買うお金だけですよね。最初の土地を買うお金だけで、ふと気がつくととてつもなくたくさんの土地を手に入れていた。**いろいろなメーカーが不動産に手を出して利益をあげるようになりました**。これを当時こう呼びました。**「財テク」**です。メーカーにしてみれば、たとえば自動車企業の場合、自動車をつくって自動車を売るという本業以外に、土地を買って土地を売れば、それで利益があがる。経済評論家の中には、財テクをしない経営者は経営者失格であると言っていた人もいます。財テクをしなければ世の中に遅れてしまう、儲《もう》け損なってしまう、と多くの企業が考えるようになります。どんどん土地を買うようになった。土地の値段がどんどん上がり始めたということです。

土地の値段はもっと上がるはずだ！

当時、1985年、国土庁という役所がありました。当時の建設省の中の国土庁。いまの国土交通省ですが、そこが、東京のオフィスはこれからどうなるのかという見通しを立てます。1985年の段階で、2000年になるまでに東京ではとくに外資系の金融機関がどんどんこれか

財テク　財務テクノロジーの略。企業や個人が、株式や不動産、為替取引などへの投資を行い、資金を有利に増やすこと。

国土庁　国土の利用に関する行政を行っていた役所。2001年1月の中央省庁の再編で国土交通省に統合された（ただし、防災に関しては内閣府に移管）。

ら日本に進出してくるので、**超高層ビルがあと250棟必要になるであろう、という予測を立てた。**国土庁にしてみれば、これからどんどん経済が発展し、海外からいろいろな企業が進出してくると、いまのままではだめだ、もっと土地の再開発が必要だ。250もの高層ビルがこれから必要になるかもしれないよ、という、あくまで予測として報告書をまとめたのです。ところが、これを別の読み方をした人たちがいたのです。これから250もの超高層ビルが東京都内に立つことになる。そのための土地を買おうという企業がいっぱい出てくるだろう。**土地の値段はもっと上がるはずだ。その前に手に入れてしまおう**、という動きになります。**これによってますます土地の値段が上がることに**なりました。

株式投資ブームの到来!

そして、もうひとつありました。それが、**株の値段が上がるようになったのですね。**そのきっかけです。**1987年、NTTが民間会社になって株を売り出しました。**その前は、NTTは日本電信電話公社。電電公社、という半官半民の会社で民間企業ではありませんでした。これを民営化しようということになり、NTTという株式会社になりました。株式会社になった段階で、それまでは国のものでしたから、**NTTの株**

NTT
日本電信電話株式会社(Nippon Telegraph and Telephone Corporation)。国が経営する三公社五現業のひとつであった日本電信電話公社(電電公社)が1985年に民営化されてできた会社。

は全部国が持っていたわけです。その株を一般に売り出すということになりました。1株いくらで売り出そうか。当時、NTTの株を売り出したときの、東京証券取引所の映像があります。

いまの東京証券取引所は全てコンピュータ化されています。コンピュータがあって、コンピュータをチェックする人が少しいるだけです。あのころは場立ちといって、それぞれの証券会社から派遣されている人たちでいっぱいでした。お客さんが証券会社に、どこそこの株を買いたい、売りたいと電話で注文します。するとこの注文を受けて、**「いくらで買うぞ」「いくらで売るぞ」ということを両手を使って表していた**のです。

この両手のサインで個別の会社をイメージしていたのですね。

たとえば、投げキッス。これはどこの会社だと思いますか。カルピスです。当時のカルピスは初恋の味というのが謳《うた》い文句でしたから、この手の動きでした。日が出るような格好をして、クイッとビールを飲む真似をするとアサヒビール。**全て手の動きで各企業を表していた**のです。瞬時にそれを出し、それを遠くにいる人がそれを見て、そこの会社の株を何万株買うのか売るのか、というのを瞬時に判断したのですね。**とてつもない職人芸です**。それが、いまは全てコンピュータ化されてしまった。しかし、そのおかげで株の売買もネットを使って瞬時に行えます。

場立ち
証券取引所で、投資家から受けた売買注文を、身振り手振りを使ってさばく人たちのこと。現在は取引が機械化されたため、場立ちによる取引は行われていない。

119万円があっという間に300万円に

NTT株は、1株＝119万円で売り出しました。最初の段階で、多くの人に買ってもらいたい。いくらがよいか、ということを専門家が検討した金額が1株＝119万円でした。119万円で売りますけど欲しい人いますか、と各証券会社を通じて希望を募った。すると大勢の人が買いたいと手を挙げた。結局、抽選に当たったごく一部の人たちだけが、1株＝119万円で買うことができたのです。上場した後は、自由に売買できます。当初119万円で売り出したものだから、120万円にはなるだろう。と基準価格120万円でどうですか、としたわけですね。でも、買いたい人があまりにも多くて、値段がつかなかった。結局、**1カ月もたたないうちに株価が300万円を突破**してしまった。抽選で119万円で買う権利を得て、**119万円で買ったらあっという間に300万円になって**しまった。「**株って儲かるんだ！**」と多くの人が思ったわけです。まさに、「濡《ぬ》れ手で粟《あわ》」ですね。

土地と株の値段がみるみる上がっていった

それまで株は危ないものだから手を出したくないと思っていた多くの

人たちが、株に手を出すようになった。**一般の人たちが株を買うようになりますから、当然株の値段はさらに上がるようになります。**

そうすると、民間企業も、自社の資産、財産を蓄えるために株を買っていたりするのですね。取引先の会社の株を持っていたり、仲のいい会社同士が株を持ち合っていたりします。たくさんのよその会社の株をいろいろな企業が持っているわけです。その持ち株の値段がどんどん上がり始める。その株を売れば儲かるわけですが、売らなくても持っているだけでその会社の資産がどんどん増えていきます。そうすると今度は**その株を担保にお金を借りる**こともできるようになる。すると、銀行からお金を借りて土地を買い、その土地を担保にお金を借りる。そのお金で株を買い、株の値段が上がったらその株を担保にお金を借りる。ということで、**土地の値段と株の値段がどんどん上がり始めました。**これを当**時の人たちは空前の好景気と大喜び**をしたわけです。

アメリカのシンボルが日本の手に！

いろいろな企業が、財テクを行うことで本業以外で大儲けをした。次にどうするか。**世界にどんどん出ていこうということに**なります。たとえば、１９８９年、ソニーがアメリカのコロンビア映画を買収します。

ロックフェラー・センター。アメリカ・ニューヨークのマンハッタンにある高層ビル群。アメリカの代表的な観光名所。毎年、巨大クリスマスツリーの点灯式が世界中に報道されることでも有名。

それでできたのがソニー・ピクチャーズ エンタテインメントですね。もともと電機メーカーのソニーが、アメリカの映画会社を買い取り、いまや映画部門で利益があがるようになりました。ソニーのこの買収は成功したのですが、なかには、アメリカ・ニューヨークのシンボルに手を出した会社がありました。ロックフェラー・センターですね。**三菱地所が、ロックフェラー・センタービルを買い取った**のですね。ビルの前ではクリスマスになるとクリスマスツリーが飾られて点灯式がありますし、下の部分が広場になっていて、夏の間は、そこはカフェに、冬になるとアイススケートリンクになります。**ニューヨークのシンボルですね。そのシンボルを三菱地所が買いました。**さらに日本の企業がハワイにあるゴルフ場を次々に買い取っていったんですね。ハワイにあるゴルフ場のほとんどは日本の企業のものになりました。当時アメリカの人たちは、**アメリカのシンボル、財産が日本によってみんな買われてしまう、**

ゴッホの『ひまわり』
フィンセント・ファン・ゴッホによって描かれた「向日葵（ひまわり）」をモチーフとする絵画。複数の絵が存在するが、そのうちの1点を、1987年、当時の安田火災海上保険が購入し大きな話題になった。

と騒ぎになり、ちょっとした反日ブームのようなものまで起きました。

いま、中国がアメリカのいろいろな不動産をどんどん買い占めています。いま、それによってアメリカ国内で中国に対する反発がありますが、当時は日本がまったく同じことをやっていたのですね。

お金が余って仕方がない状態

ほかにもこんなエピソードがあります。当時、安田火災という損害保険会社が、ゴッホの『ひまわり』の絵を買ったのですね。1987年のことです。約3992万ドル、当時のレートにして約58億円で購入しました。絵1枚に58億円です。この絵は、現在、損保ジャパン日本興亜本社ビルの中にある東郷青児《とうごうせいじ》記念　損保ジャパン日本興亜美術館で見ることができます。このように、**当時の日本企業が世界中のいろいろな絵を買い占めました**。こんな話もあります。静岡の大昭和製紙（現在の日本製紙）の会長が、世界の名画をいくつも買いました。その絵をどうするのですかと聞かれて、「おれが死んだら棺《ひつぎ》に入れて一緒に焼いてくれ」と言ったものですから、世界中から大ブーイングを受けました。**文化的価値観の低さを示す話です**。

日本はとにかくお金が余って仕方がないような状態だった。そして、

東郷青児記念損保ジャパン日本興亜美術館
東京都新宿《しんじゅく》にある美術館。ゴッホの『ひまわり』や、セザンヌ、ゴーギャン、東郷青児等の作品を展示している。

大昭和製紙（現在の日本製紙）の会長
齊藤了英《さいとうりょうえい》・大昭和製紙名誉会長。ゴッホの『医師ガシェの肖像』、ルノアールの『ムーラン・ド・ラ・ギャレット』を購入した。

いろいろなゴルフ場を買ったり、絵を買ったりしたわけです。いまになってみれば、それだけのお金があれば、**もう少し文化的なこと、後世に残るようなことをしておけばよかったのではないか。**たとえば、イギリスの大英博物館。アメリカならニューヨークのメトロポリタン美術館。それぞれの国がものすごく経済がよかったとき、あるいはとてつもないお金持ちがいたときに、いろいろな文化財を集めてこれを後世に残す。こういう形で文化遺産を後世に伝えた国はたくさんあるわけです。日本も、いまになってみればですが、**バブルのときに浮かれていないで、もう少し何かできなかったのかなあと、とても残念な気がします。**

高級車が飛ぶように売れた理由

さて、今度はこんなことが起きました。**シーマ現象**です。日産自動車のシーマという高級車が、ちょうどこのころ発売になりました。これが当時500万円でしたが、飛ぶように売れたのですね。なぜこんなに売れたのか？　シーマを買った人にアンケートを行ったところ、いちばん多かった理由は、何だったと思いますか。**値段が高かったからです。高級車だから、値段が高いから売れた。**これをシーマ現象と呼びました。どうしてこんなことが起こったのか。理由は2つあったといわれてい

シーマ現象
日産自動車の高級セダン「シーマ」の大ヒットのことを指す。このヒットが高級車ブームの火付け役となった。

ます。ひとつは、とにかく株で儲かった。あるいは土地の値段が上がったということです。たとえば、土地付き一戸建ての住宅に住んでいると、自分の住んでいる土地の値段がどんどん上がってくるわけです。そうすると、お金持ちになった気持ちになるのですね。住んでいる家を売ることはないわけです。でも売れば、自分が住んでいる家が1億円になると思うと、それだけでお金持ちになった気持ちになるのですね。**「資産効果」**といいます。

資産が増えた。じゃあ、ちょっと高級車でも買おうか。いま、高級車って何がいいの？　日産のシーマが売れているらしいよ。よし、買おう、という流れです。

もうひとつの理由。これはちょっと悲しいのですが、サラリーマンが、いずれマイホームを持とうと思って、頭金をコツコツと貯めていたわけです。でも、**土地の値段が上がりすぎてしまって、サラリーマンはマイホームに手が届かなくなってしまった。**もうマイホームは諦《あきら》めよう。**でも、この頭金でシーマなら買える。**そんな理由からシーマを買った人もいた、といわれています。

資産効果
株や土地などの資産の価格が上昇し、持っている資産の価値（担保価値も含む）が増大することで、さらに投資や消費が活発になること。

土地への需要がある日突然消えた

いまになれば客観的に見て、これはバブルなのですが、バブルで景気がいいといってみんなが喜んでいた。最初はよかったわけです。みんな、幸せな気持ちになっていた。でも、サラリーマンにしてみれば、家が買えない。**普通のサラリーマンが普通に働いてコツコツお金を貯めてもマイホームを買うことができない。これは異常ではないか**、ということになります。なんとかしろ、と政府に突き上げが起きるようになります。**政府としても、土地の値段がこれ以上、上がらないような対策を取らざるをえなくなってきました**。どうしたのか。

ひとつは、**「地価税」**です。**たくさんの土地を持っている人から税金を取る**というやり方をとりました。もうひとつのやり方が**「総量規制」**。これは何か。**銀行に対して、不動産への融資をそんなに増やすな。こう言ったのですね**。金融機関はいろいろなところにお金を貸します。その中で不動産会社に貸す割合をこれまでより増やしてはいけない、不動産を買うためのお金はあまり貸さないようにしなさい、というふうに、当時の大蔵省が各銀行に指導しました。

いまならば、民間の金融機関に対して政府がそんなことをいう権限は

地価税
土地価格の高騰を抑制するために制定された国税。一定の土地などを所有する個人や法人が課税された。1992年1月に施行。

総量規制
1990年3月に金融機関に対して出された大蔵省の通達で、不動産向けの融資の伸び率を、全体の貸し出しの伸び率より下に抑えるよう求めたもの。

ないのですが、当時は大蔵省が絶大な権限を持っていました。**不動産にお金を貸すなと言われたのとほぼ同じ**ですから、各銀行が、土地を買いたいという人にお金を貸さなくなりました。土地を買おうと思っていたのに、突然お金が借りられなくなった。すると、土地を買うという動きが突然なくなるのです。**需要と供給の関係で言えば、土地への需要がある日突然消えてなくなった**わけです。

土地高騰の裏で地上げ屋が暗躍

そうなると、これまでは土地を売ろうとすれば高く売れていたのが、土地を売ろうとしても売れない。どんどん値段を下げないと土地が売れないという状態になりました。これをきっかけに**土地の値段の暴落が始まった。**

当時、土地の再開発というものが随分ありました。たとえば東京の都心、中央《ちゅうおう》区あたりですと、古くからの土地に住んでいる、小さな家が密集している地区があるのですね。そういうところの**土地を全て買い上げて、更地にすれば巨大な高層ビルを建てることができる。そういう計画がたくさんあった。**そのために、個別にその家々にこの土地を売ってください、と頼みにいく。そういう仕事を専門にする人たちが現れます。

そういう土地を買うことを、「地上げ」といいました。**それを行う人が「地上げ屋」**です。当時は、**住宅の買い替え特例**というのがありました。たとえば東京の中央区あたりで、猫の額ほどの小さな土地しか持っていなくても、それを売ると何億円ものお金になるのです。そのまま持っているとそれには税金がかかります。ところが自分の土地を売って得たお金で郊外に新しく土地を買うと、税金がかからない。**こうした買い替え特例を利用する人が多くいた。これによって周辺の土地の価格もどんどん上がっていきました。**

こんなこともありました。いろいろな家がどんどん土地を売りますよね。でも、なかには、先祖伝来の土地だから、絶対売りません、という方もいるわけです。周りが全て売却して更地になっているのに、その家だけぽつんと取り残されているということがあちこちに起きるようになりました。すると、なぜか深夜、そこに無人のトラックが突っ込んだり、不審火が起きたり、ということが頻繁に起きるようになった。身の危険を感じてその土地を泣く泣く売って、出ていくなんてことも出てきました。そんな時代でもあったのですね。

地上げ屋
地上げを行うために、その土地の地主や借地人、借家人と交渉をする人、または企業のこと。強引な手法も横行することになった。伊丹十三《いたみじゅうぞう》監督の映画『マルサの女2』（1988年）では、地上げ屋がテーマとなった。

住宅の買い替え特例
住宅（不動産）を売却し、その売却代金で違う不動産を購入した場合には税金がかからないという制度。

コインパーキングはバブルの宴の跡!?

しかし、その総量規制が行われたことによって土地の値段がどーんと下がります。**結果的に、地上げをしている途中でこれがパタッと止まるわけです。**そうすると、地上げをしようとしてある一区画をとりあえず買って更地にした。残りを買おうと思っていたら、銀行がお金を貸してくれなくなった。そこで地上げがストップした。そんな土地があちこちに残りました。いま、そこはどうなっているのか。みなさんよく、名古《なご》屋《や》周辺でも写真（上）のようなものを見かけませんか。コインパーキングですね。ビルとビルの谷間に、突然こぢんまりとした、車が数台だけ止められているような**コインパーキングがありますね。これの多くは、地上げ屋の夢の跡なのです。**もしくは宴《うたげ》の跡と言いますか、地上げをする途中で止まってしまったのですね。ここから先の土地を買うお金がなく

1991年12月に「タイムズ」の第1号のコインパーキングが、東京都台東（たいとう）区で営業をスタートしたのが始まりだ。

コインパーキング
不特定多数の利用者が誰でも24時間利用できる「時間貸しの駐車場」。利用者は利用した時間分の料金を精算機で支払う。

なってしまって、ここだけ空いてしまった。でもあまりに狭い。これだけではなんにもできない。しようがない、貸し駐車場にしようか、というわけですね。もちろんコインパーキングが全てそういうわけではないですが、地上げの途中で止まってしまったところが、そのままコインパーキングとして残っている、ということです。

逆に言えば、**地上げの途中で挫折《ざせつ》してしまった、大損した人がいるわけですよね。**その一方で、こうやって小さな土地がいっぱい空いている。そこをどうするか。コインパーキングの形で駐車場にすれば、利益が入るのではないか、と考えた。コインパーキングの専門の業者ができるのですね。それぞれ空いている土地へ行って、ここに駐車場をつくりませんか、コインパーキングでお金が入りますよ、と。コインパーキングで成長した企業もまた実は存在しているというわけです。**誰かが損をしたら、その損をしているのを見て、新しいビジネスチャンスだと考える人もいるのだ、**ということです。

借りたお金が返せない!

さあ、土地の値段が下がります。土地の値段が下がると、当然のことながら**土地を担保にお金を借りることができなくなります。**株を買うわけにもいかなくなる。株の値段もじりじりと下がり始める、ということが起きてくる。**その結果、今度は、「不良債権」が発生します。**

債権というのは、貸した金を返してもらえる権利のことです。銀行がお金を貸します。貸出先が、毎月きちんと返済をしているかどうか、あるいは返済が滞っているかどうかによって、優良債権や不良債権に分ける。本当はもっと細かく分類するのですが、お金を貸した先が、非常に経営状態がよくて、きちんとお金を返してくれるところ――ここは優良債権に分類されます。その一方で、土地を借りて、いろいろと手広くやっていた。銀行からお金を借りて土地を買い、土地を担保にまたお金を借りて、なんて不動産に頼っていたところは、軒並み経営状態が悪くなるわけです。そうすると、結局お金が返せないということになります。

お金が返せなくなったらどうするのか。銀行は担保を取り上げればいいわけです。担保というのはお金が返せなくなったときに、どうぞ持っていってください、というものです。**もし、お金が返ってこなくなれば銀行はその担保を取り上げればいい**わけですよね。ところが、バブルの真っ最中にはどんなことをやっていたのか。

不良債権
回収することが難しい債権。債権とは貸金（貸しているお金）、逆に債務は借金を指す。

銀行同士の激しい融資合戦が繰り広げられた

たとえば、100億円で売買されている土地があるとします。そうすると100億円の土地を担保にして、いくらお金を貸すことができるのか。基本は7掛けといわれています。100億円の土地があれば、それを担保にすれば、その7割、70億円のお金を貸してくれる。これが、通常の健全な取引の仕方なのですね。銀行にしてみれば、担保にするけれど、その後土地の値段が下がってしまうかもしれない。だから、100億円の土地に100億円を貸すことは危険だからできないわけですね。7割くらいまでならいいだろうという、昔はこういうお金の貸し方をしていたのです。

ところがね、バブルになりますと、100億円の土地があっという間に120億円になるわけです。そうすると、100億円を担保にしても、すぐ120億円になるんだったら、70億円よりもっとお金を貸すことができる。銀行にしてもたくさんお金を貸せば、それだけ利益が上がるわけですから、**大手の銀行同士が激しい融資合戦をやるようになる**のですね。100億円の土地だけど、すぐ120億円になるだろう。じゃあ、うちは70億円じゃなくて、80億円を貸しましょう。そのうちに、じゃあ、

100億円貸してもいいじゃないか。10割ですよね。100億円の土地を担保に100億円を貸す、なんてことが起きてきます。そのうちに、100億円の土地が120億円、150億円、どうせすぐ150億円になるんだから、120億円を貸してもいいだろう、なんていうことまで融資の現場では起きるようになりました。

現場の銀行員たちが、上司から、あるいは経営陣から、**どんどん融資を増やせ。とにかく融資を増やせば、それだけ銀行の利益が上がるんだ、**と、大号令をかけられるのですね。

そうすると、たとえば住宅街の支店に勤務している銀行員。融資を増やせ、と言われた。どうするか。最初は、大金持ちのようなところに行って、うちの銀行にお金を預けてくれませんか。新しい事業をするなら、うちの銀行でお金を借りてくれませんか、とお願いする。ただ、土地を持っているだけで事業をしていない人にしてみれば、いや、お金なんか必要ないよ、ということになります。なかなかお金を貸し出すことができませんよね。どうするのか。住宅街を歩いていると、空き地がありますよね。**空き地があると、すぐに土地の登記《とうき》簿《ぼ》謄本《とうほん》というのを取る**のですね。それぞれの法務局に行って登記簿謄本を取ると、それぞれの土地を誰が持っているのか、ということがわかります。その土地の所有者が

登記簿謄本
登記簿の写しのこと。法務局で申請して取得する。土地登記簿の場合、その土地の所有権などの権利関係が記されている。

わかりますね。そうするとその地主のところに行くんですね。あなたのところ、あそこにあんなに広い土地、200坪の土地がありますよね。あそこをそのままにしておくのはもったいないですよね。あそこの土地を担保に、うちの銀行からお金を借りてマンションを建てませんか？　そうすれば、家賃収入がいっぱい入りますよ。あるいは、ご主人もうご年配ですよね。いずれあなたが亡くなったら、こんなにたくさんの土地を持っていたら、とてつもない相続税がかかりますよ。いまうちの銀行からお金を借りておけば、借りたお金を含めて相続になると、それが相殺されて、相続税がかからなくなりますよ。お子さんが相続税を払わないですむようにするためにも、いまうちの銀行からお金を借りて、土地を買いましょう――。こう持ちかけるのです。こうやって、全然その気がなかった人たちが、銀行から無理やりお金を借りてしまうような事態が起きるわけです。

土地神話が不良債権の額をさらに増やした

でも、土地の値段が急激に下がってしまうと、別に何か新しい事業をやったわけでもないのですから、**お金が返せないということになる**。銀行にしてみれば、その土地を取り上げて、それを売り払ってしまえば、とりあえず貸したお金を回収することができた。当時、土地の値段は絶対下がらないんだ、とみんなが思っていた。それをこう呼びました。

「土地神話」

日本は国土が狭い。だから、土地の値段は絶対上がり続ける、とみんな思い込んでいたわけです。で、バブルがはじけました。土地の値段が下がり始めた。これは一時的なことだ、いずれ土地の値段はまた上がる。だからいま、この担保にしていた土地を取り上げて、すぐ売り払ってしまうと、損失が出る。**しばらく待っていれば、損失が出ないですむだろうと、みんなが考えて、土地を処分しないで持ち続けた**のですね。でも、新たな土地を買えない。土地を買うためのお金は銀行が貸してくれませんから、新たに土地を買おうとする人が現れません。

結果的に、たとえば、100億円のお金を借りていた土地の価格が100億円だった。80億円になった。70億円になった。土地をいま売っても、70億円にしかならない。30億円の損失が出る。その30億円の損失が出ないように、我慢してその土地をそのまま持ち続けていよう。そう思っていたら、70億円の土地が60億円になり、50億円になっていった。土地をみんなが手放さなかったために、不良債権の額が増え続けたのですね。みんなが**土地神話にとらわれていたがゆえに、不良債権の額が増え**

土地神話
土地の価格は必ず値上がりすると信じられていた神話のような考え方。バブル時代にいわれるようになった言葉とされている。

続けるということになってしまいました。

責任は負いたくない！

その一方で、銀行員というのは、転勤がありますよね。それぞれの支店で、お金を無理やり貸したけど、不良債権になってしまった。でも、その責任者はすぐ転勤してしまいます。あとはどうなっても知らないよ、**自分がいるときさえなんとかなればいいのだから、土地は売らないでおこう。売ってしまえば損失が出る。売らないでおけば損失が出ない。自**分が勤務している間、自分の勤務成績に×がつくようなことはしないようにしよう。**みんな問題を先送りにする**のですね。で、後任がやってきます。後任が見て、うわ、こんなひどいことになっているんだ。このままではうちの銀行は潰《つぶ》れてしまう。いまの段階である程度損を出して、処分してしまおう、と、やろうとすると、前任者を結果的に否定することになる。前任者が実は栄転で本店の本部の偉い人になっていたときに、その人が支店時代にやっていたことを、これは間違いだったということにすると、後から睨《にら》まれるのではないか。自分の出世に影響してくる。ここは見て見ぬふりをしよう、そのままにしておこう。ということを全国の銀行でみんながやったのですね。

その一方で、最初の激しい融資合戦のとき、こんな無茶なことをやっていたらいずれおかしなことになります、こんなことはやるべきではありません、と、支店の中で勇気を奮って支店長にそうやって問題を指摘したり、本部に対して、そんなことはやめるべきです、と言ったりした人たちもいたのですね。そういう人たちはすぐに左遷された、ということですね。会社の全体の方針に逆らうのか、ということです。ドラマの『半沢直樹《はんざわなおき》』のような人が、いっぱい出たのですね。半沢直樹はね、それでも勇気を奮って楯突《たて》いていきますけれど、なかなか普通のサラリーマンはそうはいかないのですね。つまり、銀行員としてちゃんとやるべきだ、と言っていた人が、バブルのときに、こんなやり方はダメですよ、と言ったために、本流から外された、ということが起きて、結果的に歯止めがかからない。こういう悲しいことが起きていったのですね。

銀行なのにお金が貸せない！

その結果、とにかく不良債権がたくさんあって、どうしようもなくなるわけです。不良債権を抱えていると、銀行がそもそもやっていけない。たとえば、メーカーにしても、なんとか新しい仕事をしたい、だからお金を借りたい、という優良企業がいくらでもあるわけですよ。**ところが**

ドラマの『半沢直樹』
池井戸潤・原作の小説のテレビドラマ化。2013年7月から9月までTBS系で放送。主演は堺雅人《さかいまさと》。「やられたらやり返す。倍返しだ！」のセリフは流行語となった。

銀行は、そういうところにお金を貸すことができない状態が起きます。どうしてか。

たとえば不良債権が出るでしょう。１００億円貸している。でもそこからその担保を取り上げても、たとえば20億円にしかならない、80億円の損害が出る。そうすると、実際にすぐ損害が出なくてもその不良債権に関しては、貸倒引当金といって、いざ、ダメになったときでも銀行の負担にならないように、**銀行の中にある程度のお金を積み立てておかなければいけない。そもそもそういうルールがある**のですね。融資の引当金というものです。だから不良債権が増えれば増えるほど、銀行はそうやって、銀行の中に不良債権を処理するためのお金を積み立てておかなければいけなくなる。そうすると、普通の企業にお金を貸し出すことができなくなってくるのですね。これによって、銀行の不良債権が増えてしまったことで、ほかのいろいろな企業が、新しい仕事をしようとしても銀行がお金を貸してくれない、ということが起きます。**結果、日本経済は、どんどん景気が悪くなってくる**のですね。**これが、バブルがはじけた**ということになるわけです。

貸倒引当金
売掛金や貸付金など、いわゆる債権（貸したお金など）が回収不能になったときに備えて、会社の利益の中から債権額に応じて積み立てておくお金のこと。

銀行は実はあまり現金を持っていない

銀行、金融機関は、実はとても大事な役割を果たしているわけです。**本当に必要なところにお金を貸す。それによって経済を発展させる。そういう重要な役割をしている銀行が、銀行として機能しなくなる、**という事態が起きるようになります。かくして、いわゆる金融危機、銀行自体の経営が危ないということがついに起きるようになります。

実は、銀行同士、金融機関同士がお金の貸し借りをしています。**銀行は、実はふだんあまり現金を持っていない**のですね。銀行にお金を預ければ、それは金庫に大事にとってあると思うかもしれません。でも、そうではないわけです。銀行はそうやって集まったお金をいろいろな会社に融資している、貸し出しているわけです。あるいは貸出先がないと、国債を買ったりしているわけです。

そうすると手元に現金があまりない。そういうときにある日突然、取引先、お得意さまから、明日急に50億円必要になった。明日50億円用意してくれ、と言われたりする。手元に30億円しかない。あと20億円足りない、ということが日常茶飯事で起きるわけです。どうするのか。銀行同士で「おーい、金を貸してくれー」という、お金の貸し借りが行われ

コール市場
金融機関同士が短期のお金の貸し借りを行う市場のこと。インターバンク市場。

るのです。「おーい、金を貸してくれー」と呼べば、つまりコールすれば、「はーい、いいよー」といつでもお金を貸してくれる。「貸した金返してくれー」とコールすれば、いつでもお金を返してもらえる。**これを「コール市場」といいます**。あらゆる金融機関が、そのコール市場に参加しています。

たとえば、明日までに20億円必要だ。20億円をこのくらいの金利で借りたいがどうだろう？　と注文を出すわけですね。一方、突然30億円の預金が入ってきた。とりあえずいま、すぐに使う予定のない30億円が入ってきた。これはそのままでもしようがないな、どこかにちょっと貸して、金利が取れればいいな、という銀行があるとすれば、30億円を金利何％で貸し出します、どうですか、という注文を出します。コンピュータの上で**いろいろな金融機関が、「お金貸します」「お金を借りたいです」というやりとりをしています。そこで決まる金利。これがいわゆるいまの通常の金利というものになる**わけです。その金利が上がったり下がったりすることによって、全体の日本中の金利が決まる。**この貸し借りは、金融機関同士ですから、無担保**なのですね。私たちが銀行からお金を借りようとすると、担保を出さなければいけませんが、**金融機関はお互いの信用がありますから、担保なしでいいよ、とお金の貸し借りを**

いまの通常の金利
コール市場でお金の貸し借りを行う際に適用される金利。無担保で借りて翌日返す際の金利。これがいまの日本の通常金利にあたる。

三洋証券
バブル期には積極的な経営を行い、急速に事業を拡大していったが、バブル崩壊を受け、過剰投資が経営を圧迫。1997年11月3日に経営破綻した。

しているのですね。

金融機関が次々に破綻した

さて、どんどんバブルがはじけました。株の値段がどんどん下がれば、株の取引をしていた人たちが、株の取引をやめますよね。証券会社には、お客さんからの注文を受けるだけではなくて、自ら株に投資しているところもあるのですね。自己投資部門というのですが、証券会社自身も株の売り買いをしています。それによって大損をする証券会社が出てきます。

1997年11月3日、三洋証券が突然、経営破綻《はたん》します。三洋証券は手広く大々的に投資をしようと、大きなお金をつぎ込んで巨大なトレーディングルームをつくっていました。学校の体育館くらいある大きなトレーディングルームをつくって、トレーダー、つまり証券会社の社員が、株を売ったり買ったり、あるいは、円やドルを売ったり買ったりして、大々的に儲けようと、バブルのさなかの勢いに乗って計画した。それができあがった。途端にバブルがはじけた。株の取引で大損をした。これによって三洋証券が倒れてしまいました。

三洋証券は、そのちょっと前に、地方の銀行からお金を借りていたの

主な金融機関の破綻

1997年11月	● 三洋証券　● 北海道拓殖銀行　● 山一証券
1998年10月	● 日本長期信用銀行
1998年12月	● 日本債券信用銀行

ですね。まさに無担保でお金を借りていた。**お金を貸した銀行は返してもらえなかった。途端にコール市場が機能しなくなる**わけですね。お金をうっかり貸したら、返してもらえないかもしれない。あそこの銀行は大丈夫かな。担保があれば安心して貸せますが、コール市場は、担保なしでやっているわけです。あそこの証券会社は危ないんじゃないか、この銀行危ないんじゃないの、と一挙に疑心暗鬼にとらわれる。**みんなお金を貸そうとしなくなります。**

銀行にしても証券会社にしても、**会社自体は黒字になっていても、手元にとりあえずのお金がないということは起きる**わけです。手元にお金がない。だからこそ借りようとしているのに、どこも貸してくれない。と、行き詰まって潰れるところがここから次々に出てきます。１９９７年11月は破綻が相次ぎます。３日の三洋証券に続き、**17日には、都市銀行のひとつである北海道拓殖銀行が、そして、24日に山一証券が破綻しました。**山一証券の経営破綻時の社長会見をご覧ください。**「涙の社長会見」**ですね。みなさんはまだ子どもでしたね。この記者会見の映像が、世界中に流されたのですね。このときの最後の社長は野澤《のざわ》正平《しょうへい》さんという方です。実は、山一証券の経営状態が非常に悪くなった。もうどうしようもなくなった段階で、その本流にはいなかった、経営状

都市銀行　大都市圏に本店を置き、全国に店舗を展開している銀行のこと。かつては、13行あった。

北海道拓殖銀行　１９００年に設立された北海道を基盤とする都銀。やはり、バブル崩壊の影響で、１９９７年11月17日に経営破綻。

態を細かいところまで知らされていなかったこの人を社長にしたのです。社長になって初めて、これはもうだめだ、ということがわかって、敗戦処理といいますか、彼はこの経営破綻するまでの責任はあまりないのですが、**潰れてしまった会社の社長としての責任を取るんだと言って記者会見をした。**

「みんな私ら（経営陣）が悪いんであって、社員は悪くありませんから。どうか社員に応援をしてやってください。優秀な社員がたくさんいます、よろしくお願い申し上げます。私たちが悪いんです。社員は悪くございません」と言って泣いたのですね。涙を流しました。これが世界中にニュースで流れました。世界の人たちはシビアですからね。社長が記者会見で泣く？　男がカメラの前で泣く？　ありえないだろうと。涙を見せるなんてそんな弱いところを見せる、そんな社長だからこの会社は破綻したんだ――というように**世界からは大変冷ややかに見られました。**

山一証券の自主廃業で、野澤社長が記者会見を行った。「社員は悪くありませんから!」と号泣するシーンが全世界に報道された。（写真：Kaku Kurita／アフロ）

山一証券
四大証券会社（野村、大和、日興、山一）のひとつ。損失隠し事件などから経営破綻し、1997年11月24日に自主廃業した。

野澤正平
山一証券の最後の社長。社長就任からわずか4カ月後に自主廃業に追い込まれた。

日本国内ではどうだったのか。

山一証券が潰れちゃったわけですよね。翌日から社員はみんな路頭に迷うわけですよ。社長のこの涙にほだされて、あの社長の涙に感動して、そうか、じゃあ仕事を失った山一証券の社員をなんとかうちの会社で採用してあげよう、という会社がいっぱい出てきた。結局、ほとんどの山一証券の社員はその後再就職ができた。**社長のこの涙によって社員たちは救われたのですね。とても日本的ですよね。**

国際社会、**グローバル・スタンダードだと涙を流すことはありえない。でも日本国内向けには、涙を流したことで、社員たちが救われた、**ということです。彼は本当に、最後の最後まで社員の面倒を見ました。

金融危機が金融機関の再編を促した

さて、先ほど、都市銀行の北海道拓殖銀行が破綻したと言いました。銀行が次々に潰れていく、という状態になっていきました。その結果どうなったのか。では、現在の主な銀行を見ていきましょうか。

現在は、**三大メガバンク**といわれています。**「みずほ」「三菱《みつびし》東京UFJ」「三井住友」**、この3つです。「メガ」とは、巨大銀行ということですね。**「りそな」は、地域密着の度合いが強い。**世界と勝負するのでは

グローバル・スタンダード　世界的な共通基準、世界の共通ルールのこと。ただ、欧米の基準、ルールと同じものが多いのも事実。

なくて、地域でそれなりの力を持っている銀行、リージョナルバンクという言い方をします。現在の日本は、三大メガバンク＋リージョナルバンクとしてのりそなグループという大きな銀行グループがあるというわけです。では、バブルがはじける前、日本にはいったい都市銀行がいくつあったのか。

13の都市銀行がありました。いまでこそ銀行のいろいろな区別はなくなりましたが、当時、全国で支店をつくってもいいですよという都市銀行と、地方を拠点としている地方銀行と、信託業務だけをする信託銀行、あるいは長期信用銀行と、いくつにも分かれていたのですね。そのうちの全国で仕事をしてもいいよという都市銀行が13ありました。しかし、この13の銀行が次々に合併をしてこうなったわけです（312ページの図）。

13の都市銀行のたどった道

まず、いちばん下。**北海道拓殖銀行**は、本部も札幌《さっぽろ》だったのですが、これも都市銀行なのですね。その北海道拓殖銀行は、バブルの時代、北海道でのリゾート開発に多額のお金を融資した。そのリゾート会社が経営破綻したためにお金が戻ってこない。不良債権が大きくなりすぎ、経

リージョナルバンク
ある一定の地域に特化して、経営を行う地域密着型の金融機関のこと。

信託銀行
信託業務を主な業務として経営している銀行のこと。信託業務とは、他人(顧客)の財産を預かり、運用し、その利益を顧客に還元する業務のこと。

営状態が悪くなっていたところに、三洋証券が潰れた。北海道拓殖銀行は、ほかの銀行からお金を貸してもらえれば、やっていけたのに、**どこの銀行からもお金を貸してもらえなくなったために経営破綻しました**。北海道の中に残った北海道拓殖銀行の支店は、北洋銀行という北海道の地方銀行が引き受けました。本州の支店は、中央信託銀行というところが引き受けました。やがて、中央信託銀行は三井信託銀行と一緒になり、中央三井信託銀行に。そのあと住友信託銀行と一緒になったことによって、三井住友信託銀行という名前になり、中央の名前がいつしか消えてしまいました。

次に、**大和銀行**がありました。まず、**埼玉《さいたま》銀行**と**協和銀行**が一緒になり、**協和埼玉銀行**に、そして名前を変えて**あさひ銀行**になりました。その後、あさひ銀行と大和銀行が一緒になって、**りそな銀行**という名前になりました。

そして、**住友銀行**。ずっとほかの銀行とは一緒にならないぞ、としてきました。一方、**太陽神戸《こうべ》銀行**。これも、名前のとおり、昔は太陽銀行と神戸銀行だったのですね。そこと**三井銀行**が一緒になり、**太陽神戸三井銀行**になりました。いくら何でも名前が長いだろう、3つを並べるわけにはいかないよね、といって、**さくら銀行**という名前になりました。

長期信用銀行
長期金融（長期間の資金の貸付）を専門業務とした銀行のこと。かつて、日本興業銀行（興銀）、日本長期信用銀行（長銀）、日本債券信用銀行（日債銀）の3行。興銀は合併でみずほ銀行に、長銀と日債銀は経営破綻し、国有化を経た上で、それぞれ新生銀行、あおぞら銀行となった。

さて、なぜ、さくら銀行という名前にしたと思いますか。誰かわかりますか？　力関係を考えてみましょう。太陽と神戸と三井だったらどこがいちばん力が強いと思いますか。そう、三井ですよね。三井財閥ですから、いちばん力が強いわけですよ。この三井銀行の銀行カラーが桜色。だから、さくら銀行にしよう、と。三井という名前を使わないからいいだろう？　と、太陽と神戸を説き伏せて、さくら銀行にしたわけですね。だから、三井銀行を使っていた人からすると、さくらは三井だなっていうことがわかる、ということなのです。

さて、さくら銀行にしたのですが、そこが、住友銀行と一緒になることになりました。住友ですよね。住友財閥と三井財閥が激しくぶつかり合うわけですよね。さあ、どっちが勝つか、という話なのですね。実はね、三井銀行自体は銀行としては規模があまり大きくなかった。太陽神戸に対しては強い態度がとれるのですが、住友銀行に比べると、やや力が劣るということがありました。でも、太陽神戸と一緒になりましたから、力は大きくなっている。そこで、また行名の話です。住友と一緒になるのだから、さくらを元の三井という名前に戻そうじゃないか、ということになった。となると、三井と住友、どっちを前にするか、ともめるのですね。結果、三井住友銀行になりましたが、みなさん、三井住友の支店の前を通ったら英語名を見てください。SMBCって書いてあるはずです。**SMBC、Sumitomo Mitsui Banking Corporation**ですね。日本では三井住友ですが、海外に行くと住友三井の順番になるというわけです。日本名と英語名で順番を入れ替えている。**銀行同士の激しい争いが起きているのだということがわかる**と思います。

そして、愛知県というと、なんといっても**東海銀行**が圧倒的な力を持っていましたよね。そこと、関西が基盤の**三和銀行**が一緒になりました。さあ行名をどうしようか。そもそも三和銀行は関西の3つの銀行が一緒になって、三つの和ということで三和銀行になったのですね。それと東海銀行が合併する。よし、ひとまずここは横文字でいこうか。United Financial of Japan ですね。サッカーJリーグもちょうどブームになっていたころでした。**UFJ銀行**という名前にしました。

一方、**東京銀行**と**三菱銀行**というのがありました。東京銀行というのは、戦前から非常に歴史のある海外の外国為替の専門銀行です。外国でいろいろなところに投資をする銀行だったのですが、これが海外での投資に失敗しました。それで経営状態が弱くなってきたところで、三菱銀行と一緒になるということになり、**東京三菱銀行**という名前になりました。これが、UFJ銀行と合併することになります。東京三菱とUFJ

外国為替の専門銀行
外国為替取引や貿易金融を行っていた専門銀行のこと。東京銀行がそれにあたる。その後、三菱銀行と合併し、現在は、三菱東京UFJ銀行に。なお、1998年の外国為替銀行法の廃止に伴い、こうした専門銀行はなくなった。

が一緒になる。銀行の名前、順番をどうするのか。もともと三菱銀行の力が強いわけですから、ここでひっくり返るわけですね。本来ならね、東京三菱ＵＦＪにしてもよさそうなものなのに、**三菱東京ＵＦＪ銀行**に名前が変わった。でもこれね、三菱東京ＵＦＪは名前が長いですよね。いずれ、もっとシンプルな名前にしようということになるかもしれません。

そして、**富士《ふじ》銀行**と**第一勧業銀行**。第一勧業銀行というのは昔、日本勧業銀行と第一銀行が一緒になって第一勧業銀行になっていたわけです。昔は日本勧業銀行だけが宝くじの販売をできるところでした。それが第一銀行と一緒になり、第一勧業銀行として、宝くじを売ることができるようになっていた。昔は、宝くじを売っている支店と売っていない支店があって、宝くじを売っている支店は、あ、ここは昔の日本勧業銀行の支店だったんだな、こっちは元第一銀行だったんだな、ということがわかったのですが、その後、第一勧業銀行ならどこでも宝くじを売れるようになっていた。そこに、富士銀行が一緒になった。このとき、長期信用銀行のひとつである**日本興業銀行**、これも一緒になって、みずほ銀行とみずほコーポレート銀行という、実は2つに分かれた。その後、**みずほ銀行**と**みずほコーポレート銀行**が一緒になって、いまは、One

MIZUHO（ワン　みずほ）という言い方をしています。日本は瑞穂《みずほ》の国。稲が実る瑞穂の国ですよね。日本といえば瑞穂だろう、というわけです。日本といえば富士《ふじ》山だろう、だから富士銀行というところとちょっと共通しているようなところがあります。

ただし、第一勧銀と富士銀行が一緒になったとき、ATMからお金が引き出せないとか、さまざまなトラブルがありました。銀行が一緒になるときに、**それぞれの銀行のコンピュータシステムを統一しなければなりません。**ATMだって銀行同士で違います。そうすると、コンピュータをどこのシステムにするのか。第一勧業銀行のシステムを使うのか、富士銀行のシステムを使うのか。激しい争いが起きたのです。中途半端な形でこれをつなぎ合わせた結果、さまざまなトラブルが起きた。みずほ銀行のATMに行きますと、しばらく

かつては13行あった都市銀行の変遷

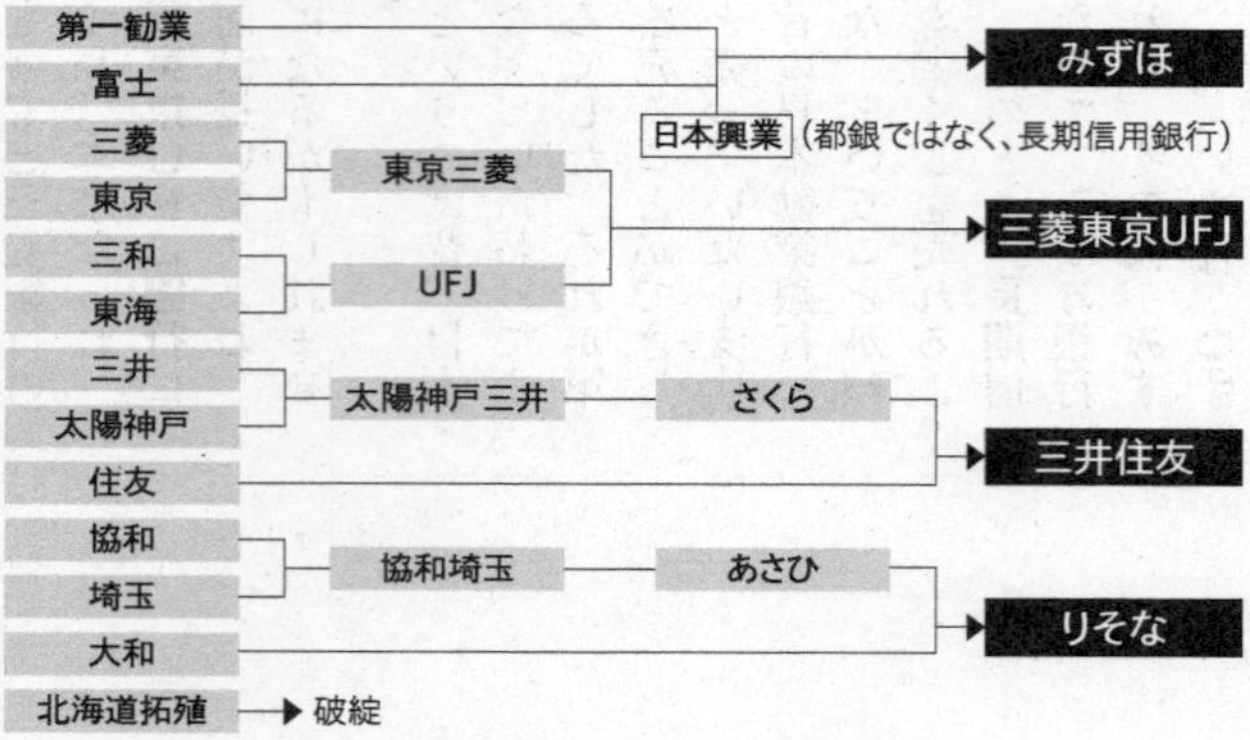

は2つのタイプのATMがありました。2014年になってようやく統一されましたが。旧第一勧業銀行系のATMと、旧富士銀行系のATMと、そもそも違ったのですね。

金融危機を乗り切るために、銀行はとにかく、みんなで頑張っていかなきゃいけないと**一緒になる一方で、それを完全にひとつにすることはなかなか難しい**ということです。銀行の中の派閥争いというのが起きてしまう、ということですね。前に話のでた『半沢直樹』というドラマの原作を書いた池井《いけい》戸潤《どじゅん》という人は、三菱銀行（現在の三菱東京UFJ銀行）のOBなのですね。ですからあそこに描かれているものは、彼が経験したことがベースになっている、というわけです。

バブルは再び起きる

さて、結局、不良債権の処理が進まないまま、不良債権がどんどん増えて、このような状態になってしまった。1980年代の後半、ちょうど昭和の終わりごろからが、大変なバブルの時代でした。でも、**そのあとバブルがはじけて、20年以上こうした状態が続いた**ということです。**「失われた20年」**というわけです。

ですが、この**バブルは、実は世界中どこでも定期的に起きています。**

失われた20年
1991年以降の約20年以上経済が低迷した日本を指して「失われた20年」と呼んだ。この間、日本は強烈なデフレに陥ることになった。

たとえば、アメリカ・ニューヨーク市場。**1929年、ニューヨークの株式市場で大暴落がありました。**世界恐慌のきっかけとなった大暴落です。1928年から29年にかけて、アメリカは空前の好景気、住宅ブームが起こっていました。これが、大暴落のときの映像です。

5000もの銀行が閉店したと言っていますね。**この株価の大暴落からアメリカは大不況に陥り、それが世界大恐慌につながり、やがて第2次世界大戦へとつながっていく。**このときに、実は、アメリカのケネディ大統領のお父さんが、とてつもない大儲けをしたのですね。どうやって儲けたのか。ニューヨークの株式市場ですね、株の取引を活発にやっていました。大きな利益があがっていた。で、あるとき、証券取引所の近くで靴磨きを頼んだ。すると、靴磨きの少年が靴を磨きながら、旦那《だんな》、株って儲かるらしいですね、僕も株を買って儲けたんですよ、と言ったんですね。彼はそれを聞いて、靴磨きの少年まで株に手を出すようになったのか、ああ、もはやこの株のブームもおしまいだ、と考えた。彼はすぐに全ての株を売却したという話があります。実はこれ、本人の作り話だという説もありますが。とにかく大変な高値で売却し、大儲けをした。その直後に株価の大暴落があり、大勢の人が大損をして、自殺に追い込まれる、ということまで出ました。バブルの真っ最中に株を全部売

世界恐慌
1929年10月24日に起こった、ニューヨーク証券取引所の株価の大暴落を引き金に世界的な大恐慌を起こしたことを指す。

ったことによって、巨額の富を得た人もいるということです。

バブルに気づくことができるか

つまり、これは**バブルだといち早く気がつくと、儲けることができる。でも、多くの人はそうはいかないわけです**。ちなみに、日本の場合も空前の株の好景気のときに、マネー雑誌をはじめ、いろいろな雑誌が特集をし、それまで株をやったことのない主婦たちまで、株に手を出すようになりました。まさにバブルの終わりが近いことがそれでわかるということですね。遠い昔の話だと思っているかもしれませんが、アベノミクスで上がった。2012年の暮れから日本の株はどんどん上がりました。アベノミクスで上がった。株って儲かるらしいぞ、といって、最近は、いままで株にまったく手を出したことのない人たちが始めるようになりました。さあ、これをどう見るか、ということですね。

世界においては、バブルで大変有名なものとして、**オランダのチューリップ・バブル**があります。オランダでチューリップの球根の品種改良が進んで、大変きれいなチューリップができるようになった。チューリップの球根1個がとてつもない値段で売れるようになるのですね。当時、一頭立ての馬車が球根1個で買うことができたといわれています。空前

オランダのチューリップ・バブル
17世紀にオランダで起こったチューリップにまつわるバブル。チューリップの球根が人気になり、高値がつき、先物取引にまで至った。しかし、のちに価格が暴落、バブルがはじけた。近世ヨーロッパの三大バブルのひとつとされる。

のバブルで、値段がどんどん上がった。でも、あるとき、ふとみんなわれに返ったわけですね。この球根1個が何でそんな高い値段がするのだろうか。**みんなわれに返った途端、球根の値段が大暴落しました。しかし、オランダにはその結果、美しいチューリップ畑ができたわけですね。**オランダはチューリップによってバブルが起きました。しかし、バブルによって、美しいチューリップ畑が残りました。**日本はバブルがはじけた結果、コインパーキングが残った——**。

歴史を学ぶことの本当の意味

ぜひみなさんに言っておきたいことがあります。バブルは定期的に起きます。これからも必ず起きます。大きなものや小さいもの、いろいろありますが、**だいたい30年ごとにバブルは起きます**。どうしてか。前のバブルで大損をした人はいっぱいいる。そういう人たちは次のバブルに踊ることはありません。バブルに引っかかりません。しかし30年たつと、そのバブルで痛い目にあった人たちはみんな舞台から姿を消します。バブルのことを知らない人たちが、経済の中心になります。そのとき、また次のバブルが起きる、ということです。有名な言葉に**「愚者は経験に学び、賢者は歴史に学ぶ」**というものがあります。愚かな人は自分の経

愚者は経験に学び、賢者は歴史に学ぶ
プロイセンおよびドイツの政治家、オットー・フォン・ビスマルクの言葉。

験からしか学ぶことができない、賢い人は歴史から学ぶことができる。つまり、歴史をきちんと知っていれば、バブルに踊ることはないはずなんだ、ということですね。**経済の歴史を見ることによって、バブルのことをきちんと知っていれば、いずれ必ず起きるバブルのときに、みなさんは正しい道をとることができるはず**です。それを頭に入れておいてください。では、今日はここまでにしましょう。

lecture 7

社会主義の失敗と教訓

――ソ連、東欧、北朝鮮

ベルリンの壁崩壊をきっかけに、
ソ連崩壊をもって
東西冷戦は終わります。
社会主義はなぜ
失敗したのでしょうか？

さあ、今回は、**社会主義の失敗**について考えます。

1917年11月、**ロシア革命によって、地球上に初めて社会主義の国ができました**。当時社会主義というのは、それまでの資本主義のさまざまな弱点、問題点を解決する**理想の制度だと考えた人たちが大勢いました**。ある種の希望を受けて国ができました。しかし、理想と現実は違いました。今回はそんな話を取り上げます。まずはみなさん方にちょっと質問をします。

「資本主義」「社会主義」「共産主義」

さあ、この3つの違いを説明できる方はいますか。ひょっとすると、社会主義と共産主義の違いがわからないという方がいるかもしれませんね。でも、資本主義と社会主義の違いくらいは言えるよね。

学生R：資本主義は、資本を中心にするのでお金を儲《もう》けるっていう強いイメージがあって、社会主義は国でまとめて生産するために生産を管理するというイメージです。共産主義は全ての人が平等に、という考え、こういうイメージがあります。

池上：わかりました。はい、そのとおりですね。とてもいい説明だと思います。ほかには誰かいますか？　では、念のためですが、日本はこの

ロシア革命
1917年にロシア帝国で起こった革命のこと。二月革命、十月革命を経て、世界史上、初の社会主義国家が誕生した。

経済制度でいうとどれですか？
学生R：資本主義の国です。
池上：はい、そうですよね。ありがとう。

資本主義と社会主義は経済制度の違いの話

これは**あくまで経済制度の話**ですね。いまの彼が答えたとおり、**資本主義の「資本」とはお金のこと**です。それも単に個別の、わずかなお金ではなくて、ある程度まとまった金額、これが資本。つまり、たとえば、新たに会社をつくったりするくらいのまとまったお金。ざっくりと言うとそういう意味なのですね。ある程度のお金を持っている人が、そのお金を使っていろいろな経済活動をし、その資本を元手にして、さらに利益をあげる——。基本的にはこういう経済活動ですね。そして、**こうした経済活動を自由にできるようにしよう。それが基本的な資本主義経済のあり方**です。

ですから、日本も経済としては資本主義経済です。誰でも会社をつくろうと思えば自由に会社をつくることができます。法律に反しない限り、その会社で金儲けをしようと思えばいくらでもできるわけです。誰もがそうした経済活動を自由にできる。これが資本主義という考え方です。

それに対して社会主義というのも、いま彼が答えてくれたとおり、国家が出てきますよね。この場合、社会ですね。**個別の民間の企業に自由にやらせていないで、社会がこれをコントロールしよう。**その場合、社会というと国家が、ということにもなるわけです。つまり、民間企業が自由に商売をやっていると、それによって結果的に過剰生産になる。商品をものすごくたくさんつくってしまって、売れなくて、景気が悪くなってしまうかもしれない。景気が悪くなれば、労働者がクビになってしまう。失業者がいっぱい出るかもしれない。そんなことがないように基本的に国がコントロールしよう。**みんな国営企業にして、計画的に生産をすれば過剰生産なんていうことはないよね。あるいは、不況が起きないようにコントロールできるよね。これが社会主義という考え方です。**

共産主義とは、究極の理想の状態

では、**共産主義とは何か**。これは理想の状態をいうのです。社会主義でさらに生産性がうんと高まれば、みんなが欲しいものはいくらでも手に入るようになり、みんなが豊かになるから、争い事が起きない。戦争が起きない。戦争が起きないから、そもそも国家という存在がなくなる。国家がみんななくなる。国境がなくなる。そういう理想の世界。これが共産主義という考え方です。だからよく、共産主義国家という言葉があるでしょう。これは本当は間違いなのです。**共産主義は国家がない状態、理想の状態を言います**から、共産主義国家はありえない。つまりは社会主義国家ということであり、あえて言えば、**共産主義を目指している国家**、ということです。

社会主義と共産主義は概念が違うのです。さらに言えば、共産主義はユートピアのようなもの。本当に生産性が高まって、みんな何でも、欲しいものが自由に手に入る。そうなれば争い事もない。資源やお金をめぐって、ケンカになることも戦争になることもない。本当に自由な世界。理想のユートピアです。こうした理想を目指そうという人たちがいて、これを目指している政党のことを「共産党」といいます。

社会主義VS自由主義という対立概念はおかしい

さらに言いますと、ひと口に社会主義といっても、いろいろな社会主義があります。たとえば、東ヨーロッパなどを見ているとそうですが、かつてのソ連は、**社会主義のためには国民がある程度自由でなくても仕方がないだろう**という形で、**国民の思想、あるいは表現活動を規制する、**ということが行われました。その一方で、国家が経済の状態を見るけれ

ユートピア
理想郷。空想された理想社会のこと。イギリスの思想家、トマス・モアが16世紀に著した『ユートピア』に出てくる架空の国家名が由来。

ども、人々の自由、これもまた保障しよう、という社会主義もあるわけです。北欧諸国がこれを目指しました。これを**社会民主主義**という言い方をすることがあります。社会民主主義とは、経済体制というよりは、政治体制と言ってもいいでしょう。よく、社会主義VS自由主義という言い方をする人がいますが、これは概念としておかしい。社会主義とはあくまで経済体制のことです。**社会主義に相対するのは資本主義**なのです。資本主義VS社会主義なのですよ。

だから資本主義国でも、自由と民主主義が保障されている国もあれば、まったく保障されていない独裁国家もあるわけです。北欧では、経済体制は社会主義だけれども、自由と民主主義が守られている。たとえば**いまのタイ**。タイはもちろん資本主義経済ですよね。でも、軍事クーデターが起きてしまった。いま、軍事政権になりました。軍に反対すれば逮捕されてしまうわけです。そういう意味では**自由や民主主義、あるいは表現の自由がいま制限されている。でも、経済体制は資本主義**であると。

さあ、ざっくりと、この3つの違い、まずはおわかりいただけましたか。

社会主義の理想を守るために言論・表現を取り締まる

話をソ連に戻します。1917年のロシア革命で、ソビエト連邦とい

社会民主主義
民主主義、自由主義をベースにしながら、経済体制は社会主義的なものを取り入れること。政治体制としては、中道左派（穏健な左派）を指すことが多い。

いまのタイ
タイ王国。東南アジアにある立憲君主制の国家。2014年5月、国軍による軍事クーデターが起き、軍事政権が樹立している。

う国ができました。世界で最初の社会主義国です。**ソビエト社会主義共和国連邦**というのが正式な名前でした。略してソ連でしたね。さあ、ソビエトって何だろうか。**ソビエトとは、ロシア語で「評議会」という意味なのです。言ってみれば、議会に代わるものです。**ロシア革命が起きる前、ロシアにも、とりあえず議会がありました。当時、ロシア革命を率いたレーニンが、そういう議会とは違う、**働く者の評議会をつくろう。働く者のソビエトをつくろう。ソビエトに全ての権力を集中させ革命を起こそう――**。こういう運動をしました。結果、革命を成功させることができました。そのソビエト式の労働者や農民の代表がつくった評議会＝ソビエトに基づいた、**社会主義の15の共和国が一緒になって、対等な立場で連邦をつくった。**これがソ連という国の名前になっているということなのです。極めて人工的につくられたということが

レーニン（左）とスターリン（右）。初代最高指導者レーニンの跡を継いだのがスターリンだ。（写真：CameraPress ／アフロ）

レーニン
ウラジーミル・レーニン（1870～1924年）。ロシアの革命家、政治家。ロシア革命で、世界史上、初の社会主義国家を樹立。ソ連の初代最高指導者を務める。

わかると思います。

たとえば日本という国。昔からいつしか日本と呼ばれるようになったわけですね。フランスにしてもドイツにしてもイタリアにしても、あるとき革命が起きて、国の名前を人工的に定めたわけではありません。自然にそういう名前が生まれてきた。ロシアは自然に生まれた国の名前ですが、それを人工的にソビエト社会主義共和国連邦とした。**極めて人工的な国家だった**ということです。

そして実は、本音と建前というのがありました。15の共和国が対等な立場で一緒に連邦をつくる、ということになっていました。建前はね。しかし実際は、**15のうちいちばん広い面積を持っていたのはロシアで、そのロシアが圧倒的な力を持って、ほかの14の共和国はロシアの言うことを聞かざるをえない状態だった**のですね。当時、世界はみんな資本主義の国の中で、ソ連だけが社会主義でした。ソ連は、資本主義から社会主義にしたわけですよね。資本主義はなぜいけないのか。資本家という金持ちが、労働者をこき使って、金儲けに走る。みんなが金儲けに走った結果、激しい競争の中で商品がたくさんつくられすぎ、モノが売れなくなり、不況になり、そして、会社がどんどん潰《つぶ》れ、労働者が仕事を失っていく。**労働者にとっては地獄の体制だった。資本家こそがいけない**

のだ、という理由で資本家を一掃したわけです。

一掃した──要するに、多くを殺してしまったのです。**資本家を殺して社会主義の国がつくられた**。となると、ソビエトとしては、周りは全部資本主義の国である。こういう社会主義の国がどんどん増えることを周りの国々は恐れているはずだ。このソ連という国をみんなで潰しにかかってくるはずだ──。こう考えたわけですね。当時、日本もシベリアに出兵しました。ソ連という国ができることに対して、これを世界中の国々が潰してしまおうとした。その動きに合わせて**日本軍もシベリアに出兵したわけです**。

ソ連からすれば、潰されないようにするためには、どうしたらいいか。ソ連の国内で資本主義の影響を受けて資本主義が素晴らしいとか、社会主義が間違っている、なんてことを言わせないようにしよう、と、**言論・表現の取り締まりが始まるようになる**わけですね。**社会主義の理想を守るために、社会主義に反対する連中を捕まえてしまおう**ということです。これは本末転倒ですよね。社会主義の理想はそもそも何だったのか。資本主義だと、激しい競争の中で不況になって、労働者が仕事を失ってしまう。そんな非人間的なことにならないようにしようといって社会主義という考え方ができたはずなのに、社会主義を守るためには社会

シベリアに出兵
ロシア革命の成功、ソ連の成立に危機感を持った連合国（アメリカ、イギリス、フランス、イタリア、日本など）が、事実上、ロシア革命に干渉して出兵したこと。1918年から1922年まで行われた。

主義に反対するようなやつは捕まえてしまおう、牢屋《ろうや》に入れてしまおう――。こうした本末転倒が起きたわけです。**ソ連においては言論・表現の自由がすっかり失われてしまった。**

フルシチョフの悪口が国家機密漏洩罪？

これについて、ある小噺《こばなし》があります。アメリカ人とソビエトの人が、自分の国がいかに自由な国か、ということを自慢しあうんです。それで、アメリカ人がソ連の人にこう言います。「アメリカっていうのは自由な国だぞ、言論の自由がある。だから、われわれアメリカ人がワシントンのホワイトハウスの前に行って、アメリカの大統領はバカだ、といっても、われわれは逮捕されないんだ。どうだ、アメリカは民主主義の国だ！」と言ったら、ソ連の人が何と言ったのか。「あ、それならわれわれの国も同じように自由だ。われわれソ連の人間がモスクワのクレムリンの前に行って、アメリカの大統領はバカだ、と言っても逮捕されないさ」。

わかりますね。**こんな小噺があるくらい、ソ連は言論・表現の自由が厳しく、取り締まられていました。**だから庶民の間で、**アネクドート**、小噺というのが随分流行《はや》ったんですね。あるときソ連でひそかに流行っ

アネクドート
ロシア語で小噺、笑い話のこと。とくにソ連時代の政治風刺の小噺を指すことが多い。

た小噺があります。ソ連は、当時**フルシチョフ**という人が首相だったのですが、フルシチョフは馬鹿だ、と言って逮捕された人間がいた。さあ、なぜ逮捕されたのでしょうか。侮辱したから逮捕されたと思いますよね。実は、**逮捕の容疑は、国家機密漏洩《ろうえい》罪だったという小噺**ですね。

戦後体制を話し合ったヤルタ会談

ロシア革命を率いたのは**レーニン**。そのあとそれを引き継いだのがスターリンです。さて、いったいどういう人物だったのか。大変貴重な映像があります。いまから100年以上前ですね。レーニンが演説しているところですね。大変雄弁家だったといわれています。その後のソ連では、毎年パレードをやるときに、レーニンの肖像画が出るというわけですね。レーニンが亡くなった後、その跡を継いだのが、スターリンですね。スターリンとは、鋼鉄の男という意味です。つまり本名ではないのですね。はい、こちらが有名な写真ですね（119ページ参照）。

ヤルタ会談での写真です。さあ、ヤルタってどこにありますか？　いま、頻繁にニュースになっていますよね。はい、そうです。クリミア半島ですね。地図で確認しておきましょう（336ページ参照）。**クリミアというのは、この間までウクライナでした**。ウクライナだったものを、

フルシチョフ
ニキータ・フルシチョフ（1894〜1971年）。ソ連第4代の最高指導者。スターリン批判を行った。キューバ危機では、アメリカ・ケネディ大統領と対《たい》峙《じ》する。

スターリン
→119ページ参照。

ロシアが、ここはもともとロシアのものだ、と言って、**クリミアの人たちが住民投票した結果、ウクライナから独立を宣言し、ロシアに編入された。**まあロシアが併合してしまったわけです。でも、当時はウクライナもロシアも、同じソ連の中だった。ソ連にとってのクリミア半島とは、南のほうの温暖なところなのですね。保養地として有名でした。その保養地のクリミアのヤルタで、会談が行われました。

猜疑心が異常に強かったスターリン

スターリンという人物は、実は大変疑《うたぐ》り深い人物で、飛行機に乗ることを常に恐れ、絶対飛行機には乗りませんでした。もし自分を殺そうという人物が飛行機に何か仕掛けをしたら、飛行機が墜落するかもしれない。こうしたことを恐れていたものですから、会談をする場所を考えたわけです。念のために、スターリン以外の2人は誰ですか。ヤルタ会談はこの3人の巨頭が集まって、第2次世界大戦後の体制を決めたわけだよね。そう、左がイギリスのチャーチル首相。真ん中がアメリカのルーズベルト大統領です。そして、ソ連のスターリンですね。つまり、イギリスとアメリカの首脳をわざわざクリミア半島のヤルタまで呼んだわけです。**スターリンは怖くて絶対飛行機に乗らない。自分が鉄道で行ける**

クリミア
黒海の北側にある半島を指す地名。ウクライナ領クリミア自治共和国だったものが、2014年3月の住民投票の結果、ロシアへの編入が賛成多数となり、クリミア共和国としてロシア連邦に編入した。欧米諸国などは、この編入を認めていない。

チャーチル
↓120ページ参照。

範囲のところに2人を招き寄せた、ということですね。本人はいつもモスクワにいたわけですから、モスクワからクリミアのヤルタの近くまで、鉄道で移動したというわけです。

ちなみに、移動した鉄道ですが、**スターリンの専用列車**というのがあって、私は実際見てきました。いまは、スターリンの生まれ故郷であるグルジア（現・ジョージア）に、スターリンが利用していた列車が残っています。**防弾列車**なのですよ。大変分厚い鋼鉄で覆われていて、外から攻撃されても中の人はしっかり守られる。常に不安と戦っていたというか、いつ暗殺されるかもしれないと怯《おび》えていた、というのがよくわかります。それがスターリンという人物なのです。

この写真は、世界史の教科書に出てくる有名な写真ですが、実はここに仕掛けがあります。何か。**スターリンは、実は大変背が低くて、それがコンプレックスだった**のですね。真ん中のルーズベルトはかなり背が高い。2人が並ぶと背が低いのがばれるとみっともないので、側近がスターリンの椅子だけ高くしたんですね。だから座っているとね、ルーズベルトと比べても遜色《そんしょく》ないですよね。こういうこともね、現場に行くとわかるというわけです。

レーニンの死後、スターリンがソ連の指導者になるのですが、そのス

ルーズベルト
フランクリン・ルーズベルト（1882〜1945年）。アメリカの政治家。第32代大統領。世界恐慌の対策として、ニューディール政策を推進。その後、第2次世界大戦に参戦。

グルジア
旧ソ連を構成した国のひとつ。黒海とカスピ海に挟まれている。多くの国と国境を接する交通の要衝であるが、それ故に紛争も多い地域。スターリンの出身地としても有名。現・ジョージア。

ターリンが死んだ後、指導者になった**フルシチョフが、スターリン時代にいったい何が起きていたのか、ということを暴露します**。1956年のソ連共産党の第20回大会で、秘密報告というものを行いました。スターリンがいかにひどいことをやっていたかということを秘密裏に発表します。ソ連の共産党の幹部たちと、あと、東ヨーロッパのソ連共産党と友好関係にある国の共産党の幹部たちだけを集めたところで、秘密報告をします。何があったのか。スターリン時代のソ連では、少なくとも800万人が処刑されたり、強制収容所に入れられたりした、というのです。とくに第17回大会に出席をした当時のソ連共産党の幹部の70%はその後逮捕され銃殺された。幹部の70%が殺されていたくらいですから、ソ連の多くの一般の人たちが殺されていたわけです。その数、はっきりしません。ざっと800万人は処刑されたり、あるいは強制収容所に入れられたりしていた。場合によっては1200万人ではないか、あるいは1500万人が殺されたのではないか、という推計もあります。はっきりした数はわかりませんが、**スターリンの命令によって多くの人が殺されていたことが明らかになる**のですね。大変なことです。

秘密報告
1956年、フルシチョフが発表した報告のこと。スターリン時代の秘密が暴露され、スターリン批判へとつながった。

スターリン時代におびただしい数の人々が亡くなった

第2次世界大戦時、**ナチス・ドイツがソ連に攻め込みます**。ソ連に攻め込んだとき、ソ連の軍隊、赤軍といいますけど、最初は壊滅状態なのですね。どうしてか。ナチス・ドイツが、スターリンは本当に疑り深い人間で、自分を亡き者にしようとしているのではないかと思っては、いろいろな人を次々に殺害しているという情報を得て、工作をするわけです。ソ連の軍隊の将校がスターリンに反抗する秘密の計画を立てているという偽の情報を送り込んだ。スターリンはそれを真に受けて、ソ連軍の将校たちを大量に処刑してしまった。そして、軍隊がガタガタになったところを見計らって、ドイツ軍がソ連に攻め込んだのですね。結果的に、ドイツ軍でソ連軍は当初崩壊状態になるわけです。でも、自分の国が攻められているわけですから、さすがにその後は立ち直って、結局はナチス・ドイツを倒すことになるわけです。でも、もとはと言えば、スターリンの疑り深さがあったということですね。**ナチス・ドイツがソ連に攻め込んだことによって、ソ連国内で約2700万人もの犠牲者が出たといいます**。ですから、ソ連はスターリン時代に、1000万人単位でスターリンによって殺され、そのあと第2次世界大戦で約2700万

ナチス・ドイツ
アドルフ・ヒトラー率いる国家社会主義ドイツ労働者党（ナチス、ナチ党ともいわれる）が権力を掌握していた時代のドイツのこと。1933年から敗戦まで権力を握っていた。

人が戦争で亡くなったということです。**いかにたくさんの人がこのソ連の時代に殺害されていたか**ということがわかると思います。

農業集団化が招いた悲惨な結果

スターリンも一応、社会主義の理想を目指しました。資本家は殺してしまう。労働者と農民だけの国にしようという考えでした。そうすると農民はどうするのか。当時のロシアというのは非常に遅れた農業国でしたから、大地主があちこちにいるわけです。その大地主のもとで小作人が働く。大地主の土地を借りて農業をしている人たちが大勢いたわけですね。そこでスターリンは、その大農場の大地主たちをみんな殺して、その土地を全て国有化し、そこに**集団農場**、あるいは**国営農場**というものをつくり、みんな一緒にそこで平等に働こう、というやり方をとりました。みんな平等、大地主はいない、というやり方をとった。これが、**農業集団化**です。

その結果何が起きたのか。前にもお話ししましたが、これでまた、大量の餓死者が出たのです。なぜか？　みんなが平等に農場で働くようにするわけですね。でも、農業は自然が相手です。そうすると、夜、気温が下がった、霜が降りるかもしれない。となったら、農業をやっている

集団農場
コルホーズ（半官半民のイメージ）。

国営農場
ソフホーズ（全て国営）。

農業集団化
個別に農業を行っていたソ連内の農民たちを集め、コルホーズ、ソフホーズで農業を集団的に行うようにしたこと。

人は、徹夜でも外へ出て、畑に霜が降りないように一生懸命対策をとります。自分の農地だったら、みんな夜中でも早朝でも働くのです。ところが集団農場になってしまった。土地はみんなのもの。みんなのものということは、自分のものという意識がないわけです。集団農場で働いている人は、朝9時から夕方5時まで働けば、後は知らないよ、となるわけですね。嵐が吹こうが霜が降りようが、日照りがあろうが、9時から5時まで働いたらそれっきり、となるわけです。**自然が相手ですから、農業が壊滅状態になっていくわけです。**その結果、ソ連各地で餓死者が続出する、ということが起きました。とりわけ深刻だったのがウクライナなのですね。

ソ連のパンかご・ウクライナにまで大量の餓死者が！

いままさにウクライナとロシアが対立していますね。**ウクライナは、昔、〝ソ連のパンかご〟といわれるくらいの農業が盛んなところでした。**ウクライナにはとにかく肥沃《ひよく》な土地がある。ウクライナは農業がとても盛んだから、ウクライナによってソ連の食料は賄われていた、といわれるくらい、豊かな土地だったのですね。

いまのウクライナの国旗を見ると、上下半分に分かれていて、下半分が黄色、上半分が青なのですね。青と黄色。下の黄色は小麦畑を意味します。上半分は青空を意味するのですね。ウクライナの地方に行くと、見渡す限り黄金色の小麦畑が広がっている。それくらい豊かなところだったのです。にもかかわらず、**スターリンによる農業集団化をやった途端、ウクライナでも食料不足になった。**みんながやる気を失って働かなくなり、その結果、大勢の餓死者がウクライナでも出たということなんですね。ですから、いまのウクライナの人たちは、ソ連時代、自分たちはとんでもなく酷《ひど》い目にあったんだという思いを持っています。だから、**ソ連が崩壊した後、ロシアからはとにかく離れたい、ヨーロッパ側につきたい、と思っている人たちが大勢いる**ということです。

その一方で、ウクライナの東は、ロシア系の住民が大勢住んでいます。彼らからすると、

※セヴァストポリはクリミア自治共和国には含まれない。

いや、ここはもともとロシアのものだという思いがある。ウクライナの西側はロシアから離れたい、東側はいやいやわれわれはロシアの仲間だ、と思っている。その結果、ウクライナの東西で対立が続いている、ということなのです。もともと、ソ連という国ができたころから、この対立構造があるということです。

人気商品や生活必需品を求める長蛇の列

さて、ソ連では、社会主義、計画経済というスタイルをとりました。その結果不況になる。資本主義の時代は、それぞれの企業が勝手に金儲けをやる。その結果不況になる。だから、**きちんとしたエリートがしっかりとした経済計画を立てれば、無駄がなくなるだろうと考えた。**全ては計画経済によってつくられることになりました。たとえば1年間、鉄鋼を何トンつくるのか、ゴムを何万トンつくるのか、ありとあらゆる原材料から、あるいは製品から、全て、1年間にこれだけという目標を立ててつくることになりました。その結果、何が起きたのか。

たとえば、女性用のブーツが必要だ、ならば、ブーツをつくれ、となる。計画経済ですから、年間何万足、あるいは何千万足という目標だけが与えられるわけです。そうするとどうするか。このゴムを使ってブー

ダサい商品ばかりが店頭にあふれ、人気のある商品には長蛇の列ができた。

ツをつくる。ブーツの数だけが目標になるわけですから、手っとり早くつくってしまえばいい。長靴みたいなものでもかまわないよねと。結果的に、女性用のブーツというよりは長靴のような、とてもダサいものばかりになって、みんな買わない。大量の売れ残りが出るようになりました。つくったのに売れ残るということは、ゴムを大量に無駄遣いしたということになります。本来、社会主義では、資本主義のような資源の無駄遣いはないんだ、資源を効率的に使っていこう、と考えたはずなのに、結果的にとんでもない無駄が起きます。その一方で、時々、海外からおしゃれなブーツが輸入されることがあります。するとそちらには、長蛇の列ができるわけです。何としてもあのブーツを手に入れたいという人が長蛇の列をつくる。でも、数は限られている。

当時のソ連においては、**ダサい商品は店頭にあふれているけど、誰も手を出さない。みんなに人気のある商品は、それを買い求めようとする**

人の長蛇の列ができる。こんな状態でした。長蛇の列に並ぶのは嫌ですよね。そこでどうしたか。たとえばお店の人にそっと賄賂《わいろ》を送って、「私の分だけ取っておいて」ということが起きてくる。その結果、ソ連では、そういう**賄賂がはびこることになった**のですね。新しいものが売り出されたと聞いて並んでみたら、ほとんど店頭に商品がなかった。実はもうあらかじめ、賄賂を払った人の分をこっそり取っておいた、なんてことがいくらでも起きたわけですね。あるいは、行列をつくらないと好きなものが買えないとなれば、昼間、仕事なんてやっていられないわけですよ。職場を抜け出して、列をつくるということが起きるわけです。

当時の映像があります。これは、牛乳を買いに行く親子ですね。親子がモスクワ市内を歩いています。これからどこに行くかといいますと、はい、行列ですね。すごく長い行列です。店内にも行列があります。でも、ほら、棚を見ると空っぽですよね。限られた牛乳をやっとの思いで買うことができたわけです。さあ、牛乳を買った。次は……また行列に並んでいますね。今度はチーズを買おうと並ぶのですね。はい、また長い行列に並ぶのですね。あるいはまたパンを買おうとなると、またこうやって行列に並ぶと。ね。牛乳とチーズとパンを買うだけで、いったい何時間並ばなければいけないのか。**これがソ連の現実だったのですね。**

みんな働くどころじゃないですよね。生産性がどんどん落ちていくのも仕方がありません。

よかれと思って安くしたパンが家畜の餌に！

でも、一応はね、善意ではあったと思うのですが、人々に安く牛乳を提供しようと。とくに生活必需品はとても安かったのですよね。たとえばパンです。パンは毎日欠かせませんね。とにかくパンはものすごく安くした。その結果、何が起きたのか。農家の人たちが、そういうパンを大量に買って、なんと家畜の餌にしたのですね。**家畜の餌代よりパンのほうが安かったのです**。だから、農家の人にしてみれば、家畜の餌を買うよりは、消費者向けのパンを買って、これを家畜に食べさせたほうが安上がりということが起きるわけですね。みんなにきちんと食事を食べさせてあげられるようにしようと、生活必需品をものすごく安くした。気持ちはわかりますけどね。本来、モノの値段は、マーケットの需要と供給で決まります。資本主義はそうです。**社会主義ではそういうマーケットの機能が一切働きません**から、政治家や役人たちがこの値段を決めるわけです。だから、貧しい人たちにもパンなどを食べられるようにと安い値段を設定したら、こんなことが起きたというわけです。**価格設定**

家畜の餌にした
社会主義的な発想から、国民の生活必需品を安く提供しようと政府は考えた。しかし、パンの価格があまりに安かったため、自分たちが食べるのではなく、家畜の餌としたという皮肉な結果となった。

にミスがあったということになるわけです。

ソ連の社会主義というのは、平等で、あるいは不況にならないようにと計画をすればいいんだと考えたのですが、**結果的にマーケットの機能が動かない。需要と供給でモノの値段が決まることがない。その結果、経済が大混乱したり、不況に陥ったりすることになる。**みんな平等です。労働者は平等なわけですね。みんな同じ給料で働く。でも、逆に言えば、働いても働かなくても給料は同じだと。馬鹿馬鹿しい、やっていられないよ、ということになるわけですね。

非常にゆがんだ経済状態に陥った

資本主義のように、民間企業が激しく競争すると、倒産する会社が出たりする。失業者が出る。そんなことがないようにするにはどうしたらいいか。全部国有企業にすればいい。全員国家公務員になります。そうなれば身分は保障されています。ちょっとくらい働かなくてもクビにはならないわけですよね。で、**給料はみんな同じ。働いても働かなくてもみんな同じ**、ということになりました。ただし厳密に言いますと、職種によって、給料の差というのはありました。どんな仕事でも給料は同じというわけではありませんでした。工場労働者であれば、これだけの給料、あるいは、商店でお店の商品を売る仕事であれば給料はこれだけ、医師ならこれだけ、大学の先生ならこれだけ、という給与水準は決まっていて、同じ職種であれば給料は同じでした。

ソ連は、労働者と農民の国ですから、肉体労働をする人の給料は高い。その一方、肉体労働ではない、頭脳労働をやっている人たちは、額に汗しているわけではないだろうと、大学の先生や医師は、給料がものすごく安かった。その結果、ソ連の医師は高度な医療技術を持っていても、肉体労働者よりずっと給料が安い、やっていられないよね、となる。ヨーロッパやアメリカに行くと、医師は給料がいいらしい。ならば、と亡命する人が出てくることになる。理想と現実の違いといいますか、こういう**非常にゆがんだ経済状態にあった**というわけですね。

さらに、社会主義に関して、こんな理想論が考えられていました。資本主義だと、各企業が激しい競争をしますよね。そうするとどこかの企業が、新しい発見、新しい発明、新製品をつくる。新製品をつくると、その企業がそれを全て独占するだろう。ほかの企業がそれをつくることができない。でも、社会主義は全て国有企業ですから、誰かが新しい発明をした、あるいは新しい発見をしたら、みんながその恩恵を受けることができる。みんながそういう技術を共有することで技術がどんどん発

労働者と農民の国
ソ連の国旗に描かれている鎌と槌《つち》。これは農民と労働者の団結を表している。

展し、新しい商品が生まれてくるだろう、という理想を持っていた。しかし、現実はどうだったのか。当時の東ドイツの自動車工場の映像を見ましょうか。

トラバントに見る経済体制の違いがもたらすもの

これ自動車の製造工場ですね。さあ見てください。日本のようなオートメーションなんてどこにもないですよ。全て手作業ですよね。こうやって組み立てて自動車をつくっています。おや、新聞を読んでいますね。働かないで横で新聞読んでいるわけですね。働いても働かなくても給料は同じですからね。隅っこで、ウオツカを飲んで酔っ払っていても、別にクビにはならないということになります。その結果、どんな自動車が生まれたのか。はい、有名な**東ドイツ製の自動車「トラバント」**です。2ドアですね。この車は猛烈な排出ガスを出しました。こ

トラビという愛称もあり、愛好者の会まである旧東ドイツの小型車トラバント。ベルリンの壁崩壊とともに世界に知られるようになった。

トラバント
東ドイツで生産されていた小型自動車。ドイツ語で「衛星」などを意味する。ソ連の人工衛星「スプートニク」の成功にちなんでつけられた。同じドイツでありながら、東西に分かれ、政治・経済体制が異なったことで、これほどまでに自動車の性能の差が出ることに世界が驚いた。

れがずっとつくられてきたのですね。下の後ろにDDRって書いてありますね。「ドイツ民主共和国」（東ドイツ）という意味です。

ドイツは、第2次世界大戦後、東西に分かれましたよね。西ドイツは資本主義の国でした。だから自動車でいえば、フォルクスワーゲン、あるいはベンツやBMW、**大手の企業が、激しい競争をすることで、新しい技術がどんどん開発されていく**わけです。そして、世界中にベンツやフォルクスワーゲン、BMWが溢《あふ》れるようになりました。

その同じドイツの国民が、**東ドイツ側では、このトラバントをつくり続けていた**というわけです。この車は、中を見ると、一部段ボールが使われています。段ボールですよ。いろいろな加工で鉄などが難しいからといって、段ボールを使っていたとはね……。

そもそも、東ドイツには、こういう自動車しかないわけですから、国民はこの自動車、トラバントが欲しいわけですね。だいたい年収分のお金を出さないと買えなかった。また、計画生産ですから、1年間につくられる自動車の数は限られているわけですから、自動車を買いたいと申し込んでも、実際にそれが手に入るまでには、1年から2年は待っていた。東ドイツの人たちはこれに憧《あこが》れて、1年から2年待って、年収分でやっとの思いで買っていたのですね。

東西で分かれてしまった同じ国民で、もともとは同じ工場が東西に分かれてしまっただけ。**経済体制が違うと、これだけの差が出る**ということです。だから、**民族の問題ではないということがわかります。経済体制の問題なのです。**

ちなみに、このトラバントは実はちっちゃくてかわいい。**トラビという愛称もあって、愛好者の会があるほどです。**いまでも、東ヨーロッパの国を歩いていると、時々これが路肩に止まっているのが見つかります。私は思わず感激してしまいます。ベルリンの壁が崩壊したときに、東ベルリンから大勢の人が西ベルリンにやってくるときに、この車を運転してやってきました。猛烈な排出ガスによって、西ベルリンの空気があっという間に汚染されてしまった。

余談ですが、当時日本のテレビ局が有名になったこのトラバントを日本に持ち込んで、日本で走らせようとしたのですが、日本の排出ガス規制をクリアすることができなくて、結局道路を走らせることはできなかった。**経済体制が違うと、こんなにも差が出てしまう**、ということなのですね。

理想は、どこかで新しい技術が生まれれば、それをみんなが共有して、さらによくなっていくだろうと考えたわけですが、資本主義の国ですと、新しい技術ができて、それによって商品が売れれば、会社の利益が上がります。給料も上がりますよね。あるいはそういうことを発見した人にはボーナスが出ます。みんなやっぱりその気になって頑張るわけですよね。でもみんな平等で同じ給料です。**一生懸命努力して発明をしたところで、それで自分がどうなるわけでもないと。だったら苦労することないよね。言われたとおりのことをしていればいいじゃない、という構造になっていく**ということなんですね。

決して、過去の話、よその国の失敗ではない

この話を聞いて、みなさんは、社会主義の失敗だ、と思うかもしれません。でも、決して、**過去の歴史の話、よその国の失敗だ、と見てはいけない。**社会主義の失敗――。いま、私はこういう言い方をしましたが、**人間心理、人間はどんなものかということをよく知る上で大事なことだ**と考えてください。日本でも、会社の中でみんな平等、全部給料は同じ。仕事ができる者もできない者も、同じように出世していくという会社組織だったら、どうでしょうか。あいつサボってばっかりで全然仕事しないのに、俺と給料同じかよ。一緒に出世するのかよ、ってなると、だんだん、仕事ができる人たちがやる気を失っていく。努力をしなくなるわ

けですね。

東ドイツにしても、ソ連にしても、共産党というのがいちばん上にいて、上の命令で全てが動いていました。そうなると自分で現場で創意工夫をしようという発想がない。上から言われたとおりにやっていれば、何の問題もないよ、ということになります。**結局みんなが指示待ちになる**のです。言われたことはやる。だけど、それ以上のことはやりません、ということが実際に起きてきました。日本でも、そうやって潰れていった大企業がいくらでもあります。

カリスマ経営者からの指示待ち社員ばかり

有名な例ではスーパーマーケットのダイエーがあります。ダイエーというのは、**中内㓛《なかうちいさお》という、本当に天才的な、カリスマ経営者がいました。**彼は商売の天才だったのですね。スーパーマーケットの中で商品をどのように展示すれば、みんなが手に取って買ってくれるか――これを瞬時に見つける天才なのですよ。だから、彼はいろいろなところを見て回るわけですね。そうするとお店の人に、こういうふうに商品の陳列を変えるのだ、こうするべきだろう、と現地指導をします。そうすると本当に売れるのですね。そういうことをずっと繰り返していました。すると何

中内㓛
日本の実業家（1922～2005年）。ダイエーを創業。全国的にチェーンストアを展開し事業を拡大した。流通革命の旗手として大いに貢献した。

が起きるのか。ダイエーの店舗が少ない時代はいいんですよ。中内さんが各店舗を回って、並べ方を指導すればいいわけですから。でも、全国に店舗が増えてくると、彼の目が行き届かないわけです。すると、従業員はどうするのか？　**天才的なカリスマ経営者の言うとおりにやっていればいいんだ、ということになる。全員が指示待ちになってしまう**のですよ。ひたすら指示を待つという状態になってしまった。ダイエーが倒産したあと、中に入って、経営を再建した人たちがびっくりしたのは、個々の社員や幹部も優秀なんだけれど、どうすればいいでしょうか、指示をしてください、という、みんな待ちの姿勢だったということでした。**自分で考えてやらなければいけないよ、という意識改革をするのが大変だった**という話があります。

つまり、社会主義経済だけではなくて、働くという現場ではそういうことが実はいくらでも起きるということなのです。日本の企業においても、結果的にそのような企業はやがて姿を消していってしまう、ということがいくらでもあったのです。

売っても売らなくても給料は同じ

余談ですが、みんながやる気を失う、ということがありますよね。か

鄧小平
中国の政治家（1904〜1997年）。「改革開放」政策を推進。市場経済の導入により、文化大革命以降、疲弊した中国経済を立ち直らせた。しかし、経済の急成長は格差問題を引き起こす。

つての中国もそうでした。いまでこそ中国は大きく発展していますが、**鄧小平**《とうしょうへい》という人が出てきて、中国経済を発展させようと始めたばかりのころの話です。**香港**《ホンコン》**のすぐ近くに深圳**《シンセン》**という経済特区**になったところがあります。当時の中国は普通の人は簡単に入れない、鎖国のような状態だったんですけど、特別に香港からだと、陸伝いに深圳までは入れる時代がありました。いまはもっと自由に行き来できますが。そのとき、私は、深圳の店で土産を買おうとしました。「これをください」と言ったら、言われたセリフが「メイヨー(没有)」。「ないよ」という意味ですね。当時中国に行くとまず外国人が覚える言葉は、「メイヨー」。商品は目の前にあるんですよ。「ここにあるでしょ、この商品ですよ」と言っても

商品がそこにあるのに「ないよ!」。売れても売れなくても給料は同じ。だったら仕事はしたくない!?

深圳
中国広東《カントン》省にある都市。中国でも屈指の世界都市。鄧小平による「改革開放」政策で、経済特区のひとつに指定された。

経済特区
経済特別区。経済の発展を促進するために、税制上の優遇や規制緩和などを行う地域のこと。鄧小平による「改革開放」政策の一環として、1979年7月に中国国内の4都市（深圳、珠海《ジュカイ》、汕頭《セントウ》、廈門《アモイ》）を経済特区に指定。

「ないよ」と。ここにいる店員たちは、**これを売っても売らなくても給料同じ。おしゃべりに夢中になっているわけなのです。**お客は邪魔なのですよ。いまの中国はさすがに、こういう悪平等というのはなくなりました。むしろ、たくさん商品を売れば、給料がたくさんもらえるよ、という仕組みにした途端、みんな急に愛想がよくなったのですね。ニコニコと近寄ってきて、お客さま、何がご入用でしょうか、というようになる。でもまだ、まだ少しサービスが十分ではなくて、昔を引きずっていたりしますが。経済体制は、人間性すら変えてしまうということです。

北朝鮮の失敗

さあ、次に独裁者がいると何が起きるのか。ということで、今度は北朝鮮を例にとりましょう。この国も、ソ連や中国のような社会主義のやり方をとりました。そして、北朝鮮のいまの最高指導者・金正恩《キムジョンウン》は3代目です。その前の2代目は、金正日《キムジョンイル》。さらにそのお父さんが金日成《キムイルソン》です。

金日成の現地指導の映像を見てください。

まだ非常に若いころの金日成国家主席ですね。農村地帯を視察に行きます。周りの人たちの様子を見てください。歩いていく先々で、みんなが大歓迎していますね。万歳をしていますね。さあ、農場に来ました。農

国家主席
北朝鮮における国家主席は、国家元首のことを指す。1972年に設置され、金日成が就任。1994年に死去してからは、後継者の金正日が就任することはなく空席のままで、1998年に廃止されている。

場の様子、ほら、身振り手振りでいろいろ指示をしていますね。横の人がみんな一生懸命、メモをとっています。**金日成は、偉大なるカリスマ指導者ですから、彼が言う一言一句を全部、間違いないようにノートにとる**わけですね。彼はこうやって現地指導をして全国を回りました。みんな、この言いつけを守るわけですよ。とくに北朝鮮は、**金日成という人に対する個人崇拝というのが、非常に激しかった**のですね。とにかく百戦錬磨の**偉大なる将軍様**である。常に戦って負けることのない、天才的な指導者だ、とずっと持ち上げられていました。そのような天才的な指導者であれば、みんな、指導を受けたいですよね。農村地帯でも指導を受けたい、というわけです。この金日成は、全国の農村を回っては、現地指導をしました。では、具体的にはどんな指導を行ったのか？　まず田んぼですね。稲の密植ということを指導しました。稲の密植とはどういうことかというと、ソ連の当時のスターリンが、ソ連の場合は米ではなく小麦ですが、小麦を畑に**びっしり植えるように指導した**のですね。どうしてでしょうか？

階級闘争理論を植物にあてはめた！

これはね、**マルクス・レーニン主義の階級闘争理論**というのがありま

百戦錬磨の偉大なる将軍様
満州において抗日パルチザン活動を行い、第2次世界大戦後は、ソ連の支持のもと、朝鮮民主主義人民共和国を建国。偉大なる指導者として個人崇拝の対象となり、神格化された。

マルクス・レーニン主義
マルクスとエンゲルスによって提唱された思想体系であるマルクス主義を、レーニンが継承、発展させたもの。

してね。労働者はみんな同じ階級として一緒になって資本家と戦う。階級闘争で資本家と戦う。ということは、**同じ階級の者はみんな協力しあって頑張るよね。だったら、小麦をびっしり植えれば、小麦はみんなで一緒に協力しあって、ぐんぐんと一緒に伸びようとするから、たくさん小麦が取れるようになるよね、**ということなのです。その理論は植物にも通用するのか？ するわけないよね。**もう信じられない話ですよね。**でも、スターリンがそう言ったら、みんなそのとおりにやるしかない。さらに言うと、次回の講義でもやりますが、中国でも毛沢東《もうたくとう》が、この稲の密植をやりなさいと言います。稲をびっしり植えれば、稲はみんな同じ階級だから、一緒になって頑張って戦って、取れるお米の量がたくさん増えるだろう。で、それが大成功した、と嘘の宣伝をするのですね。北朝鮮の金日成国家主席は、このことを真に受けて、中国で大成

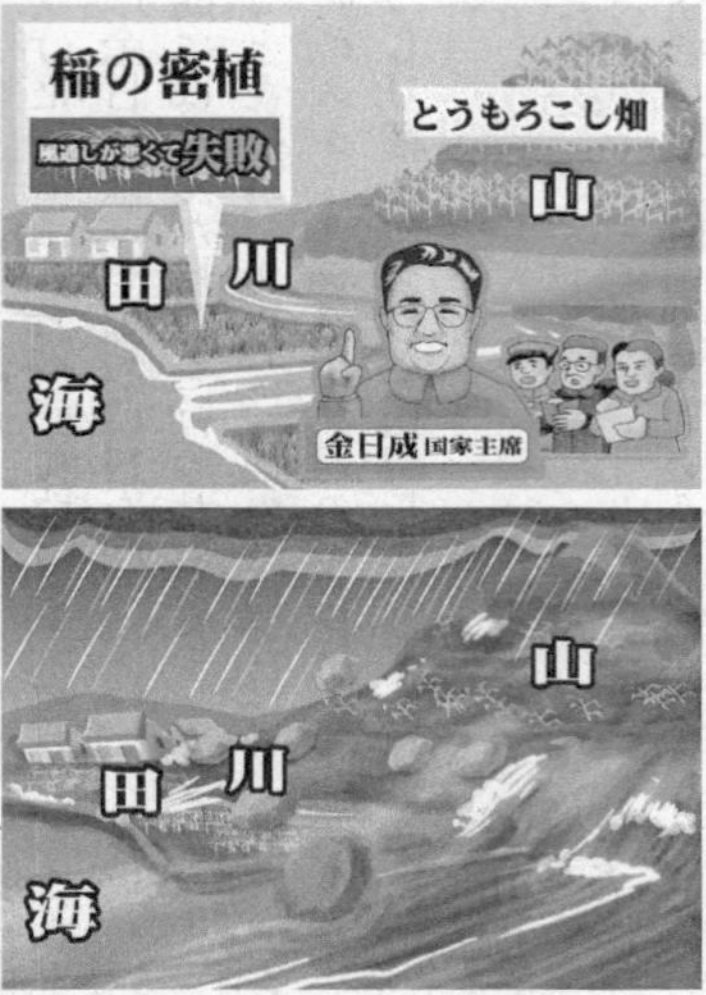

北朝鮮でも稲の密植が行われ、結局、不作、災害が起こることに。

階級闘争理論
階級社会において、階級と階級の間にできる格差をなくすために行われる闘争のこと。同じ階級の者は、団結して一緒になって（資本家と）闘うと考えた。

功しているじゃないか。じゃあ北朝鮮でもやろう、と、稲の密植をしました。稲を密植したら何が起きますか？

密植すれば、風通しが悪くなります。そして、限られた肥料を奪い合います。結果的にみんな育たないのですよ。稲が全然育たない。ある程度までひょろひょろっと伸びるけど、実をつけない。これによって北朝鮮の農業が衰退し、お米の収量が激減します。ここから食料不足が始まる。これは、なんとしても食料を増やさなければいけない、と考えた金日成国家主席は、何を考えたのか。山にはたくさんの木がある。これは無駄だ、あそこも畑にしてしまえばいいだろう。と、山の木を全部切って、ここを段々畑にしなさいと指導しました。段々畑にして、全部とうもろこし畑にしたのですね。さあ、とうもろこしがいっぱいできるだろう、これを食べることができるだろう、というわけです。念のために言いますと、私たちがいつも日本で食べているような、あんなおいしいとうもろこしじゃないですよ。北朝鮮のとうもろこしというのは、まあ日本でいうと家畜の飼料にしているような、とにかくたくさんつくることはできるのだけれど、決しておいしいとは言えない、いや、とても食べたくないような類いのものなのですが、それでも段々畑をつくり、とうもろこし畑にすれば、とうもろこしが食べられるようになる。こうなれば食料不足が解消される、と、こう考えたのですね。で、山の木を全部切り倒し、段々畑をつくり、とうもろこしを植えた。ところが、**とうもろこしは、一年草なのですよ。**だから根をしっかり張らないよね。**少しでも雨が降ると、簡単に倒れてしまう**のですね。日本でも段々畑はありますよね。日本で段々畑というとどんなものを植えていますか？ みかんや、お茶ですよね。みかん畑や茶畑とかです。これは多年草なのです。何年もかけて、少しずつ根を張っていくもの。非常に根がしっかりしている。だから、少しくらい雨が降ったからって崩れることはないのですよ。

北朝鮮の場合、とうもろこしだから、ちょっと雨が降るだけで倒れてしまう。さらに、**山の木が全部切り倒されたわけですよね。山の木は実は大変大事な役割をしています。雨が降っても、とりあえずその木が、水分を根のところに溜《た》めてくれる。**ということは、大雨が降ったからといって一気にそれが鉄砲水になることはあまりないし、そもそも土砂崩れというのも起きにくくなるわけですね。でも山の木を切ってしまった。そうすると山に降った雨は、あっという間に鉄砲水になって流れていく。ちょっとでも雨が降ると、あっという間に土砂崩れが起き、段々畑はもちろん壊滅します。その下の田んぼもみんな土砂で埋まってしまうわけです。逆に雨が降らないとすぐに干ばつになるわけです。山にちゃんと木があれば、大雨が降っても木が水を蓄えてくれる。干ばつになって日照りが続いても、根のところに水を蓄えているから、すぐに水不足になることはないわけですね。山の木というのはそういう大切な役割をしているわけです。でも山の木がない。**雨が降ったら全部流れる**。**日照りが続くと大変な干ばつになる**。こんなことが北朝鮮では続いています。いままさに、北朝鮮は干ばつになっています（２０１４年５月の講義時点）。日照りが続いて、農産物がいま壊滅状態になっています。

もうひとつ加えておくと、土砂崩れの土砂が川に入ると、川底が埋まりますよね。そうすると**川が浅くなる**。**ちょっと雨が降るだけで川が氾《はん》濫《らん》する**わけです。これによって、洪水が頻繁に起きるようになります。川底に溜まった土砂は、やがて海に流れていく。そうすると今度は、海底に土砂がずっと溜まっていきます。海底には、本来はいろいろな海藻が生えていますよね。そして、海の底は魚の産卵場所になっています。その**大事な魚の産卵場所が土砂で全部埋まってしまう**のです。この結果、**北朝鮮では沿岸漁業も壊滅状態**ということになりました。

稲刈りした稲を道路にそのまま並べていた

　私は、北朝鮮に二度ほど行っているのですが、秋の収穫シーズンに稲刈りをした稲をどうやって干していたか。道路、あるいは空き地にね、そのまま並べるのですよ。日本ですといまだと乾燥機でやりますが、昔は地域によって「稲架《いなはぜ》」とか「稲はで」「稲木《いなぎ》」と呼ばれていますが、木を組んで、物干し竿《ざお》みたいなところに、刈り取った稲を干して、そこで乾燥させるわけですね。刈り取った稲を一旦《いったん》乾燥させてから、脱穀機にかけるわけです。北朝鮮の場合、乾燥させなければいけないけれど、乾燥させるための木は山の木。もうとっくの昔に切ってしまって、ないのですよ。この稲架や稲はでを組み立てようと思っても、木が農村地帯にない。仕方がないから、道路に稲をそのまま並べるのです。もちろん、私もお米の国の人間ですからね、そんなところは歩けないわけですよ。でも、**北朝鮮の人たちはその上を平然と歩いている。驚きました。**

　山の木を全部切り取ってしまったために、こんな状態になった。これ以来、北朝鮮は農業が壊滅状態になります。でもね、長年、農業をやっている人ならおかしいってわかるわけです。でも、天才的な指導者がおっしゃっていることをおかしいなんて言おうものなら、自分の身が危う

北朝鮮に二度ほど行っている　テレビ番組の取材で、北朝鮮の高官に拉致《らち》問題でインタビューを行い、バトルを繰り広げたこともある。

「稲架」「稲はで」「稲木」　稲などを刈り取ったあとに、束ねて日に干すための柵《さく》や木組みのこと。

い。仕方なく言われたとおりのことをするわけです。先ほどの現地指導の映像で、周りの人たちが一生懸命ノートをとっていましたよね。媚《こび》を売るというのはこういうことなんだな、ということを感じずにはいられませんね。**独裁者がいると、その周りの人たちは、こういう行動をとってしまう**のだなあ、ということがこれで見えてくるのではないでしょうか。独裁的な力を持った人の言うことは、おかしいと思っていても、そんなことは言えない、ということになると、**結果的にこういう悲惨な状態になる**ということですね。

おじいさんのスタイルをまねる金正恩

金日成国家主席が亡くなった後、金正日総書記になり、金正日総書記が亡くなった後、いま、**金正恩第一書記（現在は党委員長）になってい**るわけですね。いまその金正恩が**まったく同じスタイルで、農村地帯などいろいろなところを回っては、ああしろ、こうしろと言っています。**周りの人がそれを一生懸命、メモをとっている。30歳そこそこの若造がああしろ、こうしろ、と言って、50代、60代の人たちが一生懸命それをメモにとって、そのとおりのことをやろうとしている、ということです。でも、これもまた北朝鮮だけのことではないのです。

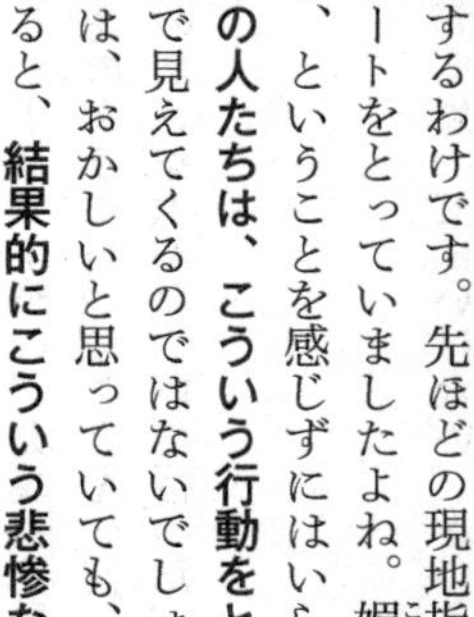

日本でも同じようなことがあったのですね。**西武鉄道の堤義明《つつみよしあき》という、カリスマ的で独裁的な社長**がいました。その後、証券取引法違反で逮捕されて現場からは引退していますが、彼が西武鉄道に君臨していたころ、傘下のプリンスホテルが全国にありました。そのプリンスホテルに、突然赤い絨毯《じゅうたん》がわーっと敷かれることがある。普通のお客さんには赤い絨毯じゃないんだけど、突然、ホテルに赤い絨毯が敷かれる。誰が来るのだろうと思ったら、堤義明社長がそのホテルの視察に来た。**ホテルの従業員はみんなお客さんではなく、堤義明社長を見ていた**のですね。本末転倒ですよね。彼は、プリンスホテルを新たにつくるとなると、必ず部屋を点検し、どのような備品を置くかというようなことまで全て彼が決めたそうです。**彼が決めなければ何も決まらない**わけですね。結局みんなが、言うとおりに、ということになります。ですから、堤義明社長が現場を視察すると、ほかの従業員が、あのように言ったことを一言一句もらさぬようメモしようと思い、社長のあとをみんなついて行った、というわけです。

組織の仕組み、システムの問題だ

だから、遠いよその国のことだよねって思ってはいけない、というこ

堤義明
日本の実業家（1934年〜）。西武鉄道グループの元オーナー。総資産額で世界一になったこともある。父は西武グループの創業者であり、滋賀県選出の元国会議員の堤康次《やすじ》郎《ろう》。兄は、元セゾングループ代表の堤清二《せいじ》（故人）。

とです。みなさん方がやがて社会に出て、どこかの企業、あるいは団体、組織に所属したときに、その組織が似たような状態でないかどうか。まあ、入る前はなかなかわかりませんが。ひょっとして、入ってみたら、同じようなことがありうる、ということです。

これは、そもそも**会社なり組織なりの仕組み、システムの問題ですよね。**そこにいる人たちが、本当に自己実現できるような、やりたいことをいくらでもやれるような、そんな仕組みをつくっていかないと、それは、個別の企業であっても未来はない、ということです。**社会主義の失敗から、こうしたことを学ぶことができる**のではないか。

たとえば先ほどのソ連のスターリン時代。小麦を密植することによって、生産性が上がったという宣伝をしました。中国でも毛沢東の時代、稲を密植したことによって生産性が上がったと大宣伝をしました。**1960年前後、アフリカでたくさんの国が独立を果たしました。**ヨーロッパの植民地だったところがみんな、独立を果たしたのですね。このときにそれぞれの国が、資本主義の道を選ぶのか、社会主義の道を選ぶのか。それぞれの国が考えたわけですね。そのときに、ソ連、あるいは中国は、農業改革が大成功し、お米や小麦がたくさん取れ、豊かな暮らしをしている、という大宣伝をしていました。これを真に受けたアフリカの多くの国が、独立後、ソ連、あるいは中国型の社会主義の道を取ったのですね。そして、**小麦、あるいはお米を、密植しました。その結果、アフリカでも飢餓が拡大した**ということです。せっかく独立を果たしたアフリカの国々で餓死者が大勢出るようになり、貧しさの中から内戦状態になったり、軍隊によるクーデターが起きたり、ということが、それから何十年にもわたって続いた、ということです。**ようやくいま、アフリカ諸国は落ち着いてきて、経済がちゃんと発展するように**なりましたが、**ソ連、あるいは中国の失敗がアフリカに与えた責任は、大きいものがある**ということですよね。

ならば資本主義は胸を張れるのか？

そもそも社会主義は理想だったわけですよね。社会主義は、人々が平等で、経済を計画的に進めれば、無駄もないだろうと考えたのが、やってみたらこんなことになってしまった。**「理想と現実」**という言葉があります。なかなかそれは難しいということです。これは、人間をどこまで信用するのか、信用しないのかということでもあります。みんな平等にすれば、みんな一緒に、一生懸命働くであろう。性善説ですね。でも、やってみたら結局大勢の人がサボってしまった。やはり人間は性悪説でとらえなければいけないのかな、というところはありますが、**人間に対する洞察もまた求められる**ということです。

さらに言えば、**では、資本主義は胸を張れるのか**。これもまたそうではありませんよね。激しい競争によって弱肉強食で、結局潰れてしまう会社が次々出てくる。ライバルが潰れれば、その分を全て、**勝った企業が独占できる**わけです。まさに、独占状態ですよね。**そうなると、突然サービスが悪くなる**、なんていうことがよく起きます。

たとえばかつてのアメリカの航空産業の話です。**航空産業の大胆な自由化が行われた**ことがあります。**カーター、レーガン大統領の時代**です。それまでは、たとえばニューヨーク〜ワシントン。ニューヨーク〜サンフランシスコ。それぞれの飛行機であれば、どの飛行機会社も料金は同じ、という形をとっていました。これを、**競争があってこそ資本主義は発展するんだということになり、大胆に自由化した**のですね。各航空会社が値段を自由に設定すればいい、ということになりました。格安航空会社が次々に生まれ、それぞれの路線で激しい価格競争が起きます。信じられないくらい安い運賃で飛行機に乗れるようになりました。当然その競争に負けて、潰れる航空会社が出てくるわけです。たとえばAからBへの路線。3〜4社が激しい競争をしていた。で、安いチケットで乗

航空産業の大胆な自由化
1978年に始まったのがアメリカの航空自由化。最初は肯定的な見方が多かったが、自由化に勝ち独占した上での価格のつり上げや、サービスの劣化など、問題点が指摘された。

カーター
ジミー・カーター（1924年〜）。アメリカの政治家。第39代大統領。退任後の国際紛争の平和的解決への活動などから、2002年にノーベル平和賞を受賞。

れるようになった。お客さんはみんな大喜びです。ああ、自由競争をやるからこんなにサービスがよくなるんだよね、と思います。

激しい競争のあとに独占が待っている?

でも、結果的にそういう激しい競争をすると、体力の弱い会社は潰れていくわけです。結果的に1社だけ勝ち残る。その路線が1社だけになった途端、そこの航空会社は運賃を何倍にも引き上げる。そこを独占することができたからです。かえって利用者は前よりも高い料金で、しかもサービスが悪くなる、ということになってしまった。とくにアメリカ国内では非常に激しい競争がありますからね。

ひとつ例を挙げましょう。以前私はニューヨークからワシントンに飛行機で行こうとしたのですね。ニューヨークで予定の飛行機に乗ろうとしたら、突然、「この便はキャンセルになりました。お客さま、次の便にしてください」と言われるのですね。それでは予定が遅れる。ワシントンでの仕事に影響する、困った、ってそこのカウンターの人に言ったら、「ひとつ前の飛行機がいま、まもなく出発するから、そっちに乗ってもいいよ」というわけです。「ええ、座席はどこなんですか」「いいから勝手に乗って、空いてるところに座りなさい」と。乗った途端にドア

レーガン ロナルド・レーガン(1911〜2004年)。アメリカの俳優、政治家。第40代大統領。アメリカ経済の回復を目指し、「レーガノミックス」(自由主義経済政策)を実施した。

がしまって、すぐに飛び立った。もうバスの感覚ですよね。なぜキャンセルになったのか。要するにお客の数が少なかったからなのです。**飛行機を飛ばすのにお客の数が少ないと、燃料代がかかる。赤字になってしまうわけです。**一つひとつの便を、全てこれは黒字か赤字かということを計算している。**お客が少ないからといって、簡単にキャンセルしてしまう。**次の便にみんなを押し込めば、次の便は黒字になる、というわけです。まあ、大胆ですよね。いまやアメリカの航空産業は、そういう状態になっているということです。

さらに言うと、国内線。日本でも最近、サービスが簡略化されて、ジュースかコーヒーが出てくるくらいですが、アメリカの国内線は基本的に何も出ません。欲しければ、コーヒー1杯いくら、と機内で買わなければいけない。「寒いからちょっと毛布を貸してほしい」「はい、毛布1回いくらです」という状態になるわけですね。ほとんど全ての場合、お金を払わないと何のサービスも受けられない、という状態です。あるいは、飛行機に荷物を預けようと、カウンターでお願いすると、全部有料なのです。有料なだけではありません。それを実際に積み込むところまではお客さんが運んでください、というような状態になっています。

それぞれの国で試行錯誤が続く

最初に激しい競争が起きたとき、みんな、「わあ、これで便利になるな」と思ったら、ふと気がついたらとんでもないことになっていた。そして、もちろん客室乗務員の給料、あるいはパイロットの給料は、極限まで引き下げられてしまった、ということです。ここまで行くとやっぱりちょっとやりすぎだよね、ということになるわけです。最初のうち、ちょっと自由化をしたら、サービスがよくなりました。あるいは航空運賃が安くなった。ここまでにしておけばいいわけですけどね。

経済というのは、それなりの競争がないとサービスは悪くなる。結局、独占状態はよくないわけです。でも、あまり競争が行きすぎてしまうと、また問題だし、だからといって、全て平等ですよと、やっちゃうと、これもまた問題になるわけです。どこまでにすればいいのか？　ということは、それぞれの国によっていろいろ試行錯誤が続いている、というわけです。

日本の場合、**独占禁止法という法律があります。**これは、資本主義をそもそも前提にしているわけです。資本主義でみんなが自由な競争をすることによって、サービスもよくなり、経済が発展する。でも、結果的

独占禁止法
公正かつ自由な競争を促進し、それぞれの会社などが自主的な判断で自由に活動できるようにするためにつくられた法律。

に弱肉強食で、どこかが独り勝ちし、1社が独占をしてしまって、ライバルがいなくなると、突然サービスが悪くなってしまう。かえってよくないからそういうことは防ごう、というのが独占禁止法ですよね。**資本主義の自由競争のよいところを生かしながら、しかし、独占状態にならないようにしようという法律**です。つまり、**必要な規制もある**わけですよね。もちろん、**不必要な規制もある。そこを一つひとつ見極めていく。それが求められている。**そのときにどうすればいいかということを考える、**これがまた経済学の役割であり、その経済学を生かすも殺すも政治家次第。経済政策というものが問われてくる**――ということなのです。

さあ、ここまでのところで何か質問はありますか。

学生S：いままでの講義で、社会主義の失敗や悪いことについて教えていただきましたが、逆にその成功例というのは何もなかったんでしょうか。

池上：はい、わかりました。はい。ありがとう。そう成功例だね。そうだね、これ大事なことだよね。

前にも言ったように、世界で最も成功した社会主義国は日本である、というような話がありました（167ページ参照）。**社会主義国ができたことによって、資本主義諸国が大きく変わった**、ということがあります。どういうことか。つまり、ロシアで革命が起きたわけですよね。そして資本家が殺されてしまった。労働者の怒りが高まって、革命が起きたということです。ほかの資本主義諸国で、資本家たちが、「自分たちが殺されてしまうかもしれない」と、こう考えるわけだよね。そういう革命が起きないようにするには、どうしたらいいだろうか。労働者の不満が高まらないように、労働者の労働条件をよくしていく、あるいは給料を上げていく。働く人々の不満が高まらないような、ある程度平等な社会をつくっていく、という考え方が出てくるわけです。いわゆる「**社会福祉**」。社会福祉というのは言ってみれば、社会主義の国ができたことに対して、資本主義国側が、自分たちを守るために、資本主義のもとに働く人たちをやはり人間的な、安定的な暮らしにしていかないと、革命になるよね、というところから広がっていったのですね。**だから、労働組合をつくることを認める**。そして、労働組合からの労働者の要求を経営者側も受け止める。労働組合を認めていなかったら、逆に労働者の不満が高まって、過激な運動で、革命が起きてしまうかもしれない。労働者のみんなの不満をきちんとまとめて、経営者にそれをぶつけてくれる

社会福祉
全ての国民に一定水準以上の生活とそのための社会的援助を提供すること。

労働組合を認めましょう。そして、給料をどうするか、労働条件をどうするか、ということを話し合って決めましょう。あるいは、過剰な残業ができないような、**労働基準法のような、労働者を守る仕組みをつくっていきましょう**、ということになったわけです。

そうやって資本主義諸国も、劇的に労働条件がよくなっていった。社会主義国家の成立を受けて、資本主義諸国が大きく変わった、ということです。そういう意味で言えば、社会主義のメリットというのは、**社会主義の国ができたことによって、資本主義の国々がよくなった**、というところはありますね。

さらに言えば、もちろん社会主義の平等という考え方で言うと、たとえば、**医療や年金制度が充実したことはたしかですね**。いままで社会主義経済の失敗の話ばかりしてきましたが、たとえば医療がどこに行っても無料で受けられるとか、あるいは年をとったらきちんと年金がもらえるとか、そういう労働者のいろいろな労働条件や社会保障は、社会主義国はとても充実していましたよね。それはまさにそのとおりだ、ということです。逆にそれをみて、資本主義諸国も社会保障が進んでいったということです。ほかにありますか？

労働基準法
労働者の賃金、労働時間、休暇などの労働条件について、最低限の基準を定めたもの。労働者を保護する法律。

学生T：先ほどクリミアの話がありましたけど、このあとの世界情勢がどうなるのかということを教えていただけませんか。

池上：この後どうなるか。では、クリミアの話をしましょうか。

クリミアとウクライナの話で言えば、ロシアは絶対にクリミアを手放しません。かつて**クリミア戦争**がありましたね。**ナイチンゲールが従軍看護師として現場に行った**。あの話はクリミア戦争だったのですね。あのときにクリミアで大勢のロシア兵が亡くなりました。作家のトルストイは、クリミアにロシア兵として戦地に行っているのですね。そして戦争便りというものを出したりしています。

だからロシアの人たちは、クリミアというと、大勢の犠牲者を出した場所である。トルストイが従軍した戦場なんだ、ということをみんな思うのですね。クリミアっていうだけでロシアの人たちは、絶対ここは手放したくない、と思う場所なのです。だから、**ロシアは絶対クリミアを手放しません**。

では、**ウクライナの東側でロシア系の人たちは独立とか、ロシアと一緒になりたいとか言っていますね。ロシアはあれを認めないだろう、というのが私の見立て**です。どうしてか。先ほど言いましたように、ソ連

クリミア戦争
1853年～1856年、クリミア半島を中心に行われた戦争。ロシアと、トルコ、イギリス、フランスなどの連合国とが戦った。ロシアが敗れて終わる。

ナイチンゲール
フローレンス・ナイチンゲール（1820～1910年）。イギリスの看護師。クリミア戦争に従軍。看護に統計学を導入。病院の衛生環境の改善に尽力。

はかって、第2次世界大戦で約2700万人もの犠牲者を出していますよね。自国の安全保障にとても敏感なのです。自分の国の国境を接して、その外に反ロシアの国がすぐにあることを本当に嫌がるのですね。自分の周りには、**緩衝地帯をつくっておきたい、というのがソ連、あるいはいまのロシアの病的な恐怖心、というものな**のです。ウクライナをロシアにしてしまったら、その外側に、反ロシアの、つまり**NATO（北大西洋条約機構）軍**ですよね。アメリカの入っているNATO軍が、ロシアの国境のすぐ向こう側に駐屯するようなことになる。これは、ロシアにとっての悪夢なのですね。だから、ウクライナをロシアにしようとはしないでしょう。かといってウクライナがまるごとヨーロッパ側に行ってしまったら、ロシアとウクライナの境に、また、アメリカ軍が来る。だから、これもまた悪夢なのですね。**ウクライナはどっちにも行かない中立な形で、緩衝地帯として存在することがロシアにとってはいちばんの理想**になるわけです。

だからウクライナの東側に親ロシア系の人たちがいることによって、ウクライナ全体がヨーロッパに行かないような引っ張る力と言いますか、重しになるのですね。ウクライナはどちらにも行きません、ロシアとの間で中立な立場をとりますよ、というのがロシアにとってベストな安全

トルストイ
レフ・トルストイ（1828〜1910年）。ロシアの小説家。代表作に『戦争と平和』『アンナ・カレーニナ』。

NATO（北大西洋条約機構）
アメリカやイギリス、フランスなど、欧米西側諸国がつくった集団防衛機構。これに対して、ソ連を中心とした東側諸国がつくったのが、ワルシャワ条約機構。

保障ということになるのです。だから、ウクライナの中でロシアに入りたいという人たちがいますが、そういう人たちに対して**プーチン大統領は非常に冷淡ですね。**それを全面的に支援するというやり方をとりません。いまのような、**親ロシア系の人たちがいることによって、ウクライナがヨーロッパに行けないような状態を維持すること。これがプーチン大統領の戦略**だ、と私は見ています。まあ、私の見立てが合ってるかどうかってことはいずれわかりますから、覚えておいていただければと思います。では、今日はここまでにします。

lecture

8

中国の失敗と発展

大国として存在感を増す中国。
しかし、中国の社会主義にも
大きな失敗がありました。
そこをどう修正し、
発展してきたのでしょうか？

今回は、**中国の失敗と発展**という話です。

さて、**6月4日は何の日か？** みなさんご存じですか。**中国にとっては重要な日ですね。**

中国も最近は大都市のホテルですと、高速インターネット網が整備されています。インターネットでいろいろな検索ができるわけです。でも、中国国内で、インターネットを使って、「六四」という数字を検索しても何にも出てきません。なぜか？ これは、6月4日に関係があるのです。さあ、どなたかどうですか。6月4日は何の日でしょうか。

学生U：天安門《てんあんもん》事件が起こった日です。

池上：はい、そうですね。では、天安門事件をひと言で言うとどんな事件でしたか？

学生U：中国の学生が、民主化運動をしたときに軍隊が出てきて制圧した事件。

池上：はい、それが6月4日だった、ということですね。

中国の当局は、そもそもこういう事件があったということを闇に葬りたいのですね。いまの若い人たちに知られたくない。だから、これを調

天安門事件
中国・北京にある天安門広場に、民主化を求める学生たちが集結したことに対し、1989年6月4日、中国人民解放軍が武力で弾圧した事件。

べようとインターネットを検索しても何も出てこない。なぜ、出てこないのか。はい、中国にはこういう人たちがいるのですね。

「サイバーポリス」

サイバーというのは、いわゆるネットやコンピュータの世界のことですよね。そこで中国の人たちがツイッター、ブログ、あるいはいろいろなメールをやりとりしているわけです。それを常に、数万人のレベルで監視している。数年前に、サイバーポリスの人員は3万人といわれていました。いま、5万人ともそれ以上ともいわれていますが、その人たちが**24時間交代で、ありとあらゆるネットの世界をチェックしています。**「天安門事件」はもちろん、「六四」のようなキーワードでは検索できないようにしているのです。

このように、天安門事件のことであるとか、民主化とか、あるいは共産党を批判するようなことをブログなどで書いていると、単にそれが削除されるだけではなくて、ある日、突然、警察官がその家にやってきて、連行されるということが起きているわけですね。

「六四」「5月35日」「8の二乗」

ところで、天安門事件をブログで触れると、削除されると言いました。

ならば、**天安門事件を別の言い方をしよう**、として考え出したのが「六四」だったんですね。「あの六四からまた何年目が来ました」、みたいな書き方をしていたのですが、この六四も検索できなくなりました。そこで最近編み出されたのが**「5月35日」**という言葉です。「まもなく5月35日がやってきます」という書き方。**天安門事件のいわゆる隠語ですよね。**これをやっていた。ところがこれもあるときから気づかれてしまって、5月35日もいま、削除されるようになった。学生たちまたいろいろと考えたのですね。最近は**「8の二乗」**という言い方をするようになりました。つまり、8×8＝64（六四）というわけです。「8の二乗がそろそろやってくる」と。これもついに気づかれてしまいます。結局、そういうものが全部削除されていくという、非常に、**言論統制が厳しい状態なのです。**

若者たちが天安門広場に集まり民主化を求めた

さて、**天安門事件が起こったのは、1989年6月4日です。**どういう事件か。これよりちょっと前に、中国の若者、とくに学生たちを中心に、民主化運動が盛り上がったのですね。ちょうどこのころ、ソ連ではゴルバチョフが、ソ連の民主化を進めていました。このゴルバチョフ大

ゴルバチョフ 1989年5月15日に訪中。外国メディアも取材で中国入りする（159ページも参照）。

ソ連の民主化 1985年3月にソ連共産党書記長に就任したゴルバチョフは、ペレストロイカ（政治体制の改革）、グラスノスチ（情報公開）を進めた。ゴルバチョフは、1990年3月にはソ連で、最初で最後の大統領に就任し、さらに改革を進めようとしたが、1991年12月にソ連は崩壊する

1991年8月、ゴルバチョフ（左）へのクーデターを、エリツィン（右）が収束し、幽閉の身のゴルバチョフを救出。が、結局、ソ連に引導を渡したのはエリツィンだった。（写真：ロイター／アフロ）

統領が中国にやってくることになりました。それまで**中国とソ連は長らく激しく対立していました**。**その中国とソ連が歴史的な和解をする**ということになって、これを世界中のメディアが取材したいと申請をするわけですね。当時の中国は、外国のメディアを受け入れることはほとんどなかったのですが、このときには特別に受け入れようということになりました。**海外から多数のメディアが北京《ペキン》に取材にやってきました**。このとき中国の若者たちは、民主化運動を世界に伝えてもらうチャンスだ。世界のメディアがいれば、われわれは弾圧されることがないだろう、捕まったりすることはないだろうと、**大勢の若者たちが天安門広場に集まって、座り込みをし、民主化を求めた**んですね。ただし、この場合の民主化運動というのは、あとで映像を見てもらうとわかりますが、多くの学生が赤旗を掲げています。つまり共産党の支配に反対していたわけではないのですね。共産党の支配には反対しない。でも、汚職が蔓延《まんえん》している。

中国とソ連は長らく対立
1960年代から、中国とソ連は、イデオロギー論争、軍事的対立と、対立の度合いを深めていった。

エリツィン
ボリス・エリツィン（1931～2007年）。ロシアの政治家。ロシア連邦初代大統領。ソ連時代は、ソビエト連邦ロシア共和国の大統領を務めていた。

いる、あるいは格差が広がっている。もう少しよくしてくださいよ、とお願いをする運動だったのです。が、それでも当時の中国共産党は、その運動を許すことができなかった。そこで、**軍隊を使って、これを弾圧した。これが天安門事件です。**

中国の軍隊は共産党の軍隊

中国の軍隊というのは、世界の中でも非常に珍しいのですが、**国の軍隊ではないのですね。中国共産党の軍隊なのです。人民解放軍といいます**が、共産党の言うことだけを聞く軍隊なのですね。これは非常に珍しい。たとえば、アメリカの軍隊は、大統領が共和党だろうが民主党だろうが大統領の言うことを聞くわけです。大統領がどの党であっても関係ない。それは国の軍隊だからです。でも中国はそうではないのですね。

その**中国共産党の命令によって、学生たちの排除に乗り出した、**当時の

天安門広場。正面に写っている故宮《こきゅう》の正門が、天安門。真ん中に掲げられているのは毛沢東の肖像画。この門の前に広大な広場が隣接している。50万人を収容できるという世界最大級の広場。

人民解放軍
中国共産党という政党の軍隊。人民解放軍は、事実上の中国軍。

映像があります。ご覧ください。

これが天安門です。大勢の学生たちが集まっています。1989年6月4日の未明のことです。装甲車がいま入ってきて、長安《ちょうあん》街という天安門広場の前に戦車があります。これは有名なシーンですね。**学生たちを排除し、弾圧をするために出てきた戦車の前に、たった1人で立ちはだかった映像ですね。**当時は天安門広場の前に、外国のメディアがいたわけです。だからこの映像を撮ることができた。6月4日の未明、天安門広場に大勢の軍隊が入りました。その後、天安門広場から追い出された若者たち、大学生たち、あるいは労働者たちが、軍隊の戦車に向かって石を投げたり、あるいは手製の火炎瓶、一升瓶にガソリンを詰めてボロ布を入れて、火をつけて、それを投げつけたりという形で、抵抗するわけです。それに対して軍隊は、無差別発砲で応じました。多数の犠牲者が出た中で、その戦車が移

学生たちを排除し、弾圧するために人民解放軍の戦車が出動。その前に学生がたった1人で立ちはだかった有名な写真。全世界に報道された。（写真：ロイター／アフロ）

動する。それをたった1人でその前に立ちはだかった、大変有名な映像です。この後、彼は軍隊によって連れ去られ、行方がわからなくなります。**歴史に残る、非常に勇気ある行動だった**ということですね。

6月4日の前から、天安門広場の前に全国から大勢の学生たちが集まってきた。民主化を求めて、なかには座り込んで、**ハンガーストライキ**ですね。水分以外食事を取らない、ということです。要は赤旗を掲げていますよね。それぞれの大学の名前が入った赤旗を持って集まってきています。**つまり、共産党にお願いをする運動だった**ということです。美術学校の学生が自由の女神をつくってあそこに掲げた、あれがいわゆる天安門事件を象徴する写真です。でも、その後**6月4日の未明、装甲車が突入をしてこの自由の女神が倒され、壊されてしまう。**

誰一人、国民の選挙で選ばれていない中国のトップたち

このとき、中国共産党は、その学生たちを、厳しく弾圧します。そして、**こうした事件が起こってしまったことを反省するわけです。**どうしてこんなことになってしまったのか。民主化を求めるということは、いまの中国共産党の統治のあり方に対する異議申し立てであったわけです。

そもそも**中国の国家のトップたち、あるいはいまの中国の幹部たちとい**

ハンガーストライキ
水分以外食事を取らず座り込んで訴えるストライキの方法。「ハンガー（飢餓）によるストライキ」ということ。

うのは、誰も選挙で選ばれていない。日本のような選挙という制度は中国には存在しません。自由な選挙というのは、いまの中国の場合、日本の町内会のレベルですね。町内会レベルの町内会長を決めよう、というくらいの選挙には、共産党員でない人も立候補できるようになっています。が、それより上の部分、日本でいう市や町、あるいは県、そういうレベルでの選挙はそもそも存在しない。**全国人民代表大会**という、日本の国会にあたるものがあります。全国から代表が集まってくると報道されます。全国からの代表ではありますが、それぞれの地区の共産党が、「お前がこの地区の代表として北京に行きなさい」と指名されて、集まるのです。中国の人民が、「この人を代表として、議会に送り出そう」という選挙そのものが、そもそも行われたことがない。それがいまの中国です。

国を愛せ、共産党を愛せ、一大愛国運動の始まり

それぞれの国のリーダーというのは、どうして正統性があるのか。それぞれの国の国民の選挙によって選ばれている。だからこそ正統性があり、強い力を持っているわけですね。ところが中国は、**国民から選ばれていない人たちが政治を行っている。つまり正統性が問われた**わけです。

全国人民代表大会
中国の立法機関。日本の国会にあたるものだが、国民の選挙で選ばれるわけではない。共産党が指名した者が代議員になる。ちなみに中国は一院制。

この事件で、共産党は非常に危機感を持ちました。共産党の支配に反対する人が出ないようにする。そのためにはどうしたらいいのか。ここから**中国では一大愛国運動が始まります。**愛国運動、国を愛しなさい、と。はっきり言えば中国共産党を愛しなさい、という運動です。中国共産党を愛する。そのためにはどうしたらいいのか。

中国共産党は、かつて第2次世界大戦中、**悲惨な状態だった中国の人々を見事に救った。**それが、共産党だ。だから共産党が中国を統治する正統性がある、こういう言い方をした。なぜ中国の人民は辛《つら》い思いをしていたのか。かつて**日本の軍国主義によって、日本の軍隊によって中国が蹂躙《じゅうりん》されていた。それを共産党が追い出した。**だから共産党は素晴らしい、こういう理屈をつけているのです。つまり、共産党を愛しましょうという運動が、いかに昔、日本がひどいことをしたのか、という宣伝をすることになり、**結果的に反日教育に広がっていった**ということです。

いまの中国で、よく若い人たちが**反日的な行動をとる、そのきっかけは、天安門事件だった**ということです。中国の若者たちが昔から反日だったわけではありません。天安門事件を教訓にした中国共産党が、徹底的に共産党は素晴らしいという教育をし、結果的にそれが反日教育にな

反日教育
日本のことを敵対視するように生徒・学生に教え込む教育のこと。中国の場合、共産党の統治の正統性を強調し、共産党による一党独裁への不満から目をそらさせるために行ったといえる。

っていったということですね。

毛沢東が打ち出した「大躍進政策」

では、そもそもここまでに至る中国、中華人民共和国の現代史はどういうものだったのか。あらためて見ていきましょう。そもそも中華人民共和国ができた1949年10月1日。天安門の上で、毛沢東《もうたくとう》が中華人民共和国の建国を宣言します。その歴史的な映像があります（138ページ写真参照）。

若き毛沢東ですね。1949年のことです。毛沢東は、中国という貧しかった国を、とにかく豊かな国にしようとするわけです。そこで彼が打ち出したのがこちらです。

「大躍進政策」

これですね。当時、中国は、ソ連と仲がよかった、いい関係だった時代なのですね。1957年、当時の**ソ連のフルシチョフ第一書記が、ソ連はこれから15年以内にアメリカを工業生産において追い抜く、と宣言**をします。まだソ連という国は非常に経済が弱い。貧しいけれども、社会主義というのは資本主義よりもはるかに優れた制度だから、これから経済が躍進すれば、15年でアメリカを追い抜く。こう宣言したのですね。

これを聞いた毛沢東は何を考えたのか。中国はソ連よりも貧しい。ということは、中国はいくら頑張っても、15年でアメリカに追いつくことはできない。では、アメリカの次に経済が発展している資本主義の国はどこか。それはイギリスだと。**ソ連が15年でアメリカを追い越すことができるなら、中国は15年でイギリスを追い越すことができるだろう**。こうして、15年でイギリス経済を追い越すと宣言するのですね。そのうちに、みんな頑張っているから、15年もかからない、5年でイギリスを追い越してやると宣言をします。それがこの大躍進政策というものです。

みんなが農家の庭先で鉄をつくればイギリスを抜ける?

そのためにどうしたのか。**イギリスはなぜ世界第2位の工業国なのか。鉄鋼生産が盛んなのですね**。イギリスの鉄鋼生産高というのは、大変な量です。イギリスに追いつき追い越すためには、**中国でも鉄鋼生産を高めればいいんだ**、ということになって、**中国全土をあげて、鉄鋼生産をしろ!** こうなりました。

しかし、鉄をつくるということは近代的な、製鉄産業ですよね。巨大な製鉄所が必要です。毛沢東はそう考えなかったわけです。なぜあんな製鉄所が必要なんだ。あんなもの無駄じゃないか、みんなが農家の庭先で鉄をつくればいいじゃないか、とね。巨大な製鉄所をつくるのではなくて、みんなが小さいながらも全国で製鉄所をつくって、そこで鉄をつくれば、すぐに鉄鋼生産量はイギリスを追い抜くことができる。こう考えた。さあ、**全国の農家に製鉄所をつくれ、と命じました**。実際に命令どおりにつくります。

古い寺院や伝統的な建物の煉瓦を使え！

これが土法炉《どほうろ》です。農民たちの手製の炉です。そういうものをいっぱいつくった。そして、それぞれのところで製鉄を行え、ということになりました。しかし、これは外側が煉瓦《れんが》です。**この炉をつくるためには煉瓦が必要です**。そもそも中国の場合、その**煉瓦工場がまだない**わけですよ。つまり産業というのはね、当たり前のことですが、**それぞれ一つひとつの段階を上って、基礎や基盤ができていないと、一挙に製鉄業はできないわけです**。製鉄工場をつくるためには、そもそも**強い火でも大丈夫な耐火煉瓦をつくる技術がなければ、鉄鋼生産は無理**なのですよ。ところが、そういう基本をすっ飛ばして、鉄をつくれ、と言ったものですからね、どこかから煉瓦を持ってこなければいけないわけですね。そうすると、中国の場合、**古い寺院や伝統的な建物に煉瓦が使われています**。

製鉄所
製鉄の作業をする所。鉄鋼業を国の主要産業とするには、当時の中国の製鉄所はあまりにも貧弱であった。

土法炉
原始的な溶鉱炉のこと。

そういうものを全部取り壊して、歴史的な由緒ある建物をどんどん取り壊して、その煉瓦を使って炉をつくったのですね。

鉄鉱石がないから、鋤や鍬まで持ち出した

さあ、そしてそこで燃やすためにはどうしたらいいのか。石炭が必要ですね。石炭で高温にしないと、鉄はつくれません。当時まだまだそんなに石炭が全国で使えるほどはなかった。**石炭がなければどうするのか。その辺にある木を切り倒して、それで燃やすしかないわけです。**山の木を全部切った。でも、だんだん足りなくなります。そうすると、**園芸用の木や畑の木まで全部切って燃やして、鉄をつくろう、ということを始めます。**燃料はこれでなんとかなるかもしれません。でも、**鉄鉱石がないと、ちゃんとした鉄はつくれない。**鉄鉱石がそんなにないわけですよ。鉄鉱石がない中で、鉄をつくれという目標だけ与えられている。どうするのか。鉄鉱石がないなら、身の回りにある、ありとあらゆる鉄製品をこの中に投げ込むしかない。**鍋《なべ》や釜《かま》です。**ほとんどが家庭用工具ですから、そのうちまた足りなくなります。どうするのか。鋤《すき》や鍬《くわ》、農機具ですね。鉄製の農機具を全部この中に放り込んで、鉄をつくり始めるのですね。これを全国の農家で一斉にやったわけです。でもね、**これで品質**

の高い鉄がつくれるわけがありませんよね。本末転倒です。鉄をつくれと言って、そこらじゅうにある鉄製品を溶かしてしまって、使い物にならなくした。全国の山の木を切り倒して燃やしてしまった。これをきっかけに中国は、全土の山が禿山《はげやま》になるのです。いまはさすがにこれではまずいと、植林も始まるようになりましたが、これ以降、中国のゴビ砂漠のあたりで発生する風が砂を巻き上げます。それが、黄砂ですね。この**大躍進政策によって、全国の木を全部切り倒してしまったために、日本まで黄砂が来るようになった、**ということですね。

で、農家の人たちがみんなこれにかかりっきりになるわけです。ということは、本来の農業がおろそかになります。稲刈りをする時間すらない、なんていうことになります。結果的に全国で農業の生産性がどんどん落ちていく、ということが起きました。きちんとした計画がない、あるいは産業の基盤がない中で、鉄をつくれ、と、ただ号令をかけただけでは、経済というのはそのとおりにはならない、ということです。

経済は命令や号令をかければ動くものではない！

みなさんは、ここからどういう教訓を得ることができるのか。やがて、みなさんが社会に出て、企業で働くようになったときに、たとえば、新

ゴビ砂漠
中国の内モンゴル自治区からモンゴルにかけて広がる世界4番目の大きさの砂漠。

黄砂
ゴビ砂漠をはじめとした砂漠や乾燥地帯の砂が、強風によって上空に巻き上げられ、気流に乗って運ばれてくるもの。春先を中心に日本でも被害が出る。

しい製品をつくれ、あるいは新しいビジネスを始めろ、あるいはこの商品をこの地域で売れ、と号令をかけられたからといって、すぐにそれができるわけではないわけです。それぞれ、**どういう基礎的な基盤が必要なのか。たとえば販売網をどのようにつくっていくのか。基礎、基本から、コツコツとそれを積み上げていかないといけない**。ただ上から命令されたからといって、経済は動くものではない、ということですね。**経済は、命令や号令をかければ動くというものではありません**。大勢の参加者の人々の思惑によって動いていく、これが、経済行動だ、ということですね。そういうことを知らないままやったのが、大躍進政策でした。

スズメが消えて、中国の農業が大きく傾く

さらに米の生産量を増やそうということになりました。米の生産量を増やそうとするとですね、どこでもそうなのですが、スズメが来て稲を食べてしまうわけです。そこで中国はどうしたのか。スズメを退治すればいいということになって、**一大スズメ撃退作戦を展開しました**。これがすごいんですよ。スズメを捕まえるにはどうしたらいいのか。みんなで鐘や太鼓で大きな音を出し、スズメをびっくりさせて、スズメが稲のところに降りてこられないようにするのです。ずっとそれをやっている。

一大スズメ撃退作戦
中国では、1958年から、四害と称する生き物（ハエ、蚊、ネズミ、スズメ）を駆除すべく大量捕獲作戦を展開した。

そうするとそのうちにスズメが疲れてきて、パタパタと落ちてくる。そこを捕まえる、という、まさに人海戦術というのをやりました。北京だけでも３００万人が動員されて、３日間で40万羽のスズメを捕獲したという話があります。これによって、**中国の全土で、スズメがほとんどいなくなった**。大成功だとそのときは思ったのですね。でも、スズメは米を食べるだけではなかった。米につく害虫を食べる、という、実は大事な役割があったわけです。**スズメを退治してしまったために、スズメが食べていたさまざまな害虫が、大発生して、農業は大打撃を受けます。**

いまから考えると、実に愚かなことです。何か上から、これをやれ、と言われても、いや、ちょっと待ってください、それはおかしいと思います、と誰も言えなかった。どうして言えなかったのか。それは、中華人民共和国ができたとき、毛沢東がカリスマ指導者で、誰も彼に対して批判的なことが言えなかったということです。

実は、中華人民共和国ができたとき、毛沢東が、私たちにも間違いはあります。中国共産党にも間違いはある。どんどん間違いを指摘してください、悪いところがあればどんどん言ってください。みんな自由に言ってください。と言ったのですね。みんなが、ああ、そうなんだ、と、共産党の悪いところ、問題点を次々に指摘した。そうしたら、**その連中**

が全て反革命、共産党に反対する反革命勢力だといって、捕まってしまった。つまり、うっかり何か言うと、反革命だといわれて、捕まってしまうかもしれない。みんなそういう恐怖に駆られていたときに、上からの大号令によって、これが始まった。ということは、**なかには当然、おかしいと思っている人がいても、言えないのですね。そんなことを言ったら自分の命が危ない、ということになります。**

リーダーはどうあるべきか？

この話は、現代のいろいろなところで応用できる話です。いろいろな企業や組織において、カリスマ指導者というのはいます。その人が、みんなの意見をちゃんと聞いて、それぞれの批判を受け止めて、組織をちゃんと変えていく。そういう人であるならば、その組織は発展しますが、俺の言うことを聞け、逆らう奴は許しておけない、そんな人がリーダーについたら、絶対、悪いことは言えなくなるわけです。**カリスマ指導者のいちばんの欠点は、悪いことが耳に入らなくなることですね。**いいことしか入ってこない。あるいは下の者も、社長に対する批判がありますとか、社長の経営方針には反対です、なんてことをうっかり言うと、自分の首が危うい。ですから、いやあ、社長はみんなから愛されていて素晴らしいですね、社長の経営方針はみんな絶賛していますよと、**みんなゴマをするようになる。そういう組織はダメになっていくのですが、当時の中国は国家全体がそういう状態になっていた、**ということです。

密植をした結果、生産量が落ちた、とは言えない……

さらに驚くべきことがありました。前回もちょっとやりましたが、**稲の密植**です。ソ連では小麦の密植をやりましたが、中国では稲の密植をやりました。稲をびっしり植えると、稲がそれぞれ頑張って、みんなで励まし合って、これが成長する。**階級闘争理論をそのまま植物の世界に応用したわけです**。稲という同じ階級を一緒になってびっしり植えれば、みんなで頑張って稲の生産量が増えるだろう、という、信じられない理論が当時ありました。それに基づいて稲をびっしり植えろ、そうすればたくさん米ができるはずだ、ということになりました。やってみたらうまくいきませんでした、なんてことになったら責任を問われるわけです。事実、この理論を実行した結果、稲の病気が広がってしまって、生産量が上がりませんでした、と上に報告をしたら、お前は反革命だ、と批判をされた人たちがいるのですね。**反革命だと言われることは命に関わりますからね**。言われたとおりやって見事な成果をあげていますと、**みん**

「うまくいっています！」。虚偽報告の裏で大飢饉が発生し、多くの餓死者が出てしまった。

な虚偽の報告を始めるようになります。

当時、大変有名な写真がありました。稲をびっしり植えたら、ほら、**子どもが上に乗っても落ちない**のですよ、と。稲がびっしりと、たくさん実がなったことによって、なんと子どもが下に落ちることなく稲の上に座ることができる！」こんな写真が出ました。みんなびっくりするわけですね。これだけのことができるのか！と。実際は、後になってわかりますが、これは稲の下には椅子があって椅子の上に子どもを乗せて、**稲の上に座っているかのような写真をでっち上げた。それが公開された。となると、この地区の代表は覚えがめでたくなる。お前は素晴らしい、となって出世をするわけです。**ほかの地域の人たちは、その写真を見てたまげるわけですね。稲を密植すればこういう成果があるのか、よし、頑張ろう、ということになる。でも、**本当はでっち上げです。この後、**

子どもが上に乗っても落ちない
虚偽報告の最たるもの。この宣伝を真に受けて実行した他の国でも深刻な飢饉を起こすことになる。

さらに農業生産性が落ちていきます。風通しも悪い、栄養も悪くなる。害虫がはびこるわけですから、米の生産量がどんどん落ちていきます。しかし、米の生産量が落ちていますなんて報告をしたら、自分の立場が危なくなります。そこで、何が起きたのか。党本部に増産できました、生産拡大していますというふうに、虚偽報告をしていくわけです。うちの地区では米がこんなにできました。革命が起きて、毛沢東主席のご指導の下、こんなに生産量が高まりました、と。そうするとほかの地区が競うわけです。あそこの地区はこんなにあげた。じゃあうちはもっとです、といって、生産量が高まりましたという、嘘の報告を競うようになるのです。

売れなければ仕方がない、自分で買う⁉

これ、他人事《ひとごと》と思ってはいけないですよ。日本の企業でも、たとえば、いろいろな商品を売ろうというときに、それぞれの事業所ごとに競争をさせます。競争をさせることで、ほかの地区に負けちゃいけない、ほかの営業所に負けないように、と言って、報告をちょっと水増し報告するようになります。売れなかったらしようがない、自分たちで買ってしまうということも。これを「自爆営業」といいます。たとえば、問題にな

主席
中国の国家元首を指す。国家主席ということが多い。言ってみれば大統領のようなもので、毛沢東が初代国家主席となった。

自爆営業
営業職の社員が自社商品が売れず仕方なく自腹でその商品を買うことでノルマを達成すること。

ったものに、お年玉付き年賀はがきがあります。それぞれの郵便局に対してこれだけ売りなさいという、それぞれの割り当てがあります。それを達成できないと営業成績に関わってくるわけですね。結果的にどうするのか。**売れない場合はしょうがない。自分で買うのですね。**自分で買って、これだけの売り上げがありました、と言ってその分をいろいろな安売りチケットショップに売るわけです。なぜ、安売りチケットショップに年賀はがきが大量にあるのか。自分で買って、営業成績を上げて、少しでもお金を回収しようとして、チケットショップに持ち込む人がいるからということです。成績を上げないと自分の出世に関わるということは、多かれ少なかれいろいろなところであります。**正直に報告をするのではなく、ちょっとでもごまかそうという誘惑に駆られることはいつの時代にもある**ということです。中国の話は、非常に極端な例ですけど、他人事だと思っていてはいけないということです。

虚偽の報告が大飢饉を招いた

さて、その後の中国はどうなったか。虚偽の報告を受けた北京の中央幹部たちは、おお、全国でそんなに米がたくさんできているのか、米が余ってしまうな、と、思い込むわけです。現場を知らないわけですね。

そんなに米が余っているなら、もっと中央に吸い上げよう、中央に米を渡しなさい、となります。

当時の中国はまだ貧しい状態です。外国からいろいろなものを買いたい。たとえば、ソ連からは武器を買ったりします。でも、支払うお金が足りない。じゃあ、ということで米を代わりに輸出します。ある種の物々交換ですよね。これを**バーター取引**といいます。ソ連からさまざまなものを買う代わりに、米を輸出するというやり方をとります。そもそも本当は米が足りないのに、虚偽の報告を受けた中央がそれを真に受けて、余っているならどんどん輸出しよう、ということになりました。

そんなことが全部積み重なれば、何が起きるのか。**大飢饉《ききん》が中国を襲ったということです。**いったいどれだけの人が飢えで亡くなったのか。いろいろな数字がありますが、中国政府の内部調査でも、餓死者は3000万人を超えている、としています。**実際には4000万人は餓死したのではないかといわれています。**中国の過去の長い何千年もの歴史の中で、過去最大の飢饉がこのとき起きた、ということです。もちろん、昔、農業生産性が低かった時代に、天候が悪ければ、一部では餓死者が出ましたが、いまの中国になってから、とてつもない悲劇が襲ったということですね。

バーター取引
物々交換のような取引方法のこと。

しかしこれは共産党にとっては都合の悪いことです。なので、**いまの共産党の歴史の教科書の中ではここの部分は、3年間の自然災害によって犠牲者が出た、という言い方で教えられている。というよりちゃんと教えられていない**ということです。自然災害があって犠牲者が出た。いったいどのくらいの人が亡くなったのかということも、本当の原因も教わっていない、ということですね。

大飢饉が起きていることを党本部が本当に知ったのはかなり後でした。実は、途中で、餓死者が出ていて大変な状態です、と報告をした人がいたのです。毛沢東に対して、このやり方はもうやめてくださいと直訴した人がいたのですね。勇気ある行動です。でも、毛沢東の怒りを買いまして、すぐに左遷されました。みんなそれを見ていたのですよ。**「物言えば唇寒し秋の風」**ということですね。**ある程度の幹部の人たちはみんな、一応知ってはいたのですが、結果的に自分の身を守りたくて、それを言うことができない。**結果的に、3年間にわたって結局３０００万人とも４０００万人ともいわれる餓死者が出るという悲劇が起きたのです。

毛沢東も政策の誤りを認めたが……

でも、さすがにここまで来ると、国全体の力がどんどん落ちてくるわ

物言えば唇寒し秋の風　人の悪口を言うと、なんとなく後味の悪い思いをするというたとえ。さらに、余計なことを言えば災いを招くというたとえ。口は災いのもと。

けです。最終的に、**毛沢東がこの政策の誤りを認めることになりました。**毛沢東は、それまでは、中華人民共和国の主席と、中国共産党の主席、2つの主席を1人で占めていました。ところがこのとき、さすがに自己批判をしまして、中国共産党の主席の座は絶対譲らなかったのですが、中華人民共和国の主席、大統領のようなものですね。**この重要職を、劉《りゅう》少奇《しょうき》という人に譲る**ことになりました。劉少奇は毛沢東の失敗の後始末をして、大躍進政策を止めさせます。大躍進政策を止めさせたら、あっという間に餓死者がなくなったのですね。見事に成果をあげた劉少奇が、中国の国家の指導者になりました。投票で劉少奇が選ばれる、という当時の映像があります。ご覧ください。大変珍しい映像です。

「北京で開かれた全国人民代表大会で、毛沢東主席辞任の跡目を決める選挙が行われました。投票する毛沢東、朱徳《しゅとく》、周恩来《しゅうおんらい》首相に続いて、話題の人、劉少奇、チベットのパンチェン・ラマも1票を投じます。いよいよ開票です。工場に、農村に、中国人民が固唾《かたず》をのんで見守るうちに、新主席には劉少奇、副主席には宋慶齢《そうけいれい》が。中国の新しい指導者が誕生しました」

劉少奇
中国の政治家（1898〜1969年）。第2代国家主席。文化大革命で失脚した。

全国人民代表大会
↓379ページ参照。

はい、これが全国人民代表大会です。日本でいう国会にあたるところです。すでにお話ししたとおり、あそこに集まっている代議員は、もちろん選挙で選ばれたわけではないですね。それぞれの地区の共産党から、お前が行け、と言われてあそこに行った。そして、投票しています。これは、みんな自由に投票しているかというと、そうではないのですね。毛沢東が国家主席を辞任する、ということはわかっていて、次は劉少奇だ、ということも決まっていた。ですからここにいる人たちは、要するに儀式に参加したのですね。

チベットと中国の関係

ちなみに、先ほどの映像でちょっと補足が必要ですね。先ほどチベット自治区のパンチェン・ラマという人が出てきました。チベットですね。**チベット仏教の最高位はダライ・ラマという人です。二番手がパンチェン・ラマという人。**中国がチベットに侵攻し、強引に中国にして軍隊がチベットに駐留した。その結果、ダライ・ラマはインドに亡命をするのです**(チベット動乱)**。しかし、二番手のパンチェン・ラマはそのまま中国にとどまっていたのですね。で、一応チベット自治区の代表という形で、あそこでも形式的な投票が行われる、というやり方をとっていま

チベット仏教
チベットを中心に発展した大乗仏教の一派。インドから伝わった大乗仏教とチベットの土着宗教が結びついたもので、密教的色彩が強い。ラマ教と呼ばれることもある。

ダライ・ラマ
チベット仏教の最高位。活仏として崇拝される。現在のダライ・ラマ14世は第14代の最高指導者。後継者には、転生霊童(生まれ変わり)を認定する。

した。その後もパンチェン・ラマはずっと中国にとどまっていたのですが、やがて、パンチェン・ラマ自身がチベットに戻って、活動を始めるようになってから、いまの中国のやり方に対する批判を始めます。実はずっと軟禁されていて、活動ができないような状態だった。その中でいまの中国のやり方がおかしいと、中国にいながらパンチェン・ラマがそれに対する批判をするのですね。批判を始めた数日後、彼は遺体で見つかります。どうして亡くなったのかははっきりわかりません。周りの人が駆け付けたときに、遺体の色が変色していたという証言もありますが、死因ははっきりしていないのです。

2人の主席の間に権力闘争が！

以上がチベットの話でした。さて、国家主席に劉少奇という人が選ばれたわけです。そうしますと、**中国に主席が2人いることになります。共産党の主席は毛沢東。国家主席は劉少奇。**いまの中国はそうではありません。**いまの中国は習近平《しゅうきんぺい》が国家主席であると同時に共産党のトップ、総書記です。**いまは共産党のトップを総書記と呼びますが、当時は主席と呼んでいました。いまは、中国共産党のトップが国のトップでもあるという形になっていますが、**このときだけ一時的に、国のトップと党の**

パンチェン・ラマ
チベット仏教の第2位。ダライ・ラマと同じく活仏として崇拝される。こちらも後継者には、転生霊童（生まれ変わり）を認定する。

チベット動乱
1950年に中国が武力でチベットを制圧。これに対して、1956年、チベットで起こった独立運動。結局、中国人民解放軍がこれを鎮圧。ダライ・ラマ14世がチベットを脱出することになる。

トップが違ってしまったわけです。毛沢東が大躍進政策の責任をとって、国のトップを劉少奇に譲ってしまった。すると何が起きるのか。当たり前ですが、劉少奇国家主席の下で国の政治は、いろいろなことが動き出していくわけです。毛沢東の力がどんどん失われていきます。

これに**危機感を抱いた毛沢東は、権力を奪い返そうという運動を始めます**。このときにまず使ったのが個人崇拝ですね。毛沢東に取り入ろうとした人がいてですね、毛沢東の書いた言葉を本にまとめたのですね。**『毛主席語録』**といいます。これを大々的に売り出し始めます。それをみんなに買わせて、読ませて、**毛沢東がいかに偉大であるか、という一大キャンペーンを張ります**。毛沢東主席は素晴らしいという個人崇拝を掻《か》き立てた上で、毛沢東が始めたのがこちらです。

「文化大革命」

1966年、文化大革命ということを始めます。これはどういうことか。**永久革命という言葉があるのですね**。中国では、中国共産党によって革命が起き、新しい国家ができた。しかし、**権力をとった者は腐敗していく。精神が汚染されていく。だから、常に革命が必要である**。常に革命を行い、それまでの権力者を打倒する。これが大事なのだ。こんな言い方をするのですね。永久革命によって権力者を打倒するとはどうい

習近平
中国の政治家（1953年〜）。現在の中国の最高指導者。

毛主席語録
毛沢東の著作などから引用、編集された語録のこと。

文化大革命
政治、社会、思想、文化などのあらゆるものでの改革を求めた運動のこと。1966年から1977年まで続いた。しかし、実質は毛沢東が権力奪還を目指して始めた権力闘争だった。

うことか。**要するに、劉少奇など、毛沢東の代わりに権力を握った連中を打倒しよう**ということなんですよね。でも、そういう直接的なことは言わない。常に革命が必要である。常に、というのは新陳代謝です。常に国家の新陳代謝が必要である。そのためには若い者が年寄りを打倒しなければいけない、ということになって、**紅衛兵《こうえいへい》運動**というのが始まります。

全ての秩序をひっくり返せ！

紅衛兵。「紅」というのは「べに」、これは革命のシンボル、赤のことですね。中国では赤のことを「べに」と書きますから。そして、「衛」。**紅衛兵。つまり、赤を守る兵隊たち。つまり、共産主義を守る兵隊たちの運動が、高校生、大学生を中心に始まります。**

なんと、その紅衛兵たちを毛沢東が激励する、という

1960年代、中国の文化大革命の様子。伝統的文化に対する破壊や、インテリ層、高級官僚への大規模な弾圧を進めていく。（写真：Everett Collection／アフロ）

紅衛兵運動
文化大革命の推進力となった青年や学生たちの組織による革命運動のこと。

映像があります。天安門広場の前に、100万人の紅衛兵たちが集まりました。みんな赤い本を持っていますね。これが『毛沢東語録』です。毛沢東が、「造反有理」という言葉を使います。造反、要するに、世の中をひっくり返そうということには道理がある。**全ての秩序をひっくり返せ、という一大運動です。**そうなりますと、紅衛兵たちは、**この本を振りかざしていれば、咎《とが》められることはありません。**何をしようとも警察も一切手を出せない、ということになります。

たとえば、北京に北京ダックを食べさせる大変有名なお店があるのですが、食べられないような高級なものを出している。これはけしからん、と乱入して店の名前を変えさせてしまったり。いちばん有名なのは、交通信号を変えさせようとしたという話です。みんな紅衛兵ですから、赤は素晴らしい、赤は進めを意味する。それなのに交通信号機では赤になると止まれになる。これはおかしい、と言って、紅衛兵が交差点ごとに立って、赤信号で車が止まろうとすると、赤信号では前に進むのだ、と指示をするんですね。当然、青信号で交差点に入ってきた車と衝突をするということがそこらじゅうで起きるようになります。さすがにそのときは、毛沢東の忠実な部下だった**周恩来**という人が、赤信号で止まることは世界の標準ルールになっているのだから、これはそのままでよろし

周恩来
中国の政治家（1898～1976年）。毛沢東を補佐した。1972年、日中共同声明に調印した（日本側は田《た》中《なか》角《かく》栄《えい》首相）。

い、と言ってようやく取り締まりがなくなった。

学校の試験が反革命？

ほかにこんな例もあります。とにかくいまの秩序をひっくり返さなければいけない。学校の試験に答案を白紙で出した生徒がいたのですね。どうも出来が悪かったから書けなかったらしいのですが、**学校で試験をすること自体、反革命である**。こう言って白紙で答案を出した。**これがあろうことか、高く評価されて、みんな試験では白紙答案を出せばいいんだ**、ということになり、さらに、いまこそ革命が必要なときなのに、授業をしている場合ではないだろうと、全国の学校が全て止まりました。そして、毛沢東は偉大な思想家であるから、『毛沢東語録』に全ての真理が詰まっている。これだけ読めば、後は一切学ぶ必要はない。こういうことになりました。

文化大革命のせいで、読み書きができない世代が生まれた

この文化大革命で、**１９６０年代の半ばから、全国のほぼ全ての学校が閉鎖**されました。ですから、当時、小学校・中学校・高校・大学の生徒や学生であった人たちは、**教育を受けていない**のですね。小学生は読

み書きを含めて教わっていない。その人たちは、いま、50代から60代ですね。中国の50代、60代では読み書きができない人がいっぱいいるわけです。文化大革命の影響がそのまま出てしまった。

日本だと、たとえば外国人が来てタクシーに乗って英語で話しかけても、50代、60代の運転手たちはそれなりに応対したりします。でも、中国の50代、60代の運転手のタクシーに乗ると、英語がまったく通用しないのですね。つまり、学校が閉鎖されていたからなのです。

やがて、その紅衛兵たちの中からいろいろなグループが出てきます。自分たちこそ正しい、自分たちこそ革命的である、自分たちに反対するのは反革命である。反革命の連中はどんな目にあわせてもいいのだ。反革命の連中は殺害しても罪にならないとまでなってしまった。当時、北京の警察が、紅衛兵たちがたとえ人を殺すようなことがあっても、取り締まってはならないという通達を出しています。警察に取り締まられることはないわけですから、人を殺そうと罪にはならない、ということになります。**紅衛兵同士の殺し合いが、全国各地で起きるようになります。**

ところが、そんな殺し合いが起きていたことが、当時は知られていなかった。つまり、外国のメディアを一切入れなかったから。文化大革命は素晴らしい、という宣伝しかなかったのです。いったい中国の中で何が起きているのかが、まったくわからなかった。でも中国の中で、異常なことが起きているっていうことを示すある事件がありました。香港《ホンコン》です。

権力奪還に成功したら紅衛兵が邪魔になった

当時の香港はまだイギリスの植民地でした。中国に返還される前です。その香港の海岸に、後ろ手に縛られて、拷問を受けた後殺害された死体が、大量に流れ着く。中国大陸からそれが流れ着いてきているわけです。中国国内でとてつもないことが起きているらしい、ということは推測できたのですが、実態がわからない。こういう状態が続きました。

当時の幹部たちは、次々に紅衛兵たちによって吊《つ》るし上げを受けている。元北京市長が吊るし上げを受けた写真があります。これですね（404ページ写真）。**大きく名前が書いてあるところに×がつけられて、首から下げられています。元北京市長ですよ。**日本でいうと東京都知事。ついこの前まで東京都知事だった人のイメージです。次々に幹部が、両側から紅衛兵によって腕をねじ上げられます。これをジェット式と言ったのですね。子どもたちがジェット機の格好をして遊ぶでしょ。**中華人民共和国建国に尽力した人たちをこうやって拷問したり、ということが次々に起きました。**絶望して自殺する人も大勢出た。

香港
アヘン戦争（1840〜1842年）の結果、イギリスの植民地に。1997年7月にようやく中国に返還され、香港特別行政区となっている。2014年9月に、中国政府に対するデモ活動が起こった。

これによって先ほどの国家主席の**劉少奇も権力の座を追われる**わけです。**毛沢東による権力の奪い返しがこれによって成功**したということになります。さあ、そうなるとあの紅衛兵たち。暴れるばかりで殺し合いまでやっているわけですよね。ましてこれだけの混乱が起きるわけですから、中国経済が停滞をいたします。失業率が非常に高くなります。都市部にいるこういう若者たちが、邪魔になるわけです。そうすると、毛沢東は何を言い出したのか。お前たち学生はインテリ、知識人である。**知識人というのは本当の意味での革命家ではない。もっと地方に行って労働者や農民に学べ。と言って、若者たちを、農村地帯に追いやります。**これをこう言いました。

「下《か》放《ほう》」といいます。紅衛兵たちはもう必要ない。毛沢東は権力を奪い返すことができたわけですから、もはや紅衛兵は邪魔なのです。

1967年1月、紅衛兵らによって、「×」印のついた大きな名札をかけられ、大衆批判大会に引き出された彭真（ほうしん）・元北京市長。（写真：読売新聞／アフロ）

下放
文化大革命のときに、毛沢東の指導によって行われた政策。権力を奪還できた毛沢東にとって邪魔者になった紅衛兵たちを厄介払いするためのものとも。

でも、お前たちは邪魔だとは言えませんから、地方の農村に行って学べということになりました。学生たちも農村地帯に行くことになります。当時の中国の農村地帯というのは本当に貧しいですからね。そもそも電気なんていうのは来ていない。非常に原始的な農業が行われていました。学生たちが、そこで、肉体労働をさせられる、ということになる。その若者たちは反発をしなかったのか？　それはしないのですね。お前たちが、より革命的になるためには、労働者、農民に学べ。労働者、農民こそが革命の推進力である、と言われたら、ああそうかって思うわけですよ。ましてや毛沢東に言われたわけですから、みんなそれを信じて全国に散っていく。全国に散っていって、農村地帯の貧しさ、みんな読み書きもできない、そういう人たちばかりがいることを初めて知る。中国の現実に目覚めていくわけです。その後、農村地帯から逃げ出して都会に戻ってくるという若者たちも次々に出てくるんですが、それだけではなかった、ということですね。若い女性が農村地帯に出ますと、農家の嫁不足という問題があるわけですから、農家の人たちにしてみれば、来てくれてちょうどよかったというわけです。農家の嫁としてしか見られることがなかった女性たちも大勢いたということです。**これが文化大革命の真実です。毛沢東が死ぬまでこの大混乱が続きました。**

徹底的に儒教思想のモラルが破壊された

この文化大革命によってまた、いったい何百万人の人が亡くなったのか、はっきりはわかりません。当時の多くの人がどちら側かにいたわけです。つまり、手を染めていた。あるいは、生き残った人は、どこかで裏切ったり、誰かを殺したりしているからこそ、生き残っているわけです。これ以降、中国の人たちの間では、お上が言うことを信じると、大変なことになる、ということが刻みつけられたわけです。かつては大躍進政策で言われたとおりにやったら、大勢の人が餓死をした。革命のために頑張れと言われてやったら、結果的に経済は混乱し、大勢の人たちが殺し合いをする、と悲惨なことになってしまった。**うっかりお上の言うことを信じると、ろくなことはない、ということが刻みつけられた。**

当時、毛沢東の下に周恩来という人がいたのですが、その周恩来が気に食わないと思っていた勢力がいて、彼を打倒しようとするのですね。ところが、周恩来を批判すると、毛沢東の忠実な弟子でありますし、多くの人に敬愛されていた彼を名指しで批判することはできない。では、どうするか？　中国の場合は、名指しで批判をしないで、別のモデルを叩《たた》く、ということで間接的に周恩来を倒そうとするのですね。それは何か。孔子《こうし》。あの論語の孔子です。**儒教の孔子を批判する**。孔子は、年寄りを敬いなさいとか、私たちの世界でも儒教の思想の影響を受けています。目上の人を大切にしようとか、敬語を使えとか、普通の道徳観念の基盤になっています。そういうものは全て反革命であり、これを、徹底的になくそう、ということをやった。孔子の墓が暴かれたり、孔子の墓を守っていた人が殺されたり、なんていうことが起きるのですね。このとき、徹底的に道徳観念が破壊された、ということです。**いまの中国で、いろいろモラルの問題が出てきますね。あれは、文化大革命の後遺症なのです**。

では、宗教はどうだったか。革命にとって宗教というのは、妨害にしかならない。全国のお寺が焼き打ちにあいます。徹底的に古い物が破壊されるということが文化大革命のときに起きた、ということですね。

毛沢東の死後、鄧小平が経済の立て直しを始めた

さあ、その混乱の中から、1976年、毛沢東が亡くなります。その後、**国の立て直しに立ち上がったのが、鄧小平《とうしょうへい》という人物でした**。劉少奇は打倒され、結果的に地方で非業の死を遂げてしまうのですが、鄧小平に関しては、毛沢東は、こいつは信用できないと思いながらも、実力

孔子
中国の春秋時代の思想家。仁(人間愛)や礼(社会規範)などを重視した考えを説いた。孔子の死後、孔子の言葉をまとめたものが『論語』。

儒教
孔子が説いた考え、思想を体系化したもの。

は認めていた。鄧小平を地方に追いやるのですが、絶対に殺さないように、大事に生かしておくように、という指示も出していた。**毛沢東が亡くなった後、その鄧小平が中央に戻ってきて、そこから経済の立て直しを始めます。**中国が発展するきっかけになったのは、毛沢東が亡くなって、鄧小平が権力の中枢に座ってからなのです。

彼はまずは何をしたのか。とにかく農業が悲惨な状態になっていた。農業を早急に立て直さなければいけない。そこで鄧小平がやったのが、**「生産責任制」**です。

土地は全て国有地でした。中国の体制は社会主義で、土地は全て人民のもの。人民のものと言ったら、国のものということになります。農家はそれぞれ自分の農地というものを持てません。しかし、このときに、**それぞれの農地の生産をすることに責任を与えますよ、とした。**そこの農地で**つくったものは、全て自由に処分していいですよ、**というやり方をとるのです。それまではみんな集団農業で、みんなで働いていました。だから、働いても働かなくても同じだったのが、それぞれの農地でつくられたものはみんな家族で自由にしていいよ。みんなで食べてもいいし、それを誰かに売ってもいいよ、ということになった途端、**農家の人たちがみんな一生懸命働き始めるのですね。あっという間に飢餓状態が解消**

毛沢東の死後、実権を握った鄧小平は、共産党の支配は維持しつつ、市場経済を導入することで、がたがたになっていた中国経済を立ち直らせた。(写真：Rapho ／アフロ)

します。むしろ、農産物が余るような状態がここから起きます。そして、あちこちの農家が豊かになり始めます。**「万元戸《まんげんこ》」**です。

当時のお金で年間1万元。日本でいうと100万円くらいですが、中国にとってはとてつもない大金持ちたちがここから出るようになってくるのですね。そして、鄧小平がやったのが、**「改革開放政策」**です。

つまり、いまのこの社会主義のいろいろなガチガチの仕組みを改革しようじゃないか。それまでの中国は、鎖国のような状態だった。それを、海外からの投資を認めましょう。つまり、**外資導入ですよね**。外国の企業が、中国に工場をつくってもいいですよ。これが開放です。

鄧小平は日本をモデルにした

というわけで、改革開放政策をとるようになります。その**鄧小平が求**

めたモデルが日本でした。鄧小平が日本にやってきて、日産の自動車工場を視察する映像があります。ご覧ください。

「中国の鄧小平副首相一行が、（1978年）10月22日、秋晴れの羽田《はねだ》空港に到着した。中国政府の首脳が、日本を公式訪問したのは、1949年の新中国建国以来初めて。日中新時代の幕開けの第一歩が、いまここに記された。近代的な社会建設を急ぐ中国は、日本との技術交流を熱心に望み、副首相夫妻ら一行は、日産自動車の工場を視察のため訪問。ベルトコンベアーシステムによる大量生産に驚きながらも、精力的に公式日程を消化していった」

はい、これが鄧小平ですね。彼はこのあと東海道《とうかいどう》新幹線に乗るのですが、まるで後ろから背中を押されているようだ、という印象を語っています。彼は日本経済の状態を見て衝撃を受けます。**大躍進政策や文化大革命をやっている間に、こんなにも日本との差がついてしまったのか。容易なことでは追いつけない。日本の技術がいま、必要だ。**日本の会社に、中国に工場をつくってほしい、投資をしてほしいと、お願いをするのですね。当時の**松下電器産業（現パナソニック）の松下幸之助《まつしたこうのすけ》さん**に、

松下幸之助
日本の実業家（1894～1989年）。1918年に松下電気器具製作所（現在のパナソニック）を創業。1935年に松下電器産業となる。「経営の神様」と称された。

ぜひ、中国にも進出をしてください、とお願いをします。で、松下幸之助が、よし、いいでしょう。と言って、松下電器が中国に工場をつくるのですね。最近の反日運動で、パナソニックの工場が襲撃されましたよね。**中国から頼まれて進出をし、貢献したのに、こんな目にあったのか、と本当に多くの人ががっかりした、**ということがあります。

政治は共産党の独裁。でも経済は資本主義

さて、ここから一挙に中国は改革開放政策が進みます。これを不思議な呼び方をします。これですね。

「社会主義市場経済」

もう形容矛盾だよね。市場経済というのは資本主義のことですよね。マーケットに任せましょう。自由な経済活動によって経済を発展させましょう。これが市場経済です。社会主義というのは、国が計画を立てて、国有企業で、マーケットを通さないで、全ての経済活動をコントロールしていこう。これが社会主義の経済ですよね。まったく逆の体制なのですが、社会主義市場経済を言い出した。

これは、何かというと、**要するに、共産党独裁体制は変えませんよ。政治は共産党の独裁です。でも、経済は資本主義です。金儲《かねもう》けを自由に**

形容矛盾
互いに矛盾していると考えられる複数の表現を合わせたこと。

やってください。これが社会主義市場経済というものなのですね。ですから中国の経済というのはね、もう日本顔負けの資本主義そのもの。剥《む》き出しの過酷な競争なのです。ある中国の人がこんなことを言っていました。中国に、日本のいろいろな会社の工場がどんどんできていく。でも、日系企業に勤めるのを嫌がる若者がいる。日本の企業には就職したくない。どうしてか。**日本の工場で働くと、社会主義が伝染するから、**こんな言い方をしたのですね。日本の工場で働くとみんな平等で、みんな一緒に働く。うんと働いてもそうでなくても給料がほとんど変わらない。アメリカが中国でつくった工場にいれば、うんと働けばたくさんの給料がもらえる。働かない奴に比べて多くの給料がもらえる。これこそが資本主義で、日本の工場のやり方は社会主義だ。こんなことを言われました。

　つまり、社会主義市場経済とは、共産党一党独裁の下で、**共産党にさえ逆らわなければ、自由に金儲けをしていい。これがいまの中国のやり方、**ということなのですね。

　ところが、そうやって自由な経済をやれば何が起きるのか。当然のことですが、**資本主義のいろいろな手法が入ってくるのに伴って、思想も入ってくる**わけですよね。開放するということは、自由や民主主義という概念も、一緒に中国に入ってくるわけです。学生たちもこれを学ぶ。すると、中国社会のいろいろな矛盾がわかってくる。民主主義とか、自由とか、そういう概念を知るようになる。結果的に、中国共産党のやり方に矛盾を感じるようになる。**そこから、学生たちの民主化運動というものが、あちこちで起きるようになります。**

失脚した胡耀邦の罪状のひとつが親日的であること？

そのとき、中国のトップ、国家主席だった人が胡耀邦《こようほう》でした。彼は、**学生の民主化運動に非常に同情的**で、学生たちの運動を厳しく取り締まらなかった。**それが長老たちには気に食わなかった**わけですね。民主化を求める連中は許せない、そういう学生たちを厳しく取り締まらないことを理由に、胡耀邦が責任をとらされて、失脚します。

この胡耀邦という人は実は親日的な人でした。当時、胡耀邦が来日したときの**日本の総理大臣は中曽根《なかそね》康弘《やすひろ》でした。**中曽根さんと非常に仲がよくて、中国から日本に大勢の若者を留学生として送りましょう、という約束をしたりするのですね。**胡耀邦が失脚した後、その罪状のひとつとして、親日的である、というものが付け加えられた。**日本と必要以上に仲よくしたことが、失脚の理由として付け加えられたのですね。本当

胡耀邦
中国の政治家（1915～1989年）。党主席（その後、呼び名は党総書記に）を務める。1986年の民主化運動に理解を示したため、権力の座から追いやられた。

は、学生を厳しく取り締まらなかったからなのですよ。でも、これが理由に入ってしまった。ということは、うっかり日本と仲よくすると、胡耀邦の二の舞いになってしまうかもしれない、そういう恐怖感のようなものが残ったのですね。

その**胡耀邦の跡を継いだのが、趙紫陽**《ちょうしょう》。鄧小平としては、改革開放政策で、経済の改革と開放を進めてほしい。だけど民主化はやってほしくない。こういう思いがあって、胡耀邦をトップに据えました。**鄧小平自身は、要するに表に立たない**のですね。裏にいて全てを動かす。**最高実力者**、という言い方をしました。当時は、最高実力者という形で、国の役職には就かない。ただし、**中国共産党中央軍事委員会主席、というポストは握っていたん**ですね。

中央軍事委員会主席とは何か。**軍隊を動かす最高責任者**ですね。中国の軍隊は共産党の軍隊でしたね。だから、共産党の中央軍事委員会主席というのがいちばんのトップになるのです。鄧小平は、そこだけは握っていたんですね。軍隊は自由に動かすことができるポストにいて、表向き、胡耀邦や趙紫陽に政治をさせていた。そして、胡耀邦が学生に対して同情的になった、ということがあったものですから、これを趙紫陽にすげ替えた。そのあと胡耀邦が亡くなります。学生たちが、胡耀邦は、

中曽根康弘
日本の政治家（1918年〜）。第71代首相に就任。憲法改正を主張。国鉄、電電公社、日本専売公社の民営化を実現。アメリカとの外交関係では、レーガン大統領と「ロン・ヤス」関係と呼ばれるほどの盟友関係を築く。

趙紫陽
中国の政治家（1919〜2005年）。1987年、党総書記に就任。1989年民主化運動に理解を示したため、失脚した。

私たちの学生運動に同情的な人だった。胡耀邦の功績をあらためて認めてほしい、という運動を始めます。そうすると、また、長老たちが、あの学生どもはけしからん、という話になるわけですね。

なんとか取り締まれ、ということになるのですが、**趙紫陽もまた、学生たちの民主化運動に同情的**なのですね。厳しく取り締まろうとしない。そういう中で、天安門広場に大勢の学生たちが集まってくる、ということになります。胡耀邦の功績を認めてほしい、中国をもう少し民主化してほしい、と共産党にお願いをする学生たちが、天安門広場に集まってきた。あくまでこれはお願いというね、**平和的な集会だったわけですが、鄧小平はこれを許せないとして、徹底的に取り締まる。これが天安門事件だった**のです。そして、趙紫陽も失脚します。

江沢民が始めた愛国運動が反日運動へ

そのあと鄧小平がトップに据えたのが、**江沢民《こうたくみん》**という人物です。江沢民が鄧小平から言われたことは何か。改革開放政策は進めろ。しかし、学生たちの民主化運動は抑え込めということです。この江沢民が、中国共産党を愛しましょう、という運動を始める。と同時に、そのためには、いかに日本が昔ひどいことをしていたのか、ということを徹底的に教え

江沢民
中国の政治家（1926年〜）。鄧小平のバックのもと、趙紫陽の後を継ぎ、愛国運動を展開していく。

る。つまり、**愛国運動が、結果的に反日運動になっていった**。全てはこの天安門事件がきっかけだったということになるわけですね。

中国は歴史を直視できているのか?

今回は、天安門事件を中心にしながら戦後の中国を見てきました。大変いろいろなことがあったということがわかると思います。よく中国が、日本に対して、歴史を直視しろ、という言い方をしますよね。過去の日本のいろいろな犯罪的な行為を認めろ、という言い方をします。**歴史を直視することは大事なことです**。でも、そうであるならば、中国も、歴史を直視したほうがいいんじゃないの、過去に何があったかということを国民に隠し続けることはできないんじゃないの? ということを、言いたいということがありますね。

そもそも中国がなぜ反日になったのかというのがこれでわかると思います。若者たちを押さえ込もうとするなかで、そういうことが起きた、ということですね。そして過去にさまざまな、非常にひどいことを行い、何千万人もの人が犠牲になったという悲惨な歴史があるわけです。中国の人々は、お上の言うことを聞いているとろくなことがないんだ、という思いが染み付いているということです。**それが、いまの中国なのです**。

では、今日はここまでにします。

愛知学院大学で講義をすることになった、とKADOKAWAの編集者・辻森康人さんに漏らしたところ、即座に「講義内容を本にしましょう」という言葉が返ってきました。

さらに、テレビ東京の福田裕昭さんも、「テレビ番組にしましょう」と言い出し、結局、テレビ東京系列（東海地方はテレビ愛知）で講義を放送し、講義内容はこうして本にまとめることになりました。

テレビで放送する以上、映像を考えなければなりません。いつもテレビ東京の番組で模型を作ってくれている植松淳さんに出動を願いました。さらに、テレビ東京の相内優香さん、狩野恵里さん、繁田美貴さんの3人の女性アナウンサーが、交代で私の助手を務めてくれました。私の横に座っている彼女たちが気になって、注意が散漫になった学生がいたかもしれませんが。

また、愛知学院大学も全面協力。経済学部の後藤俊明学部長をはじめ、多くの方々の協力によって、15回の講義を滞りなく進めることができました。感謝しています。

池上　彰

文庫版あとがき

この本は2014年に愛知学院大学で行った講義が元になっていますが、文庫にするにあたり、その後の世界の動きなどを追加しました。ただし、講義の中継のようなトーンを残すべく修正は最小限度にとどめました。

この本は「歴史編」。いまの日本と世界の状況をよりよく理解するには、その前にさかのぼってみることが大切です。いまの日本経済がデフレ脱却に向けて苦労していても、過去には猛烈なインフレやバブルの発生と崩壊がありました。こうした歴史により、現代が形作られているのです。

中国の公害問題の深刻さや、中国人観光客のマナーの悪さなどに対して、私たちは眉《まゆ》をひそめますが、いずれも過去の日本も通ってきた道なのです。

高度経済成長に伴って深刻化した公害問題も、さまざまな試行錯誤の末に克服することができ、日本は世界に誇る環境先進大国になりました。しかし、その過程では、企業による隠蔽《いんぺい》工作など、住民の環境より自社の成長こそが大事という間違った「愛社精神」が、結局自社を危機に陥れるという事態も起きました。これは今に続く教訓なのです。

2017年2月

池上彰

本書は、『池上彰の「経済学」講義　歴史編　戦後70年 世界経済の歩み』（二〇一四年十二月小社刊）を加筆修正し、文庫化したものです。

池上《いけがみ》彰《あきら》の「経済学《けいざいがく》」講義《こうぎ》1　歴史編《れきしへん》

戦後《せんご》70年《ねん》　世界経済《せかいけいざい》の歩《あゆ》み

池上《いけがみ》 彰《あきら》

平成29年 3月25日　初版発行
令和6年 10月30日　7版発行

発行者●山下直久

発行●株式会社KADOKAWA
〒102-8177　東京都千代田区富士見2-13-3
電話　0570-002-301(ナビダイヤル)

角川文庫 20246

印刷所●株式会社KADOKAWA
製本所●株式会社KADOKAWA

表紙画●和田三造

◎本書の無断複製(コピー、スキャン、デジタル化等)並びに無断複製物の譲渡および配信は、著作権法上での例外を除き禁じられています。また、本書を代行業者等の第三者に依頼して複製する行為は、たとえ個人や家庭内での利用であっても一切認められておりません。
◎定価はカバーに表示してあります。

●お問い合わせ
https://www.kadokawa.co.jp/(「お問い合わせ」へお進みください)
※内容によっては、お答えできない場合があります。
※サポートは日本国内のみとさせていただきます。
※Japanese text only

©Akira Ikegami 2015, 2017　Printed in Japan
ISBN978-4-04-104892-4　C0195

角川文庫発刊に際して

角　川　源　義

第二次世界大戦の敗北は、軍事力の敗北であった以上に、私たちの若い文化力の敗退であった。私たちの文化が戦争に対して如何に無力であり、単なるあだ花に過ぎなかったかを、私たちは身を以て体験し痛感した。西洋近代文化の摂取にとって、明治以後八十年の歳月は決して短かすぎたとは言えない。にもかかわらず、近代文化の伝統を確立し、自由な批判と柔軟な良識に富む文化層として自らを形成することに私たちは失敗して来た。そしてこれは、各層への文化の普及滲透を任務とする出版人の責任でもあった。

一九四五年以来、私たちは再び振出しに戻り、第一歩から踏み出すことを余儀なくされた。これは大きな不幸ではあるが、反面、これまでの混沌・未熟・歪曲の中にあった我が国の文化に秩序と確たる基礎を齎らすためには絶好の機会でもある。角川書店は、このような祖国の文化的危機にあたり、微力をも顧みず再建の礎石たるべき抱負と決意とをもって出発したが、ここに創立以来の念願を果すべく角川文庫を発刊する。これまで刊行されたあらゆる全集叢書文庫類の長所と短所とを検討し、古今東西の不朽の典籍を、良心的編集のもとに、廉価に、そして書架にふさわしい美本として、多くのひとびとに提供しようとする。しかし私たちは徒らに百科全書的な知識のジレッタントを作ることを目的とせず、あくまで祖国の文化に秩序と再建への道を示し、この文庫を角川書店の栄ある事業として、今後永久に継続発展せしめ、学芸と教養との殿堂として大成せんことを期したい。多くの読書子の愛情ある忠言と支持とによって、この希望と抱負とを完遂せしめられんことを願う。

一九四九年五月三日

角川文庫ベストセラー

天地明察 (上)(下)　冲方丁

4代将軍家綱の治世、日本独自の暦を作る事業が立ち上がる。当時の暦は正確さを失いずれが生じ始めていた——。日本文化を変えた大計画を個の成長物語として瑞々しく重厚に描く時代小説！　第7回本屋大賞受賞作。

光圀伝 (上)　冲方丁

なぜ「あの男」を殺めることになったのか。老齢の水戸光圀は己の生涯を書き綴る。「試練」に耐えた幼少期、血気盛んな〝傾寄者〟だった青年期を経て、光圀の中に学問や詩歌への情熱の灯がともり——。

光圀伝 (下)　冲方丁

水戸藩主となった水戸光圀。学問、詩歌の魅力に取り憑かれた若き〝虎〟は「大日本史」編纂という空前絶後の大事業に乗り出す。そして光圀が書き綴る人生は、「あの男」を殺める日へと近づいていく——。

海と毒薬　遠藤周作

腕は確かだが、無愛想で一風変わった中年の町医者、勝呂。彼には、大学病院時代の忌わしい過去があった。第二次大戦時、戦慄的な非人道的行為を犯した日本人。その罪責を根源的に問う、不朽の名作。

天佑なり (上)　高橋是清・百年前の日本国債　幸田真音

足軽の家の養子となった少年、のちの高橋是清は、英語を学び、渡米。奴隷として売られる体験もしつつ、帰国後は官・民を問わず様々な職に就く。不世出の財政家になった生涯とは。第33回新田次郎文学賞受賞作。

角川文庫ベストセラー

天佑なり（下）
高橋是清・百年前の日本国債
幸田真音

日露戦争の戦費調達を命じられた高橋是清は、ロンドンで日本国債を売り出し、英語力と人脈を駆使して成功を収める。蔵相、首相をも歴任、金融恐慌の鎮静化にも尽力するが、そこへ軍国主義の波が押し寄せる。

西郷隆盛伝説
佐高　信

戊辰戦争で西郷と敵対しながら、後に『南洲遺訓』を編纂するに至った庄内藩。仇敵をも惹きつける西郷南洲の魅力とは？　史実を丁寧に辿りながら、稀代の傑物の伝説と真実を問う。佐高版・明治維新史の誕生！

福沢諭吉と日本人
佐高　信

近代日本の幕開けに献身した福沢諭吉。その真の姿とは。東洋のルソー・中江兆民、電力の鬼・松永安左衛門ほか、福沢の薫陶を受けた実業界、思想・学術界の傑物の足跡を辿り、混迷の現代を照らす指針を探る。

三色ボールペンで読む日本語
齋藤　孝

まず、読みたい本に3色ボールペンで線を引こう。まあ大事なところに青の線、すごく大事なところに赤の線、おもしろいと感じたところに緑の線。たったこれだけであなたの「日本語力」は驚くほど向上する！

呼吸入門
齋藤　孝

日本人は呼吸に関して固有のスタイルと文化をもっていたが、それが急速に失われつつある。ここで見直さなくては、日本人の優れた呼吸の仕方は完全に廃れてしまう。齋藤流身体論を集大成する〝呼吸〟指南。

角川文庫ベストセラー

受験のキモは3日で身につく　齋藤孝

受験勉強は毎日コツコツじゃなくてもいい！　やる気の出し方、計画の立て方、集中力の高め方から、具体的な教科別アドバイスまで、勉強ギライだった教育学者が編み出した、あらゆるメソッドが満載の1冊。

国家と神とマルクス　「自由主義的保守主義者」かく語りき　佐藤優

知の巨人・佐藤優が日本国家、キリスト教、マルクス主義を考え、行動するための支柱としている「多元主義と寛容の精神」。その〝知の源泉〟とは何か？　思想の根源を平易に明らかにした一冊。

地球を斬る　佐藤優

〈新帝国主義〉の時代が到来した。ロシア、イスラエル、アラブ諸国など世界各国の動向を分析。北朝鮮―イランが火蓋を切る第三次世界大戦のシナリオと、勢力均衡外交の世界に対峙する日本の課題を読み解く。

国家の崩壊　佐藤優　宮崎学

1991年12月26日、ソ連崩壊。国は壊れる時、どんな音がするのか？　人はどのような姿をさらけだすのか？　日本はソ連の道を辿ることはないのか？　外交官として渦中にいた佐藤優に宮崎学が切り込む。

「東京電力」研究　排除の系譜　斎藤貴男

安全神話を守るため安全を度外視する逆説。管理・監視の自己目的化。そして分割・民営化の先駆となった「東京電力」。その排除の体質を社会的・歴史的に抉り出した〝現代の古典〟。名門企業は、自壊した!!

角川文庫ベストセラー

世界が土曜の夜の夢なら ヤンキーと精神分析
斎藤環

「アゲ」と「気合」の行動主義＝反知性主義、家族主義で母性的。これまで論じられなかった日本人の「ヤンキー」性と、急速に拡大するバッドセンス。日本文化の深層に、気鋭の精神科医／評論家が肉薄する！

小説日本銀行
城山三郎

エリート集団、日本銀行の中でも出世コースを歩む秘書室の津上。保身と出世のことしか考えない日銀マンの虚々実々の中で、先輩の失脚を見ながら津上はあえて困難な道を選んだ。

価格破壊
城山三郎

戦中派の矢口は激しい生命の燃焼を求めてサラリーマンを廃業、安売りの薬局を始めた。メーカーは安売りをやめさせようと執拗に圧力を加えるが……大手スーパー創業者をモデルに話題を呼んだ傑作長編。

危険な椅子
城山三郎

化繊会社社員乗村は、ようやく渉外課長の椅子をつかむ。仕事は外人バイヤーに女を抱かせ、闇ドルを扱うことだ。やがて彼は、外為法違反で逮捕される。ロッキード事件を彷彿させる話題作！

辛酸《しんさん》 田中正造と足尾鉱毒事件
城山三郎

足尾銅山の資本家の言うまま、渡良瀬川流域谷中村を鉱毒の遊水池にする国の計画が強行された！　日本最初の公害問題に激しく抵抗した田中正造の泥まみれの生きざまを描く。

角川文庫ベストセラー

百戦百勝
働き一両・考え五両
城山三郎

春山豆二は生まれついての利発さと大きな福耳から得た耳学問から徐々に財をなしてゆく。株世界に規則性を見出し、新情報を得て百戦百勝。〝相場の神様〟といわれた人物をモデルにした痛快小説。

金融腐蝕列島 (上)(下)
高杉良

大手都銀・協立銀行の竹中治夫は、本店総務部へ異動になった。総会屋対策の担当だった。組織の論理の前に、心ならずも不正融資に手を貸す竹中。相次ぐ金融不祥事に、銀行の暗部にメスを入れた長編経済小説。

マグマ
真山仁

地熱発電の研究に命をかける研究者、原発廃止を提唱する政治家。様々な思惑が交錯する中、新ビジネスに成功の道はあるのか? 今まさに注目される次世代エネルギーの可能性を探る、大型経済情報小説。

日米開戦　勝算なし
太平洋戦争　日本の敗因1
編/NHK取材班

軍事物資の大半を海外に頼る日本にとって、戦争遂行の生命線であったはずの「太平洋シーレーン」確保。根本から崩れ去っていった戦争計画と、「合理的全体計画」を持てない、日本の決定的弱点をさらす!

ガダルカナル　学ばざる軍隊
太平洋戦争　日本の敗因2
編/NHK取材班

日本兵三万一〇〇〇人余のうち、撤収できた兵わずか一万人余。この島は、なぜ《日本兵の墓場》になったのか。精神主義がもたらした数々の悲劇と、「敵を知らず己を知らなかった」日本軍の解剖を試みる。

角川文庫ベストセラー

太平洋戦争　日本の敗因3
電子兵器「カミカゼ」を制す
編／NHK取材班

本土防衛の天王山となったマリアナ沖海戦。乾坤一擲、必勝の信念で米機動部隊に殺到した日本軍機は、つぎつぎに撃墜される。電子兵器、兵器思想、そして文化――。勝敗を分けた「日米の差」を明らかにする。

太平洋戦争　日本の敗因4
責任なき戦場　インパール
編／NHK取材班

「白骨街道」と呼ばれるタムからカレミョウへの山間の道。兵士たちはなぜ、こんな所で死なねばならなかったのか。個人的な野心、異常な執着、牢固とした精神主義。あいまいに処理された「責任」を問い直す。

太平洋戦争　日本の敗因5
レイテに沈んだ大東亜共栄圏
編／NHK取材班

八紘一宇のスローガンのもとで、日本人は何をしたのか。敗戦後、引き揚げる日本兵は「ハポン、パタイ！(日本人、死ね！)」とフィリピン人に石もて追われたという。戦下に刻まれた、もう一つの真実を学ぶ。

太平洋戦争　日本の敗因6
外交なき戦争の終末
編／NHK取材班

日本上空が米軍機に完全支配され、敗戦必至とみえた昭和二〇年一月、大本営は「本土決戦」を決めたが――。捨て石にされた沖縄、一〇万の住民の死。軍と国家は、何を考え、何をしていたのかを検証する。

人間はどこから来たのか、どこへ行くのか
高間大介
（NHK取材班）

現在、科学の最先端の現場で急激な展開をみせるテーマ「人間とは何か」。DNA解析、サル学、心理学、言語学……それぞれのジャンルで相次ぐ新発見の数々。目から鱗、思わず膝を打つ新たな「人間学」。

角川文庫ベストセラー

女と男
～最新科学が解き明かす「性」の謎～

NHKスペシャル取材班

人間の基本中の基本である、「女と男」――。それは未知なる不思議に満ちた世界だった。女と男はどのように違い、なぜ惹かれあうのか？　女と男の不思議を紐解くサイエンスノンフィクション。

ヒューマン
なぜヒトは人間になれたのか

NHKスペシャル取材班

私たちは身体ばかりではなく「心」を進化させてきたのだ――。人類の起源を追い求め、約20万年のホモ・サピエンスの歴史を遡る。構想12年を経て映像化された壮大なドキュメンタリー番組が、待望の文庫化!!

ダ・ヴィンチ・コード (上)(中)(下)

ダン・ブラウン
越前敏弥＝訳

ルーヴル美術館のソニエール館長が館内のグランド・ギャラリーで異様な死体で発見された。殺害当夜、館長と会う約束をしていたハーヴァード大学教授ラングドンは、警察より捜査協力を求められる。

天使と悪魔 (上)(中)(下)

ダン・ブラウン
越前敏弥＝訳

ハーヴァード大の図像学者ラングドンはスイスの科学研究所長からある紋章について説明を求められる。それは十七世紀にガリレオが創設した科学者たちの秘密結社〈イルミナティ〉のものだった。

デセプション・ポイント (上)(下)

ダン・ブラウン
越前敏弥＝訳

国家偵察局員レイチェルの仕事は、大統領へ提出する機密情報の分析。大統領選の最中、レイチェルは大統領から直々に呼び出される。NASAが大発見をしたので、彼女の目で確かめてほしいというのだが……。

角川文庫ベストセラー

パズル・パレス（上）（下）

ダン・ブラウン
越前敏弥・熊谷千寿＝訳

史上最大の諜報機関にして、暗号学の最高峰・米国家安全保障局のスーパーコンピュータが狙われる。対テロ対策として開発されたが、全通信を傍受・解読できるこのコンピュータの存在は、国家機密だった……。

ロスト・シンボル（上）（中）（下）

ダン・ブラウン
越前敏弥＝訳

キリストの聖杯を巡る事件から数年後。ラングドンは旧友でフリーメイソン最高幹部ピーターから急遽講演を依頼される。会場に駆けつけた彼を待ち受けていたのは、切断されたピーターの右手首だった！

インフェルノ（上）

ダン・ブラウン
越前敏弥＝訳

フィレンツェの病院で目覚めたラングドン教授は、ここ数日の記憶がないことに動揺した。そこに何者かが襲いかかる。医師シエナと逃げ出したラングドンは、ダンテ『神曲』〈地獄篇〉に手がかりがあると気付くが。

インフェルノ（中）

ダン・ブラウン
越前敏弥＝訳

医師シエナとともに、ヴェッキオ宮殿に向かったラングドンは、監視カメラにダンテのデスマスクを盗み出す自分の姿を見出し、驚愕する。マスクの所有者で大富豪のゾブリストは、壮大な野望の持ち主だった。

インフェルノ（下）

ダン・ブラウン
越前敏弥＝訳

大富豪・ゾブリストは、人口爆発で人類が滅亡するという説を唱えていた。彼の遺伝子研究を危険視するWHO、得体の知れぬ男達に追われるラングドン教授。舞台はイスタンブールへと移り、クライマックスへ！